中国社会科学院创新工程学术出版资助项目

全球智库观点
——影响全球决策的声音

张宇燕 / 主　编
张　斌　常殊昱 / 副主编

中国社会科学出版社

图书在版编目(CIP)数据

全球智库观点：影响全球决策的声音 / 张宇燕主编 . —北京：中国社会科学出版社，2016.12
　ISBN 978 – 7 – 5161 – 9510 – 9

　Ⅰ.①全… Ⅱ.①张… Ⅲ.①国际政治—文集②世界经济—文集 Ⅳ.①D5 – 53②F11 – 53

中国版本图书馆 CIP 数据核字（2016）第 295167 号

出 版 人	赵剑英
责任编辑	王　茵
特约编辑	喻　苗
责任校对	李　莉
责任印制	王　超

出　　版	中国社会科学出版社
社　　址	北京鼓楼西大街甲 158 号
邮　　编	100720
网　　址	http://www.csspw.cn
发 行 部	010 – 84083685
门 市 部	010 – 84029450
经　　销	新华书店及其他书店
印　　刷	北京君升印刷有限公司
装　　订	廊坊市广阳区广增装订厂
版　　次	2016 年 12 月第 1 版
印　　次	2016 年 12 月第 1 次印刷
开　　本	710×1000　1/16
印　　张	28.25
插　　页	2
字　　数	367 千字
定　　价	99.00 元

凡购买中国社会科学出版社图书，如有质量问题请与本社营销中心联系调换
电话：010 – 84083683
版权所有　侵权必究

《全球智库观点——影响全球决策的声音》是中国社会科学院世界经济与政治研究所所长张宇燕主编的中国社科智讯数据分析报告的组成内容，由中国社会科学院世界经济预测与政策模拟实验室和国际战略研究组为您提供。

世界经济预测与政策模拟实验室

主　　　任：张宇燕
主　　　编：张宇燕
副 主 编：张　斌　常殊昱
首 席 专 家：张　斌　开放宏观
团 队 成 员：刘仕国　欧洲经济　徐奇渊　中国经济
　　　　　　吴海英　对外贸易　曹永福　美国经济
　　　　　　冯维江　新兴市场　肖立晟　国际金融
　　　　　　高凌云　对外贸易　熊爱宗　国际金融
　　　　　　梁永邦　宏观经济　杨盼盼　国际金融
　　　　　　常殊昱　国际金融　魏　强　国际金融
　　　　　　茅　锐　新兴市场　侯书漪　科研助理
　　　　　　安婧宜　科研助理

国际战略研究组

组　　　长：张宇燕
召 集 人：徐　进
协 调 人：彭成义
团 队 成 员：李东燕　全球治理　袁正清　国际组织
　　　　　　邵　峰　国际战略　徐　进　国际安全
　　　　　　薛　力　能源安全　欧阳向英　俄罗斯政治
　　　　　　黄　薇　全球治理　冯维江　国际政治经济学
　　　　　　王鸣鸣　外交决策　高　华　北约组织
　　　　　　卢国学　亚太政治　王　雷　东亚安全
　　　　　　彭成义　中外关系　徐秀军　全球治理
　　　　　　田慧芳　气候变化　李　燕　俄罗斯政治
　　　　　　任　琳　全球治理　丁　工　发展中国家政治
　　　　　　赵　洋　科研助理　刘　畅　科研助理
　　　　　　周　乐　科研助理

联 系 人：侯书漪
邮　　箱：iwepceem@163.com
电　　话：(86) 10 - 8519 5775
传　　真：(86) 10 - 6512 6105
通讯地址：北京建国门内大街 5 号 1543
邮政编码：100732

免责声明：版权为中国社会科学院世界经济预测与政策模拟实验室和国际战略研究组所有，未经版权所有人许可，任何机构或个人不得以任何形式翻版、复制、上网和刊登，如有违反，版权所有人保留法律追责权利。所编译的文章，仅反映原文作者的观点，不代表编译者、版权所有人或所属机构的观点。

目 录

世界热点

美联储的不确定一跃 …………………………………（3）
美联储加息对东盟五国负债企业的重大影响 …………（6）
获特别提款权后，人民币正逐步成为国际货币 ………（10）
美国石油革命的全球经济影响 …………………………（13）
低油价与低通胀的好处 …………………………………（19）
十字路口的新兴市场 ……………………………………（22）
油价下跌：危机征兆，还是为增长助力？ ……………（26）
新兴经济体中外币公司债务：风险何在？ ……………（29）
全球证券市场面临三重威胁 ……………………………（34）
数字技术革新之后的 GDP 核算 ………………………（37）
金砖国家增长放缓的溢出效应 …………………………（41）
美日关系：伪密友与真同盟 ……………………………（46）
油价与上游企业成本 ……………………………………（49）
金融危机的概率变小了吗 ………………………………（52）
新兴市场经济体的资本流入：盛宴还是饥馑 …………（55）
英国经济与社会研究所会议纪要："英国退出欧盟的
　　经济学讨论" ………………………………………（57）
英国脱欧的五个负面影响 ………………………………（60）
全球贸易增长缘何停滞？ ………………………………（63）

石油价格和全球经济：错综复杂的关系 ……………… (70)
英国退出，是进化而非革命 ………………………………… (74)
关于美国工人无法和其他国家的低收入工人竞争的
　误解 ………………………………………………………… (79)
机器人会抢走人们的工作吗？ …………………………… (83)

全球治理

超越TPP：塑造亚洲经济战略 …………………………… (87)
人民币加入SDR货币篮子是小题大做么 ……………… (90)
新兴市场投资者资金流向何方 …………………………… (95)
综述——科技进步与失业率上升、生产率减速之谜 …… (98)
TPP贸易协议评分 ………………………………………… (101)
拉美国家紧随美联储 ……………………………………… (108)
巴黎气候谈判的成功仍有变数 …………………………… (111)
如何分析TPP对中国经济的影响 ………………………… (114)
IMF：呼吁全球货币政策升级 …………………………… (119)
2016全球经济展望 ………………………………………… (123)
WTO关于贸易技术壁垒的讨论及其对亚太地区经济
　一体化的要义 …………………………………………… (127)
中国崛起及其对跨大西洋关系的影响 …………………… (131)
大规模移民能促进创新和提升生产力吗？ ……………… (134)
如何解决主权债务危机 …………………………………… (138)
G20结构改革议程需要讨论收入差距和金融系统
　脆弱性 …………………………………………………… (143)
促进全球增长和繁荣的政策要件 ………………………… (146)
贸易大幅下滑的原因与前景分析 ………………………… (150)
全球经济现状：G20峰会的关注重点 …………………… (154)
IMF对于全球经济的判断及政策应对 …………………… (157)

全球风险和 G20 协调的挑战：中国 2016 主席国期间的

 增长议程 ………………………………………………（160）

2016 年：让 G20 更有效

 ——基于中国和英国视角的分析 ……………………（163）

跨太平洋经济伙伴关系协定的战略理由 ………………（165）

TPP 六大短板与中国应对 ………………………………（169）

亚开行与亚投行：有条件的合作？ ……………………（174）

IMF：全球经济前景及未来政策选择 …………………（180）

区域战略挑战与东亚峰会 ………………………………（184）

欧盟创新的分化 …………………………………………（188）

"巴拿马文件"泄露事件的启示 …………………………（190）

经济政策

美联储非常规货币政策未见成效 ………………………（197）

中国关于清洁能源的承诺仍显模糊 ……………………（199）

危机后的亚洲生产率走势 ………………………………（202）

美联储合理的加息步伐 …………………………………（208）

在 2015 年末反思全球经济 ……………………………（210）

个人数据对网络平台、企业和消费者的经济价值 ……（213）

政策制定者对经济学模型的运用 ………………………（217）

如何协调货币政策与汇率政策？ ………………………（220）

预算紧缩时期，最大限度地公共研发支出 ……………（227）

欧央行 QE 风险在增加 …………………………………（232）

打破房地产周期与银行危机及经济衰退间的联系 ……（234）

中国"走出去"战略的再审视 …………………………（237）

对欧元区财政联盟的可行性建议 ………………………（241）

宏观经济政策再思考：有进步还是更令人困惑 ………（245）

美联储落后于形势了吗？ ………………………………（248）

重新审视美国财政部汇率监督报告 …………………… (252)
如何改革欧盟的财政规则 …………………………… (255)
IMF：结构性改革面临政治障碍 …………………… (258)
中国影子银行的前因后果 …………………………… (262)
中美贸易不为人知的事实 …………………………… (269)

聚焦中国

"中国制造"如何影响我们对全球市场份额的理解 ……… (275)
全球市场对中国再次反应过度 ……………………… (280)
理解这一轮人民币汇率贬值预期 …………………… (282)
中国的增长前景分析 ………………………………… (292)
中国继续关注增长而非改革 ………………………… (294)
世界能跟上中国的"新常态"吗 …………………… (297)
为什么决策者需要清楚中国正在发生的事情 …………… (301)
中国经济放缓与全球金融市场波动：世界增长随风
　而逝？ ……………………………………………… (304)
习近平主席的"一带一路"倡议 …………………… (306)
中国需要财政政策改革 ……………………………… (309)
债务而非外汇储备，是约束中国企业海外并购的关键 …… (312)
以债转股和资产证券化解决中国企业的债务问题 ……… (315)
中国的资本账户开放：行为逻辑与情景分析 …………… (318)
经济放缓和竞争加剧背景下的中国银行业前景 ………… (342)
展望中国的市场经济地位 …………………………… (349)

战略观察

第 47 届韩美安保协议会(SCM)的成果及意义 ………… (357)
叙利亚人道主义危机：应该做些什么 ………………… (360)

拥有特别提款权,人民币是正在形成的国际货币 …………(363)
解除石油出口禁令会导致什么? ………………………(366)
金正恩政权的军事战略:目标和方法 …………………(368)
西方应为普京的行为画下红线 …………………………(371)
巴基斯坦掌握着阿富汗和平的关键 ……………………(375)
美国下一步对缅政策 ……………………………………(379)
伊朗的教训能为与朝鲜打交道时提供参考 ……………(382)
俄罗斯如何诱导、操纵美国外交政策 …………………(385)
伊核协议正在执行,但存在挑战 ………………………(388)
最佳敌人:叙利亚之外的俄—土对抗 …………………(391)
2016:动荡的南海 ………………………………………(394)
航行自由行动在南中国海的风险 ………………………(397)
土耳其真的从伊拉克和叙利亚伊斯兰国手中获取
　　石油吗? ……………………………………………(400)
重返亚洲战略:2.0版 ……………………………………(403)
美国的老挝新机遇:领导层变化与奥巴马访问 ………(407)
美国的现状 ………………………………………………(410)
让中国赢,对美国有好处 ………………………………(413)
安倍主义的东南亚舞曲 …………………………………(417)
"伊斯兰国"的威胁有多真实? …………………………(420)
在利比亚打击"伊斯兰国"所面临的三个挑战 …………(423)
ISIS与基地组织,两位圣战巨头是否合作? …………(426)
沙特的外交政策在不断变化 ……………………………(429)

智库介绍 ………………………………………………(432)

世界热点

美联储的不确定一跃

Gerald P. O'Driscoll Jr./文　　黄杨荔/编译

导读：12月16日，美国联邦储备委员会发布加息决议，联邦基金利率目标区间提高至0.25%—0.5%之间。本文认为，尽管对未来货币政策的不确定性在所难免，然而，美联储采用前瞻指引而非遵循一定货币规则的举动大大提高了这种不确定性。编译如下：

2015年12月16日，美联储不负众望地宣布，将联邦基金利率的目标区间提高至0.25%—0.5%之间。这一决定引发的问题比它所解决的还要多，其中多数问题涉及对未来利率变化的不确定性。

联邦公开市场委员会给出的加息理由或许为接下来可能发生的事情提供了一些线索。联邦公开市场委员会表示，未来的加息决议将依赖于"大范围的信息"。这本身并未提供更多信息，但是，整个新闻发布会的内容都暗示着，劳动力市场的持续改善将对未来的利率决议至关重要：决议正文第一段讨论了劳动力市场条件的改善，这也是货币政策决议考虑因素列表中的第一项。

美联储的双重使命要求联邦公开市场委员会"促进充分就业、维持物价稳定"。美联储希望实际通货膨胀率升至2%的目标水平。至今，通货膨胀率仍然低于目标值。美联储官员预计，劳动力市场状况的改善会对工资与物价产生上行压力。

美联储采用前瞻指引而非货币规则的做法再次让金融市场感到不安。这一分析源于美联储对菲利普斯曲线的持续信赖，该理论提出，失业率和通货膨胀率之间存在反向关系。同许多经济学家一样，我认为菲利普斯曲线背后的推理是有缺陷的，已经有许多研究人员对此提出了批判，米尔顿·弗里德曼（Milton Friedman）是其中最著名的。但这是美联储最根本的模型。因此，劳动力市场状况的改善是预测美联储未来行为的重要依据。

劳动力市场状况指标现在承担着双重任务：它们被用于估计经济体实际现状与充分就业水平的差距，以及预测通货膨胀率。与之相关的问题也始终存在：对劳动力市场状况的衡量很不稳定，且需随着时间的推移而加以修改。同时，就业水平不是美联储可以长期确定的变量。尽管如此，美联储也将再次专注于劳动力市场状况。

美联储将怎么办？如果就业状况继续改善，经济活动持续活跃，用联邦公开市场委员会在新闻发布会上的话说，"以温和的速度"扩张，那么，将会有更多类似0.25%的加息举措，如此情境下的风险之一是新闻发布会提到的"净出口疲软"。仅仅是加息预期，以及其他主要经济体的疲软，就已推动美元在世界货币市场走强。强势美元加上全球经济疲软，已经抑制了美国的出口。或许到那时候，经济状况就不再像联邦公开市场委员会现在认为的这么好了。

于是，我们迎来了美联储的行动。美联储官方尤其是耶伦表现出加息倾向已经有一段时间了，他们对经济数据抱着最乐观的预期。然而，2015年全球经济已经疲软，根据传统的经济理论，提高利率的决定值得商榷。但是，该决定可能受美联储害怕失去信誉的担忧影响。若真如此，这将是一个糟糕的原因，并且表明加息可能会在很长一段时间内"一步到位"。

关于未来货币政策的不确定性在所难免，然而，美联储采用前瞻指引而非遵循一定货币规则的举动大大提高了这一不确定性。与货币规则不同，前瞻指引反映了决策者当前的想法，但不保证他们未来的行动，我们已经看到类似情形在2015年上演。美联储此次加息决议和附带声明的主要作用，是再次增加金融市场的不确定性。

还有一个重要的操作性问题：美联储将如何提升联邦基金利率——银行间隔夜贷款利率？过去，美联储通过出售短期国债来吸收银行准备金，这将给银行的运营资金带来压力，导致借贷需求上行，从而提高联邦基金利率。换句话说，美联储通过减少银行准备金的供应来改变资金价格，即联邦基金利率。然而，当前美联储并未持有可供出售的短期国债。通常情况下，供应端或需求端之一必须改变，以改变价格。美联储理事会将准备金利率提高至0.5%，联邦公开市场委员会将逆回购利率提高至0.25%，这些举措对提高联邦基金利率、进而影响经济活动的效果，还有待观察。

本文原题名为"The Fed's Uncertain Leap Forward"。本文作者Gerald P. O'Driscoll Jr为Cato研究员。本文于2015年12月刊于Cato网站。

美联储加息对东盟五国负债企业的重大影响

Alicia García-Herrero/文   张文豪/编译

导读：美联储加息将对世界经济造成重大影响。本文作者从东南亚国家，尤其是东盟国家的企业债、公司经营和公司业绩的角度，对美联储加息对东盟造成的影响做了全面分析。编译如下：

低利率和消费增长在亚洲新兴国家——尤其是东盟国家——的借贷市场当中激起了一股贷款的狂欢。

在这一杠杆率增长的狂欢中，东盟国家的政府和个人普遍显得相对谨慎，但企业却起到了重要作用。目前，东盟国家的公司债已相当于东盟 GDP 的 80%，因此他们目前面临的重要问题是：这些企业是否可以抵御两大冲击的威胁：中国经济放缓带来的收入下降和美联储加息带来的利息压力。由于近几年东盟国家企业融资高度依赖海外贷款，第二个冲击带来的问题就显得尤为棘手。

东盟最大的五个经济体是印度尼西亚、马来西亚、菲律宾、新加坡和泰国。要理解这些国家企业的风险，我们就必须挖掘到微观层面。新加坡的企业在东盟内部长久以来以高杠杆率著称，其公司债在过去五年内连续增长了 50 个百分点，现已相当于其 GDP 的 250%。

印尼是这五个国家中债务与 GDP 比率最低的一个，但其企业

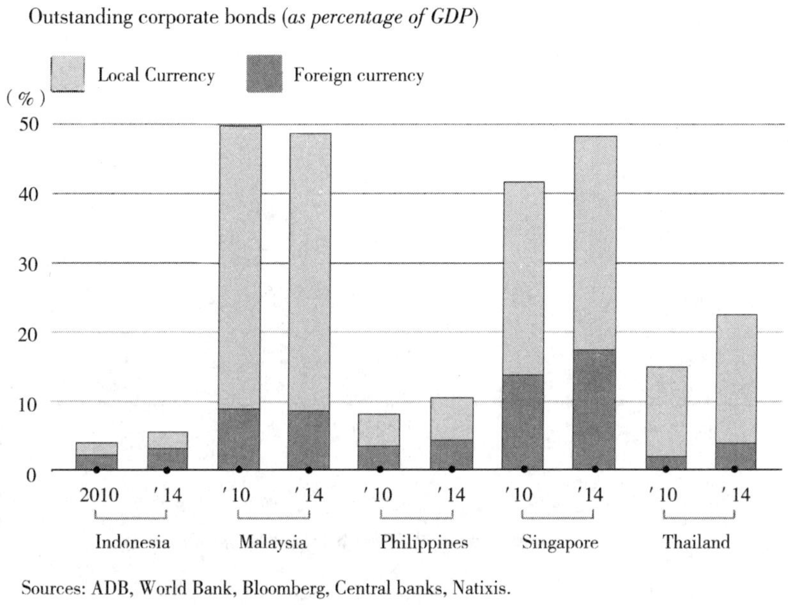

Outstanding corporate bonds (as percentage of GDP)
Local Currency
Foreign currency
(%)
50
40
30
20
10
0
2010
'14
'10
'14
'10
'14
'10
'14
'10
'14
Indonesia
Malaysia
Philippines
Singapore
Thailand
Sources: ADB, World Bank, Bloomberg, Central banks, Natixis.

图1 海外发行的公司债（表示为占GDP的比例）

的财务状况却显得惨不忍睹。基于债务股本比、短期债务比率、税收、折旧和摊销、总负债中的利息费用比率等财务指标评价的东盟250强企业当中，最弱的50个企业里印尼就占到了13家。

最脆弱的10个企业中，印尼占到了7个。相比之下，马来西亚和菲律宾的企业表现就好得多。与其他东盟国家相比，印尼的公司债当中美元债务比例更高，这也使得其更容易受美联储加息的影响。尽管与印尼相比，新加坡企业的美元债务更多，但它们的总贷款规模中，国内贷款的比重更大。同时，许多持有美元债务的新加坡企业是金融机构。过去几年中，泰国的企业也显著减低了杠杆率。

另外，印尼是最容易暴露在中国经济放缓带来的收入下降冲击下的国家，其60%的出口都与日用品相关，这些商品极易受到影响。同时，印尼的公司债与国家外汇储备相比的比率也显得非常之高。

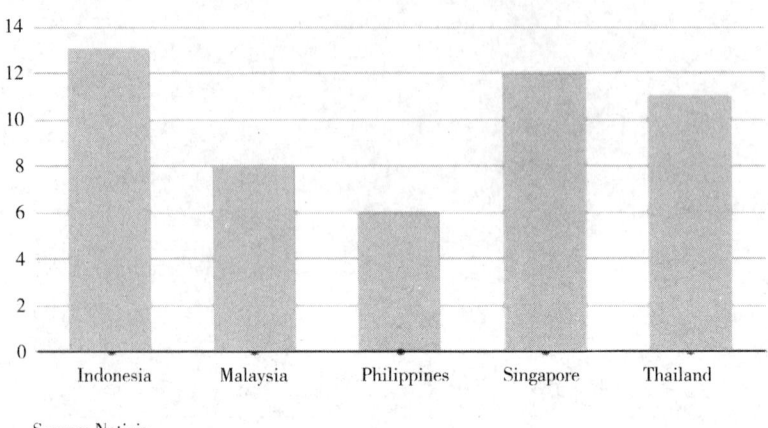

图2 东盟最弱的50个大企业所在国分析

从行业角度来讲，东盟国家的能源和资本品显得尤其具有风险。同样的，在煤炭、钢铁、石油和天然气行业中也包括了不少印尼企业。考虑到印尼企业对中国和日用品贸易的依赖，虽然印尼盾贬值对其经济有利好作用，但他们试图摆脱危机依然困难重重。

印尼的一些煤炭企业甚至已经开始谋求债务重组了。中国经济波动使不少印尼企业生产过剩的问题暴露出来，这无疑将使得他们面临困境。尽管不是唯一的原因，美联储的紧缩政策也使得他们的处境更加艰难。

因此，如果资本外流加速，恐怕这些企业会有更多的坏消息传来。尽管印尼可能是受创最严重的国家，但这并不意味着其他东盟国家可以高枕无忧了。

由于东盟国家普遍杠杆率偏高，且持有大量美元债务，我们预计东盟国家的企业——尤其是能源企业——将会面临更多麻烦。

本文原题名为"Indebted ASEAN Companies Will Feel Fed's Rate Rise"。本文作者 Alicia García-Herrero 是 Bruegel 研究院高级研究员，香港科技大学和香港城市大学兼职教授，中欧商学院访问学者。本文于 2015 年 12 月刊于 Bruegel 研究院官网。

获特别提款权后，人民币正逐步成为国际货币

Paola Subacchi/文　伊林甸甸/编译

导读：尽管人民币已获得 IMF 特别提款权，但这是否意味着人民币已经成为了国际货币呢？本文作者从多个角度分析了人民币的国际地位，并对未来人民币国际化进程做出了展望。编译如下：

诺贝尔奖得主蒙代尔曾讲过："强大的国家都拥有强大的货币。"蒙代尔曾经长期为中国政府提供咨询服务，中国政府似乎也决心将这一理念落实到底。长久以来，中国政府一直在敦促 IMF 将人民币加入其货币篮子——特别提款权（SDR）——当中。现在 IMF 已经决定这么做，这无疑在某种程度上意味着 IMF 对中国高度信任，相信其有能力在国际金融中扮演重要角色。

然而，在市场中依然有不少国家对此抱有疑虑。人民币在世界货币体系当中，真的与美元、欧元、日元和英镑具有同等重要的地位吗？

毫无疑问，中国已经短时间内取得了重大的进步。2009 年以来，中国以人民币结算的外贸比例已经从不到 1% 猛增至超过 20%。同时，人民币如今也已是世界第四大用于国际贸易结算的货币。

然而，人民币在国际结算中仅占 3% 的比例还是大大落后于

美元（45%）和欧元（27%）。同时，以人民币结算的贸易大多集中于亚太地区，尤其是集中在中国与其邻国之间的贸易中。另外，对人民币资产的需求依然低迷，中国境外的人民币存款仅占总人民币资产的1.5%。

而人民币与SDR篮子中的其他货币相比起来就更显处境凄凉了。全球债券市场的总额中人民币债券仅占0.5%，而美元占40%，欧元占41%，英镑占10%，日元也占2%。全球贷款总额中人民币发行的仅有1880亿元（合美元292亿），这一总额堪称微不足道——要知道，美元发行的债务占世界总额的50%，欧元占30%，英镑占5%，日元占3%。同时，全球各国央行持有的外汇储备当中，人民币仅占0.6%—1%，而美元和欧元则分别占62%和23%。

简而言之，与其他SDR货币不同，人民币依然是正在形成中的世界货币，恰如中国经济和金融力量也是正在发展的新兴力量。确实，与大多数发展中国家一样，中国依然是主要使用美元贷款的"不成熟债权人"，因此，如果中国需要在国际市场借贷，他就必须使用美元，而非人民币发行更多债券。显然，中国目前在国际金融中的地位，依然尚与其在国际贸易中的地位不相匹配。

尽管如此，人民币将成为国际金融市场中举足轻重的货币却是一件十分显然的事。毕竟不同于其他发展中国家——哪怕是像巴西、印度和俄罗斯这样的国家，中国拥有足够庞大的经济和市场，来为其货币的发展提供支持。

此外，中国的领导人还决心大力推动改革——尤其是在金融和国有企业领域加强改革——这无疑将推动人民币国际化的步伐。中国已经在五年计划中明确提出，要"有序实现人民币资本项目可兑换，推动人民币加入特别提款权"，同时他们也在亚太地区之外大力推行扩大人民币的使用。

但我们也必须注意到，中国领导人并不谋求让人民币取代美元的支配地位。更加多元的货币体系有助于增加流动性，从而有助于促进更为平衡、更为稳定的世界经济。基于这样的信念，中国政府奉行的策略显得更为实用。中国领导人期待着看到如今以美元为基础（或者更清楚地讲，由美国主导的）的国际货币体系逐渐转变为多币种的多极体系，中国也会抓住一切机会向这一目标迈进。

这一目标看起来非常切实可行。2015年年初，IMF总裁拉加德在评价人民币加入SDR的概率时表示："人民币加入SDR不是'会'或'不会'的问题，而是何时加入的问题。"这一评价似乎同样适用于中国的金融崛起。尽管美国和日本等国对此可能并不乐观，但无论如何，这一势头恐怕都是无可避免的。同样地，当中国获得更多的金融影响力时，其在全球经济秩序中的角色毫无疑问也会愈发重要。

综上所述，在2015年于中国召开的G20峰会上，国际货币体系的改革将毫不意外地成为焦点。尽管外界还不得而知中国将如何主导谈判，但G20和G7峰会无疑将向世界传达一个明确的信号：全球经济和金融体系正在向好的方向转变。

本文原题名为"With Special Drawing Rights, the RMB Is an International Currency in the Making"。本文作者Paola Subacchi博士为英国皇家国际事务研究所国际经济研究中心主任。本文于2015年12月刊于伦敦皇家国际问题研究所官网。

美国石油革命的全球经济影响

Kamiar Mohaddes 和 Mehdi Raissi/文　　程覃思/编译

导读：本文研究了美国石油供应革命引起的油价下跌带来的全球宏观经济影响，使用全球向量自回归模型（GVAR）估计了38个国家和地区1979Q2到2011Q2的数据。结果表明各国对此有显著的异质性，发达国家和新兴经济体的实际GDP将会增长，大宗商品出口国产出下降，大多数国家通胀下降，权益资产价格上升。结果预计，由于油价下降51%，全球经济增速将增加0.16%—0.37%。编译如下：

一　引言

在过去的十年中，技术进步不仅降低了与非常规石油相关的生产费用，而且也使得致密油的生产有了一种新的制造工艺，这种工艺可以相对轻松地根据市场价格的变化来调整致密油的提取量。这和其他提取方法（如海上提取）形成了鲜明的对比，其他方面通常需要巨大的资本支出并持续相对较长的时间，更重要的是，一旦开始提取过程，开始时设定的提取数值基本是无法改变的。因此，近期的石油革命产生的一个重大影响就是使美国在全球石油供需平衡中扮演了一个重要的角色，而这反过来也意味着当前的低油价环境可能还要持续很长一段时间。

本文主要会探讨美国石油革命对全球宏观经济的影响，以及对中东和北非（MENA）等地区产生的影响，特别是对上述地区的石油价格变化、石油的出口和金融市场产生的实质性影响。我们的研究将油价方程融入了简洁的全球经济季度模型下的动态多国框架，油价方程考虑到了全球经济的发展以及现行石油供应条件，被称为GVAR。

我们的动态多国框架由38个国家或区域模型组成，其中包括欧元区地区（包括了1999年加入欧元区的11个国家中的8个）以及海湾合作委员会（GCC）的国家。这些个体模型的推导是在以全球宏观经济环境为核心的大模型中进行的，在这一大的模型背景下，每一个体经济的变量都与相应的外国变量紧密相关。我们试图让这些外国变量作为普遍未被注意过的重要因素与相关国家的国际贸易模式相匹配。同时本模型还包括一系列变量：实际国内生产总值、通货膨胀率、实际权益价格，实际汇率，短期和长期利率，OPEC和非OPEC国家的石油生产量和石油的价格。我们的框架适用于各种传播渠道，不仅包括贸易关系还包括通过利率、股票价格和汇率建立起来的金融联结。

结果表明，虽然石油进口国在应对美国供应驱动的下跌的油价方面有所作为，但油价的下跌对能源出口国的影响仍然是负面的（石油出口国平均下跌2.14%，中东和北非地区下跌1.32%，拉丁美洲下跌0.41%），造成这一情况的主要原因是因为油价下跌削弱了各国的内需及出口，并打破了这些国家的财政平衡。

值得注意的是，对于大多数中东和北非地区的石油进口国，从油价下跌中的获利抵消了这些国家对该地区石油出口国的外部融资需求，并削弱了两组国家间通过贸易、汇款、旅游、外国直接投资、拨款而建立起的强烈联系。这些经济体平均实际产出下降了约0.28%。对这些国家而言，国内燃油价格和全球石油价格的持续走低限制了消费者的可支配收入和企业可实现的利润率，从而影响了这些国家的经济增长。

最后,作为美国石油供应干扰带来的一个结果,我们采用的样本中的所有国家几乎都长期经受着通货紧缩带来的压力且股票价格都有所增长(除了大宗商品出口国)。总的来说,我们的研究结果表明,美国石油革命后,尽管油价在第一年下降了51%,在第二年略微反弹到45%,但全球经济增长仍然增加了约0.16—0.37个百分点。这主要是因为石油进口国的增长超过了石油出口国的下滑。

油价从2014年6月的114美元/桶跌到2015年1月的46美元/桶,大量文献分析了石油价格陡峭下跌的原因及其宏观经济的影响。然而,大量文献是基于描述性分析,仅有一小部分文献采用严格的量化分析。Baumeister和Kilian（2015）认为需求是解释油价的最主要因素,而Baffes等人（2015）,Husain等人（2015）,Mânescu和Nuño（2015）则认为供给是最主要的因素。此外,许多文献主要集中于分析对OECD国家的影响。

本文的贡献主要在于以下四个方面。第一,本文不仅分析了油价冲击对发达经济体的影响,还考虑了石油出口国和发展中国家。第二,在简洁的世界经济模型中纳入了经济联系和溢出效应,所以本文不是进行描述性分析,也不是逐国进行石油市场的SVAR分析。第三,模型中美国和沙特的产量内生决定,模型中的油价由全球市场决定。第四,本文的GVAR-Oil模型覆盖了全球90%的GDP,85%的石油消费和80%的石油储量,通过分类脉冲响应分析理解结构冲击。

本文的第二部分介绍GVAR模型,并且展示如何将石油市场加入到模型中。第三部分介绍了识别方法和实证结果。第四部分详尽地分析了美国石油供应革命对MENA区域实际GDP的短期和长期影响。第五部分提出一些评论。

二　实证结果

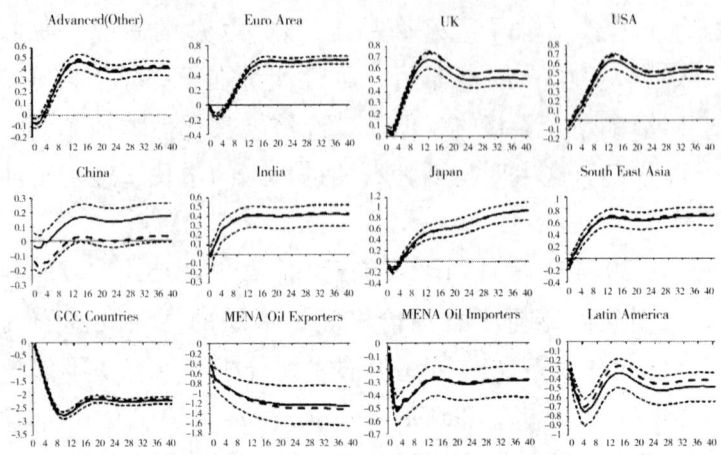

图1　美国石油供应革命对实际产出的影响

注：图为给予一个标准误的冲击，年化后等价于第一年下跌51%和第二年下跌45%，灰黑色实线是中值脉冲响应函数，黑色虚线是中植目标脉冲响应函数。影响是百分比，横轴为季度。

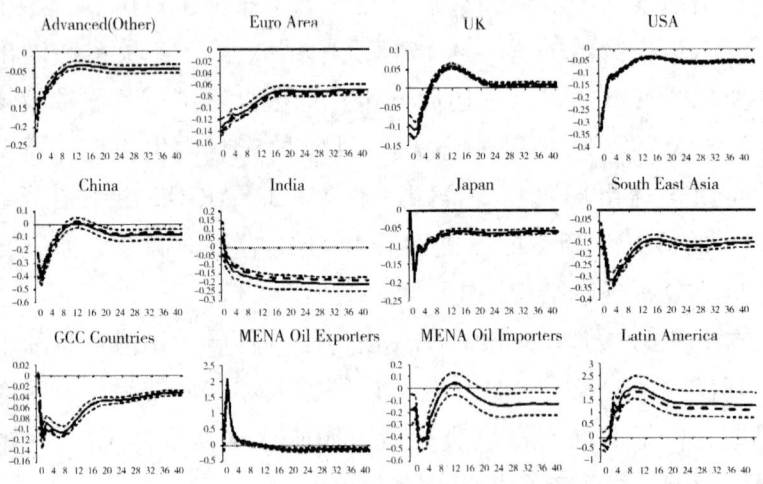

图2　美国石油供应革命对通货膨胀的影响

注：如图1。

我们的模型不仅考虑了直接影响，也考虑了间接效应，如美国经济增长带来的溢出效应和美国债券和权益市场的持续影响。图3展示了石油供应冲击（第一年石油价格下跌51%）的经济影响。在实际产出方面，美国和欧元区经济活动得以促进，分别为0.56%和0.6%，UK和其他发达经济体分别为0.57%和0.42%。

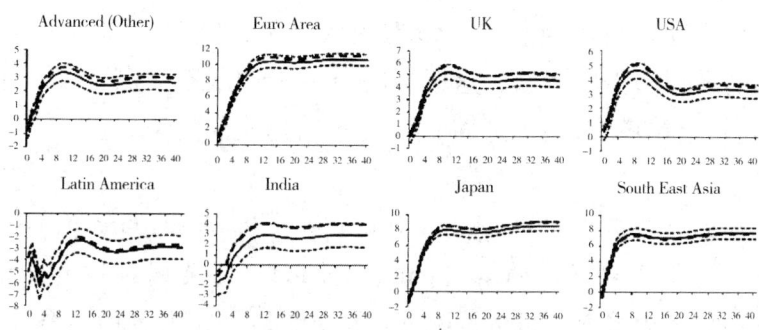

图3 美国石油供应革命对权益资产的影响

三 结 论

我们量化了油价下跌51%（由美国引起的能源供应过剩）对石油净进口国和石油净出口国的国内生产总值产生的影响。我们发现尽管石油进口国经济活动通常都长期有所上升（约0.04%—0.95%的水平），但油价的下跌对能源出口国的影响仍然是负面的（石油出口国平均下跌2.14%，中东和北非地区下跌1.32%，拉丁美洲下跌0.41%），并且大宗商品进口国与石油出口国之间存在强烈的经济联系。更重要的是对于大多数中东和北非地区的石油进口国，从油价下跌中的获利抵消了这些国家对该地区石油出口国的外部融资需求，并削弱了其与石油出口国之间通过贸易、汇款、旅游、外国直接投资、拨款而建立起的强烈联系。结果是，尽管比净出口国受到的影响要小得多，但这些进口国也将会长期受到负增长的影响。我们的研究结果表明，美国石油革命使全球经济增长 0.16—0.37 个百分点外，我们采用的样本中的所有国家为了应对美国石油革命带来的影响几乎都长期经受着通货紧缩带来的压力且股票价格都有所增长。

  由于 MENA 国家对石油市场的敏感性，那么需要什么样的政策和机制以应对冲击呢？尽管逆周期的财政政策是石油出口国隔绝大宗商品价格波动影响的关键，但是其他目标（货币和汇率政策的自主性）也不应忽略。考虑到低油价持续时间的不确定性，外部的融资和需求疲软，这区域的石油进口国不应高估油价下跌的影响。当前的低油价是 MENA 国家结构改革的契机。

  本文原题名为"The U.S. Oil Supply Revolution and the Global Economy"。本文第一作者 Kamiar Mohaddes 为英国剑桥大学格顿学院的经济学教员。Mehdi Raissi 本文为 IMF 亚太部的工作论文，于 2015 年 12 月刊于 IMF 官网。

低油价与低通胀的好处

Alan Reynolds/文   黄杨荔/编译

导读：本文分析了低油价与低通胀的好处，指出二者对经济具有积极意义，远非媒体揣测的严重危机。编译如下：

1. 低油价降低了人货运输（包括出口）的成本，也降低了能源密集型产品和服务的生产成本。圣路易斯联邦储备银行（St. Louis Fed）于2016年1月2日公布的数据显示，柴油价格已连续七周下跌，至2.235美元/加仑。

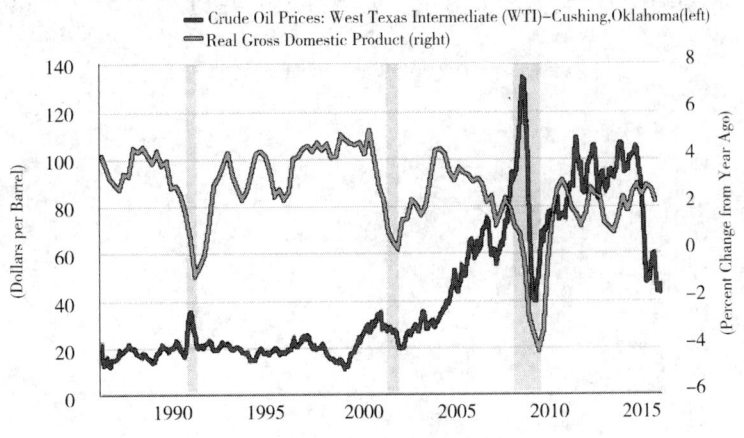

图1　历史上原油价格与美国实际GDP增速

资料来源：圣路易斯联邦储备银行官网。

2. 近期油价每每稍有上扬，就被随之而来的衰退淹没，而伴随油价的持续低迷，美国经济（实际 GDP）正在相对快速地增长。

3. 2013 年以来的低通胀显著提高了实际工资和实际消费支出，远非新闻媒体频频揣测的严重危机。

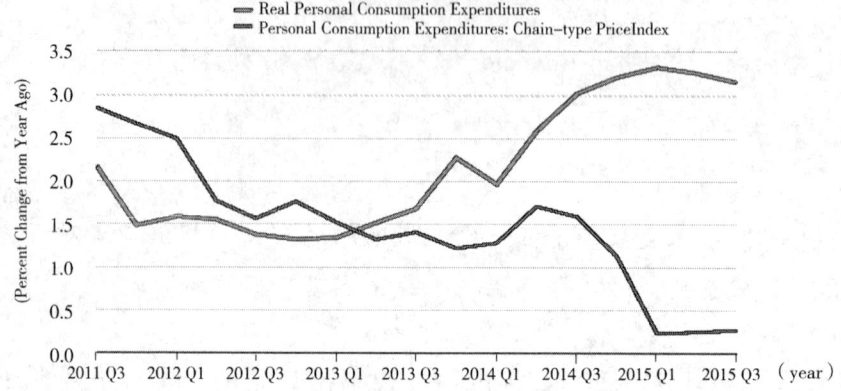

图2　实际个人消费支出与个人消费支出（链式物价指数）

资料来源：圣路易斯联邦储备银行官网。

4. 低廉的能源价格解释了 2013 年奥巴马税改冲击未消退的背景下，近期美国本土经济（扣除贸易与存货）增速高于3%的原因。

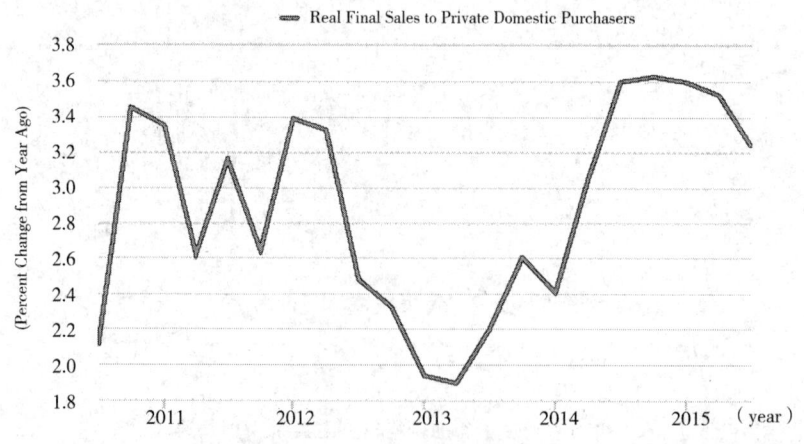

图3　国内私人部门实际最终销售额变化

资料来源：美国经济分析局，圣路易斯联邦储备银行官网。

本文原题名为"Some Blessings of Cheap Oil and Low Inflation"。本文作者 Alan Reynolds 为 Cato 研究员。本文于 2016 年 1 月刊于 Cato 网站。

十字路口的新兴市场

M. Ayhan Kose, Franziska Ohnsorge, Lei (Sandy) Ye/文
郭子睿/编译

导读：今年是新兴市场连续第五年经济增速下滑。本文分析了新兴市场经济增速下滑的特征，驱动因素以及应该采取的政策。长期的趋势性下滑意味着当前的经济增速下滑并不是短暂的停滞，而是缓慢增长新时代的开始。鉴于不断上升的全球风险，新兴市场急需采取适宜的政策来解决面对的周期性和结构性挑战，从而刺激经济增长。编译如下：

新兴市场经济增速自2010年以来一直在下降，已经远低于金融危机之前（2003—2008年）的增速。发达经济体增速与新兴市场经济增速的差距也因此大幅度下降。而自20世纪80年代至金融危机之前，新兴市场经济体一直是全球经济增长的引擎。

有很多关于如何应对新兴市场经济增速下降的讨论（Annunziata 2013，Munyo and Talvi 2013，Armstrong et al 2015）。在我们最近一篇的论文中（Didier et al 2015），我们也研究了新兴市场经济体的增速下滑，主要解决了如下问题：（1）下滑的主要特征是什么？（2）下滑的主要驱动因素有哪些？（3）哪些政策可以刺激增长？

一 下滑的主要特征

新兴市场经济的增速下滑不是某一个国家的特别现象,而是大范围的,尤其是大型新兴市场国家面临的问题。尽管各个国家都在刺激经济增长,但新兴市场经济增速下滑的问题还是没有解决。到2014年,连续三年经济下滑的国家数量达到了2008—2009年金融危机期间的水平(图1A)。

新兴市场经济增速下滑的原因也是多方面的,包括国内需求整体下降,投资增速和出口也大幅度地减少(不到2003—2008年期间水平的一半)。当前的经济增速下滑已经形成趋势性下滑。最近对新兴市场2015年经济增速的预测是略低于4%,而2010年是7.6%(图1B)。

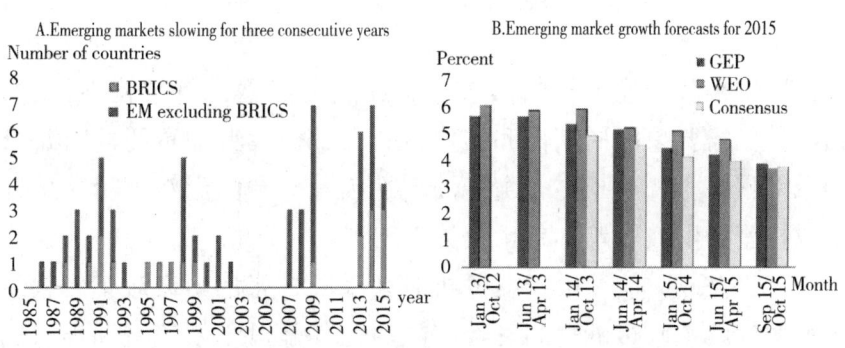

图1 新兴市场经济下滑:同步而又让人失望

二 导致经济下滑的主要因素

新兴市场经济增速下滑初始主要是由于外部因素,自2014年以后国内因素越来越重要。外部因素包括疲软的国际贸易,较低的大宗商品价格和紧缩的金融环境。国内因素包括生产率增速平稳下滑,政策不确定性,以及财政政策和货币政策受到约束。

潜在增速的下滑大致能解释自2010年以来新兴市场经济增速下滑的1/3，这主要是由于生产率的下降。但是，导致经济增速下滑的结构性因素，每个国家都不一样。

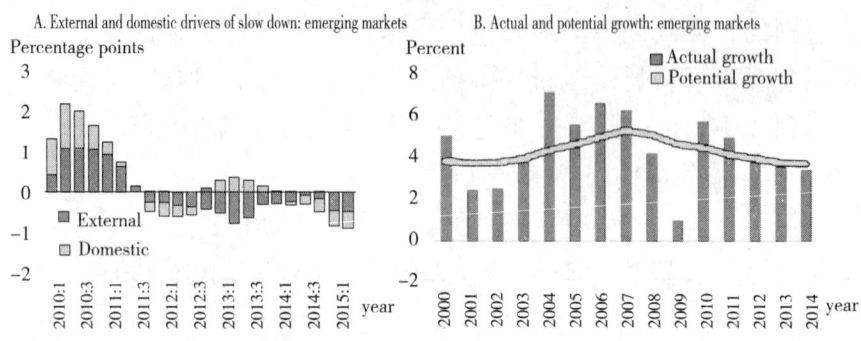

图2　导致经济增速下滑的因素和潜在增速的变化

三　刺激增长的适宜政策

导致经济增速下滑的因素既有周期性因素也有结构性因素，因此我们需要采取周期性和结构性政策，但二者的重要性对每个国家都不一样。对于主要由于周期性因素导致的经济下滑，可以采取扩张的财政政策和货币政策。

对于财政政策，由于在危机时期采取扩张的财政政策，很多国家实施财政政策的空间已经有限。尤其是对于依赖石油出口的国家。基础设施投资是刺激经济和提升就业的有效政策，但这些政策的有效性依赖于财政政策的空间。

对于货币政策，大宗商品出口国家采取货币政策的空间大大受限。货币贬值，给本国带来通胀压力以及外部风险增加。而对于石油进口国，由于石油价格不断下降，这有助于缓解本国通胀压力，给央行留下了降息空间。

结构性改革可以缓解中长期的经济增长下滑。自2008年全球金融危机以来，新兴市场国家的结构性改革比较混乱。尽管一些国家在强化基础设施建设和简政放权方面取得进步，但政府改革一直滞后，腐败仍然是主要障碍。改善投资环境，增强劳动力市场的功能，提高人力资本是促进生产率提高的有效政策。

四　十字路口的新兴市场

新兴市场在过去 20 年已经取得了很大进步，他们一直在改善宏观政策框架，降低债务和通胀水平，多样化他们的产出和出口，建立更强的全球贸易和金融联系。但是，经历了这么多年的高增长，新兴市场发现他们现在处在十字路口。2010 年后的经济增速下滑，也许标志着新兴市场经济进入了缓慢增长的新纪元。事实上，长期的趋势下行意味着当前的下滑并不是短暂的停滞，而是缓慢增长新时代的开始。鉴于不断上升的全球风险，新兴市场急需采取适宜的政策来解决面对的周期性和结构性挑战，从而刺激经济增长。

本文原题名为"Emerging Markets at a Crossroads？"。本文作者 M. Ayhan Kose 为世界银行发展展望组主任，Franziska Ohnsorge 为世界银行发展经济部的首席经济学家，Lei（Sandy）Ye 为世界银行的经济学家。本文于 2016 年 1 月刊于 VOX 官网。

油价下跌：危机征兆，还是为增长助力？

Georg Zachmann/文　谢晨月/编译

导读：低油价有利于石油进口国的经济，但也可能是全球经济增长放缓的一个症状。本文分析了油价下跌的原因以及对全球经济的影响。编译如下：

2016年年初油价创近11年新低。油价变化是如下三个因素的结果：石油供给变化；石油在经济中重要性的变化以及全球经济环境的变化。（1）石油供给，随着美国页岩油产量弹性的增强，以及伊朗这样的国家回到市场，石油供应超过预期。此外，欧佩克作为石油出口国的卡特尔，也没有对石油供给进行管理。因此，石油产量在2015年年底已经比2014年平均增长了约3%，从每天8600万桶增长到了8850万桶。这进一步压低了石油价格。（2）石油在经济中的重要性，由于可再生能源和高效能源的使用，全球范围内每1美元GDP所需要的石油量在下降。而且，服务业在GDP中的比重越来越大。自2000年以来，能源密集度平均每年下降1.4%。在21世纪的巴黎气候峰会上，所有的国家都同意摆脱对化石燃料的依赖，包括石油。所以，石油消费和增长会进一步分离。这又会进一步压低石油价格。（3）全球经济环境，当前对石油的总需求在下滑。新兴市场经济体增长放缓，发达经济体的宏观风险一直存在。IMF两次纠正了对2015年的经济增长预测，7月（从3.5%到3.3%）和10月（从3.3%到3.1%）。因此，对未来经济活动的较低预期会降低对石油的需求，进一步压低石油价格。

一 石油价格展望

上述因素已经反映在当前的石油价格上。但我们很难预测2016年的石油价格走势，因为每一个因素都可能朝任一方向变化。

地缘政治因素，如中东地区日益紧张，可能导致石油产量更高或更低。低油价可能会刺激部分地区在运输和加热方面重新使用石油，但可再生能源和清洁能源的趋势会使人们尽量减少对石油的使用。最后，全球GDP可能随着中国经济更有弹性而反弹，但如果投资者对中国经济失去信心，也可能下降。

二 低油价的结果

第二个问题是低油价给经济带来什么影响？几乎对于所有的经济学问题，答案都是视情况而定。首先，取决于你是否是石油出口国。如果你是，那么出口石油的收入会下降，GDP会下行。在2015年，我们在很多石油输出国观察到这一现象。俄罗斯、哈萨克斯坦和阿塞拜疆决定采取更灵活的汇率制度，而不是耗尽外汇储备来捍卫高估的本国货币。

低油价也可能是更审慎的经济政策的催化剂。一些石油输出国开始减少不必要的开支。如沙特阿拉伯已经决定减少能源补贴，在当前情景下，这是明智之举。随着价格的下降，消费者将为使用石油支付更少的钱。这样的改革有利于石油出口国的政府财政。

对于石油进口国，低油价对经济的影响取决于价格下降的原因。如果油价下跌是因为石油供给的增加，那么消费者将有更多的钱花在国内产品，这有利于促进国内经济。

如果油价下降是因为消费者有更好的选择，那么降低对石油的需求，也有利于国内经济增长。如果石油价格下跌源自全球经济的困境，那么低油价显然是危机的征兆。

因此，低油价也许会温和地刺激石油进口国的经济，但也可能是全球经济增长放缓的一个症状。

本文原题名为"The Oil-price Slump: Crisis Symptom or Fuel for Growth?"。本文作者 Georg Zachmann 为 Bruegel 智库的研究员。本文于 2016 年 1 月刊于 Bruegel 官网。

新兴经济体中外币公司债务：
风险何在？

Julián Caballero、Ugo Panizza 和 Andrew Powel/文　　申劲婧/编译

导读：新兴市场中非金融公司的债务增加明显。这篇文章认为要理解可能存在的风险，了解公司的资产负债表以及公司目前的业务十分重要。在一些案例中，外在债务作为更加昂贵的本地债务的替代品被发放，另一些则被用于给直接投资注资。在一些国家，它被用于探索套利交易的机会。然而几乎在所有的案例中，企业货币错配风险的准确信息却很难获得。如果我们想在这一方面取得进展，就必须获得准确的信息和报道。编译如下：

在近期全球利率走低的形势下，新兴市场中公司发放的外币债务增长显著（见图1以及Acharya 2015）。但是要理解可能存在的风险，知晓公司资产负债表的情况以及目前的业务十分重要。杠杆率提升了吗？公司正在使用筹得资金再融资，给直接投资注资或者像银行一样增加金融资产了吗？公司在不同国家是否表现不同？以及如果确实如此，原因何在？风险都有哪些种类？

在17个新兴经济体的样本中，对于多数经济一体化的国家来说，表现良好的在国际市场发行的债权在GDP中占比高达15%，平均则是7.5%——其中大约一半由金融公司发放，另一半则是非金融公司（图1）。就发行杠杆率来说，非金融公司的远高于那些非金融公司亦非发行者的，而且增长显著，尤其是在

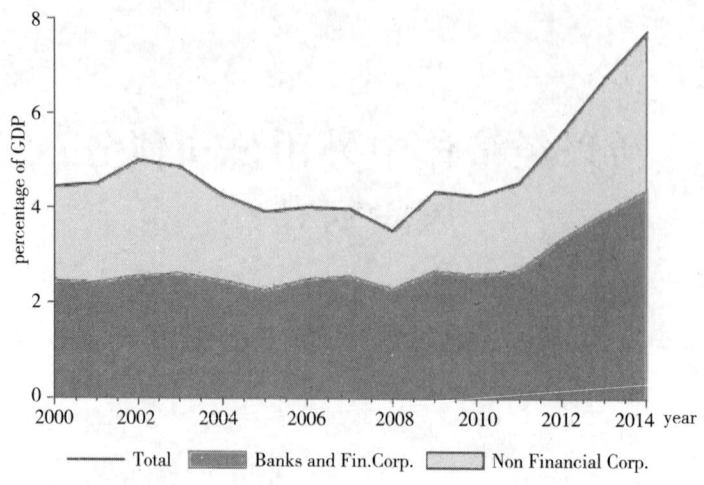

图1 私人公司国际债务证券的储量

东欧和拉美地区。例如，在拉美国家，平均债务股本比从2005—2007年的58%增长到2013—2014年的71%（图2）。地区平均值掩盖了国家间的巨大不同（图3）。哥伦比亚和土耳其公司的平均杠杆比率分别增长了28个和70个百分点。

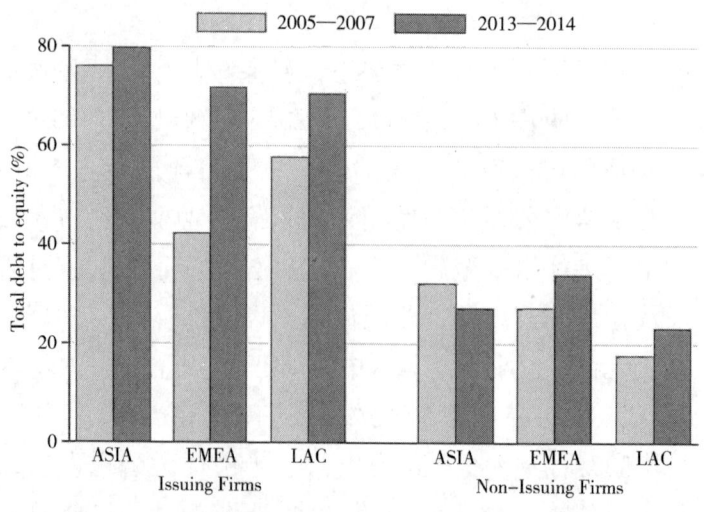

图2 非金融公司的杠杆

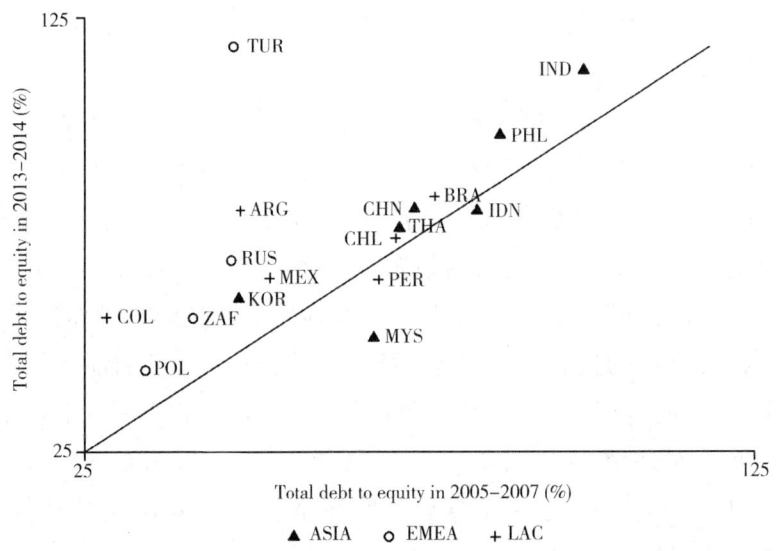

图3　2005—2007年 vs. 2013—2014年间样本中发行债券的非金融公司的杠杆

非金融公司中大多数借款都用来投资金融资产，而非直接投资，特别是当套利机会良好的时候（Bruno 和 Shin 2015）。换句话说，公司利用美元低利率来借贷，但是接着至少将一部分收入用于投资金融资产，包括很可能用当地货币结算的银行存款。Powell（2014）认为对于拉美的四个国家来说，非金融公司的对外发行债券撑起了过去的全球金融危机下国内信贷市场繁荣的大半江山。

在最近的一篇论文中（Caballero et al. 2015），我们进一步证实了 Bruno 和 Shin 提出的对于非金融公司对外发行债券和他们的金融资产间的强有力联系。另外，我们还发现了不同国家间的显著差别。我们检验了三个假设来解释这种异质性。

·金融深度不同，因此公司正在尝试填平浅信贷市场。

·国际银行在一些地区比其他地方撤出了更多业务，非金融公司正在取代他们；并且

·非金融公司正涉足常规套利，因此国家间的不同可以被资本管控所解释。

我们没有发现支持前两者的证据，但是发现了与常规套利假设一致的强有力证据。特别地，我们发现非金融公司在套利活动回报高，以及对资本内流有管控措施时更有可能充当金融中介。我们认为，当资本账户交易被高度监管时，非金融公司可能有比较优势。他们可能发行国外债券，并利用公司内部一般被认为是外商直接投资的贷款来在国家间转移金融资产。特别地，我们发现当国内利率高于国际利率，且存在资本管控（尤其对于资本内流）时，对外债券发行和流动金融资产持有的关联非常大且显著。但是当我们将资本管控用其他变量替代，来检验其他假说，我们并未得到显著结果。

这些结果与风险有什么联系？如果公司将借入美元的收益用于直接投资，风险则是传统公司风险，即外部债务。那么相关的问题就是，公司借入美元但用当地货币投资产生（实际）资产了吗？他们正在在有风险的大宗商品行业借钱以支持投资吗？公司规避了货币（以及商品价格）风险了吗？杠杆和折旧方案如何？公司有足够流动资产来应对在货币贬值或其他冲击下可能出现的货币需求吗？如果没有他们会向本地金融系统求助进而挤出小借贷者吗？有这些问题的公司数量多到足以引起重视了吗？这些风险在本质上有变得系统化的可能吗？

这当中的许多问题（以及潜在风险）在公司借钱投资时也适用，但是考虑到国内金融系统的联系可能更多，这也就意味着额外的风险。特别地，当世界范围内利率升高时，这些公司可能决定在别处投资，流动性因此突然消失。从前的新兴经济体危机中，较大的公司存款首先逃逸，每个公司可能都有完美契合的流动性位置但是对于系统流动性来说仍然存在潜在威胁。

精确地评估这些风险所需要的信息要求令人却步。事实上，给定公司资产负债表货币面值信息的缺失，IMF 的全球金融稳定性报告和 Acharya（2015）使用了公司普通股价的历史走向来衡量"货币 beta 值"。对于信息缺失来说这是个不错的方法，但是这种方法一点也不能消除系统风险——另外，指望股票投资人比 IMP 的资深研究员更信息灵通也是不现实的。

结　论

新兴市场中非金融公司的债务增长迅速，公司在不同国家的表现也日益不同。一些外在债务作为更加昂贵的本地债务的替代品被发放，另一些则被用于给直接投资注资。而在一些国家，它则被用于寻求套利交易的机会。风险的种类和大小各有不同，但是几乎在所有的案例中，企业货币错配风险的准确信息却很难获得。公司的资产负债表应该被修正，并加入货币层面的说明，此外，衍生品头寸的信息也必不可少。即使公司是在避险，我们也不知道谁将会承担最终风险。对衍生品交易的中央结算是一种解决之道，或至少应该存在中央报告机制。对于有资本管控的国家——即非金融公司可以仲裁规则或是充当金融中介的地方——来说，这个问题与本地金融系统的联系尤其强大。如果债券发行疲软，公司分摊外债，金融系统的流动性可能会尤其紧张——中央银行应该时刻准备着在需要时采取有力行动。

本文原题名为"Foreign Currency Corporate Debt in Emerging Economies: Where are the Risks?"。本文作者 Julián Caballero 为美洲发展银行研究部的研究员，Ugo Panizza 是日内瓦国际研究所经济学教授，Andrew Powel 为美洲发展银行研究部的首席顾问。本文于 2016 年 2 月刊于 VOX 官网。

全球证券市场面临三重威胁

Alan Wheatley/文   伊林甸甸/编译

导读：人民币汇率政策改变、美联储加息以及原油价格暴跌对全球证券市场造成了很大冲击。这三者对证券市场的作用分别如何？在未来又将对世界经济造成哪些影响？本文作者给出了分析。编译如下：

全球经济的三大核心变量：中国的汇率政策、原油价格以及美国的货币政策发生了根本性的变动，这一变动使得投资者大为慌乱，同时也使得世界经济的前景更加灰暗。

中国的汇率政策、原油价格以及美国的货币政策这三者的联合波动，对于世界几大国家央行来说意味着严峻的挑战。如果他们未能恢复市场信心，这些风险在相当一段时间内会导致低增长和低通胀，这种对经济极为有害的组合将会导致经济发展的长期停滞。

以上三种现象每种都可以得到积极的解读。中国正在允许市场力量在人民币汇率的变动中扮演更重要的角色。更低的油价意味着西方消费者可以拥有更多可支配的资金。而美联储终于放弃带有救急性质的货币政策则进一步证明了美国的经济正走向复苏。

然而，当这三者叠加发生后，他们却导致了全球投资者开始面对一个旧定律失效的新世界。因此，这也导致了2016年开年以来的股价大跌。

在这三大意义深远的变化当中，最令人不安的是中国新的汇率制度，因为外界对这一变化最缺乏深刻理解。中国央行最近放弃了已沿用数十年之久的紧盯美元政策，转而改为盯住一系列货币篮子来确定人民币汇率。尽管 IMF 一再要求其解释政策变动的动机，但中国央行对这一原因却解释得非常欠缺。由于市场厌恶的不确定性，尽管人民币汇率近期基本保持稳定，但投资者依然担心人民币对美元贬值并严重打击其他出口竞争对手。

对中国准备大幅下调人民币汇率的担忧无疑加剧了外界对中国经济的忧虑——尽管官方一再强调他们正试图推动由投资拉动向消费拉动的增长转型，但中国的经济增速或许会以远快于官方所认为的速度衰落下去。尽管 2015 年的 GDP 增速已降低至 6.9%，中国对世界经济的贡献还是要比其在 2010 年 GDP 以两位数增长的时代要大。不过，投资放缓对于向中国出口资源的国家来说冲击依然明显，巴西的经济放缓就说明了这一点。另一个正在增加的风险是，由于货币贬值，新兴市场国家的企业可能无法偿还其美元债务。近期俄罗斯卢布汇率已经跌至了历史低点。

倘若中国真的对人民币进行人为贬值，这将促使中国的国内企业向国外倾销过剩的消费品，也就是相当于输出了通缩。中国过剩的投资导致了相当过剩的生产力，这使得其工业品价格以每年 5.9% 的速度下降。

过去一年来，以沙特为代表的原油生产国拒绝因为中国及其他国家需求放缓而减产，这直接导致了油价下跌超过 70%，也因此使市场对全球通缩的担忧愈发现实。油价下跌对于消费者来说本应是利好消息，但 2014 年以来美国的个人储蓄率实际上却上升了。如果美国消费者确信低油价会维持下去的话，他们才可能会更放心地消费。毕竟，本轮油价暴跌来得太迅猛了一些。

但就现在而言，消费者们自 2008 年危机后留下的谨小慎微的心态也同样是企业应谨慎对待投资的原因之一。由于油价暴跌，原油生产者们相应削减了投资支出，并使得全球经济进一步雪上加霜。过高的储蓄和过低的投资可以很好地解释当前的经济低迷现状，对于这一现状，教科书式的回答应是"降低利率，刺激投资和消费"。但如今许多国家的基准利率依然接近于零，甚至是负的。

面对这种情形，我们应如何是好呢？欧洲央行已几乎承诺在3月进行下一轮刺激计划，而1月22日的一份媒体报告也预示着日本央行可能进一步放宽其政策。至于美联储，他们可能已经对早先的加息感到后悔了，这一标志性的加息决策一度使得全球市场大为混乱。在2015年年底被认为势在必行的3月份第二次加息，现在看来几乎不太可能实现。一些投资者甚至认为美联储可能被迫逆转其加息决定。

自从危机以来，全球各国央行曾多次成功组织救市行动，因此当欧洲央行暗示要采取刺激政策时，全球投资者们对央行的信心又一次大为振奋。然而，市场中同时弥漫着一种消极情绪，那就是央行已经渐渐陷入束手无策的处境，因此大家也在担心中国的低谷与油价的暴跌可能预示着全球经济噩梦的到来。

在这一大背景下，2016年2月在上海召开的G20国家财长及央行行长会议，是未来一段时间内意义最为重大的一次决策峰会。

本文原题名为"Stock Markets Face Three-Pronged Threat"。本文作者Alan Wheatley为英国皇家国际问题研究所国际经济研究员。本文于2016年2月刊于英国皇家国际问题研究所官网。

数字技术革新之后的 GDP 核算

Diane Coyle/文   刘兴坤/编译

导读：数字技术正在对消费者行为、商业行为和市场变动产生变革式的影响，其发展再次引发了关于诸如 GDP 等常见经济统计指标的定义及核算的争论。本文考察了数字技术革新在经济领域所带来的核算变革，指出了为何现有核算方法无法完全捕获数字技术革新所创造的消费者剩余，并进一步阐述了其缘何无法准确反映市场波动，进而导致对国民生产和经济增长的估算失真。编译如下：

国民经济核算系统，自从 20 世纪 40 年代首次发展成为国际通用核算标准以来，GDP 的概念定义就一直备受争议。例如，在 GDP 核算中家务和家庭生产项就存在争议，对金融部门的定义也存在争议。

目前，源于数字技术的革新，GDP 及其他常用经济统计指标再次引发了热议。随着不断被应用于商业和消费者行为，这些指标也面临着新挑战。此外，对于当前 OECD 国家生产力下降争论的焦点也在于数字技术所带来的统计影响。经济学家与技术拥护者为之展开了激烈的争论，其中经济学家如 Robert Gordon 认为，数字技术这一新兴技术所产生的经济社会影响无法与过去的技术革新（诸如电器和室内管道）相媲美，而有些技术拥护者却认为，数字技术变革对经济增长的贡献是无可限量的。

认为现行经济统计方法未能充分体现数字化行为规模的观点基于若干考虑。其中最通常的一个考虑在于GDP与经济福利之间的差异。在国民经济核算体系运行的早期，如Simon Kuznets就更倾向于能直观反映经济福利的指标。但是，当时新的国民经济核算标准的制定在一定程度上是出于战时经济管理的特殊需要，而并非是按照市场价格来衡量经济活动（Coyle，2014）。然而，市场活动与经济福利之间的差异被模糊处理了。起初，对这二者的定义也曾进行过折中处理，例如将所有的政府支付纳入GDP，虽然其中某部分是中间产品而非最终产品（从消费的意义上来说），并且其从定义上来说不具有市场价格。更甚者，任何实际GDP的跨期或跨国比较都蕴含着经济福利的估算。目前通常的做法是，将实际GDP增长率作为福利意义上的经济增长的主要衡量指标。

如同任何其他的技术革新一样，数字技术毫无疑问也会创造消费者剩余。由于数字技术革新，特征价格法能够体现某些质量改进，但似乎不太可能完全反映人类福祉的大规模量化变动。很明显，伴随着诸如线上市场选择更丰富、线上服务更加节约时间、线上产品与服务的零价格和免费生产等的发展，数字技术的变革能够创造额外的消费者剩余。例如，一个利用线上平台在度假期间与他人交换房子居住的人很可能把他省下来的钱用于购买能够被GDP核算在内的其他产品或服务，但是他在度假期间享受到的福利却没有被计算在内。但是如何估算这一数字技术剩余的规模仍无定论。

此外，数字业务对按照现有概念核算的GDP所产生的影响较为复杂。例如，若干经济部门的脱媒化使得业务开始转移到线上，例如金融、贸易和零售，这对GDP产生收缩效应，因为对于商业不动产的投资缩减了，向消费者供给的服务很明显持平或变好。

同样地，从定义上来说，零价格数字产品从定义上也不计入GDP核算。这些产品中的一部分是通过广告资助而不是订阅资助生产的，尽管将对广告不感兴趣的那部分消费者的投入成本也考虑进来之后能够重新实现平衡，但是这种商业模型选择会影响GDP的核算（Nakamura和Soloveichik，2015）。同时，零价格和数据包的价格也没有被纳入消费者价格指数的核算，从而导致对实际经济增长水平的低估。

某些零价格产品（不仅包括诸如软件、微博和视频等产品，而且包括诸如房屋交换或分餐等"共享经济"服务）被视为自愿性的活动，就像为当地学校的孩子们朗诵书本或者在慈善商店做志愿服务。此类志愿者活动就像家务一样，也被排除在传统的国民产出范围之外。

然而，传统的国民产出范围的界限是模糊的。众所周知的一个悖论是，如果某人娶了他家的女管家，那么将会降低本国的GDP。将家务排除在一国国民收入和产出之外的传统观点认为，对家务收集统计信息是不切实际的，并且家务不存在市场竞争者。尽管如此，20世纪40年代，一些经济学家曾主张将家务纳入一国的生产范围（Studentski，1958）。现在，家务面临大量的市场竞争对手，存在时间使用可能性曲线，并且通过采用新技术能够收集到相关数据。

虽然不知道有多少人在通过共享互联网平台提供服务，但是可以确定的是这一数量是趋于增加的。并且，越来越多的人可能通过在其YouTube视频或者微博上出售广告或者销售其作为自由职业者的咨询服务而获得一定的收入。尽管这些服务应该被纳入一国国民收入的统计中，但是其规模可能太小而无法估算，或者难以对其进行准确的归类。在英国，国家统计局正在探索用网页抓取技术来解决这一问题。在美国，劳工统计局已宣称将在2017年再次启动"临时劳工"调查，最近一次是在2005年进行的。如果临时劳务（经常在家中工作，使用的大部分是自己的业余时间）增长速度较快的话，美国将有可能对20世纪40年代论定的国民生产范围进行延伸。

结 论

既有经济统计中存在的上述问题非常重要,这不仅仅是数字化经济部门重视自身权利的问题。正如 Charles Bean 先生在其《英国经济统计回顾》出版前不久所解释的那样,经济统计属于公共产品,是商业决策和公共政策出台所必须参考的资料(Bean,2015)。此外,其还会对政治经济产生影响。目前,许多政治争论主要集中在对外公布的实际 GDP 增长数据以及由此得出的生产力数据的真实性,这是选民选举政治家的关键参考指标(Coyle,2015)。行业游说团体也会将行业产出在 GDP 中所占比重作为一种谈判筹码,并以此影响政策辩论。

本文原题名为"Digitally Disrupted GDP"。本文作者 Diane Coyle 为曼彻斯特大学经济学教授。本文于 2016 年 2 月刊于 VOX 官网。

金砖国家增长放缓的溢出效应

Raju Huidrom, M. Ayhan Kose, Franziska Ohnsorge/文
张文豪/编译

导读：新兴市场国家近年来遭遇了显著的经济下行压力。增长放缓是否会给世界经济带来溢出效应？这一溢出效应的程度有多大？如果遭遇下一场金融危机，经济下行的溢出效应是否会有所变化？本文对这三个问题给出了分析。编译如下：

近年来，新兴经济体的增长速度持续放缓，已从2010年的7.6%下跌至2015年的3.7%，低于其长期平均增速。新兴市场的经济增长放缓带来的影响非常广泛，波及了相当之多的国家。自1980年以来，金砖国家，除印度鹤立鸡群之外，从未像今天一样出现大多数成员经济增长同步放缓的现象。考虑到金砖国家的经济总量和与全球经济的一体化程度，他们的同步放缓可能通过不同渠道影响到全球经济。中国经济增长放缓的溢出效应尤为引人注目，但新兴市场国家整体放缓对世界的冲击却少有学者研究。本文重点分析以下三个问题：

· 新兴市场国家增长放缓溢出效应的作用机制是什么？
· 这些溢出效应有多严重？
· 如果经济放缓遭遇金融危机，将会造成何种全球影响？

一 新兴市场国家增长放缓溢出效应的作用机制是什么？

考虑到在世界经济和增长中所占的份额，主要新兴经济体增长放缓将会带来巨大的溢出效应。在2010—2014年间，世界经济增长当中60%由新兴市场国家贡献，而其GDP相应地占全球34%的份额（2014年数据）。此外，自2000年以来，新兴国家间的跨境贸易，尤其是金砖国家间的跨境贸易显著增长。举例来说，在2014年，新兴经济体的出口对象有30%都是其他新兴经济体国家，在1990年这一数字仅为12%。因此，经济增长放缓可能通过贸易与金融、日用品价格和市场信心等角度对其他国家造成影响。

·**国际贸易**。金砖国家减少的进口需求将打击其他贸易伙伴的出口贸易。过去二十年间，新兴国家，如金砖国家之间的贸易联系显著提高。而对于一些发达国家，如日本和德国来说，中国也同样是一个重要的贸易伙伴。

·**国际金融**。新兴市场国家逐渐开始在国际金融市场中扮演重要角色，包括对外直接投资、国际借贷以及固定资产投资等。增长放缓将导致新兴市场国家对外投资下降，并影响到对外汇款额。

·**国际日用品市场**。新兴市场国家，尤其是中国和印度（某种程度而言），是日用品的主要来源国。举例而言，中国自21世纪以来几乎占了全球钢铁需求增长量的100%，以及全球初级能源生产增长量的50%。减少的日用品需求将会打击日用品出口国的投资和经济增长，甚至会影响到那些与直接受冲击国家不直接相关的经济体。

二 这些溢出效应有多严重?

金砖国家的增长放缓将会影响到世界其他国家,尤其是其他新兴国家以及前沿市场国家。我们使用了一个贝叶斯向量自回归模型来测度这些增长溢出效应的大小。平均而言,金砖国家增长速度每降低1个百分点,在接下来的两年中世界经济增速就会放缓0.4个百分点,而新兴市场国家增速会降低0.8个百分点,前沿市场国家则是1.5个百分点(见图1a)。然而,尽管这一数字相当可观,但依然不及发达国家经济增长放缓所带来的溢出效应,这反映着发达国家在世界贸易和金融中的支配地位。

不同的金砖国家溢出效应的大小也不同(见图1b)。中国每1个百分点的增长放缓将导致非金砖国家新兴经济体0.5个百分点的回落,或是前沿国家1个百分点的回落。然而对于俄罗斯而言,相应地对其他非金砖国家新兴经济体的影响只有0.3个百分点。而巴西的影响就更小。总的来说,南非和印度对其他国家的溢出效应都要小很多。

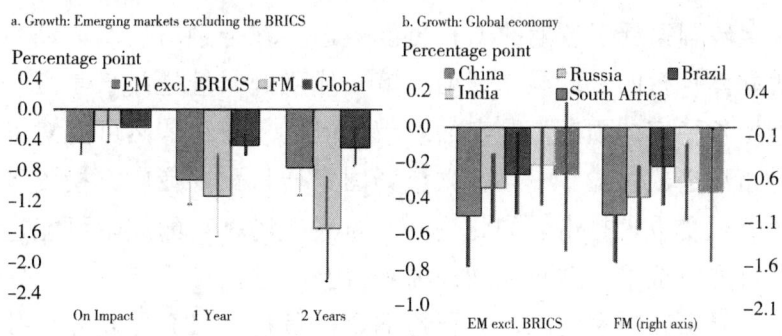

图1 金砖国家经济下行的溢出效应

日用品市场是中国输出溢出效应的主要渠道,因为中国是世界日用品市场的主要输出国。因此,由中国增长放缓导致的日用品出口国的增长下降，可能要大于进口国的增长下降（图2a）。

诚然，中国的溢出效应非常可观，但金砖国家同步的经济下行甚至具有更强大的溢出效应。其同步下行将会对新兴市场、前沿市场和全球增长造成0.1—0.2个百分点的下降（图2b）。

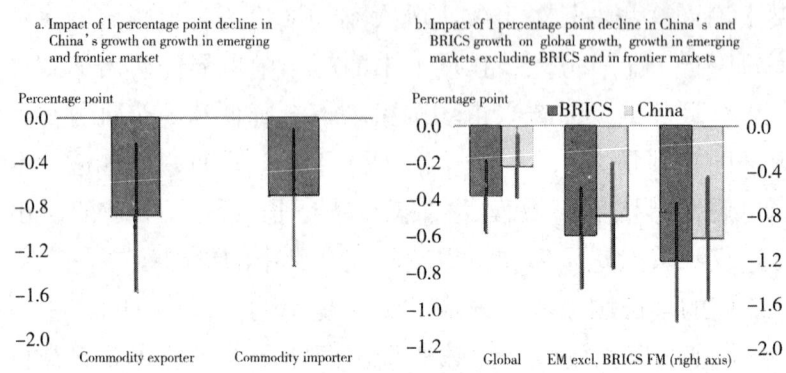

图2 中国经济下行的溢出效应

三 如果经济放缓遭遇金融危机，将会造成何种全球影响？

金砖国家低于预期的增长可能遭遇全球金融市场的波动。尽管美联储执行的全球利率紧缩政策步伐稳健，且是基于美国经济长期增长稳定的预期而制定的政策，但这一举动依然可能对世界金融市场造成风险。一旦新兴市场国家增长预期疲软，投资者信心可能遭受重大打击。如此一来，新兴市场攀高的风险可能进一步抬高融资成本，并且使增长前景雪上加霜。

如果金砖国家的同步下行遭遇金融危机，只会使其溢出效应更为显著。如图3所示，如果国家增长放缓，且金融市场预期收紧，增长率的下降就可能达到三分之一之巨。

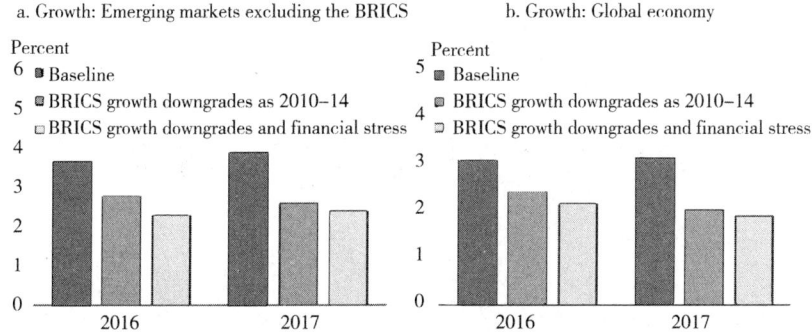

图3　金砖国家经济下行与金融危机的耦合作用

四　总　结

世界主要新兴市场国家在过去十年之间经济增长强劲，但如今其增长却遭遇了大幅放缓。在这段时间内，新兴市场国家更好地融入了全球贸易与金融系统当中。但也正因如此，金砖国家的同步经济放缓也成为了世界经济痛苦的溢出效应的来源。当下行遭遇金融危机时，这一效应就显得更加显著。

政策制定者们应当使用财政和货币政策对经济进行刺激。通过精心设计的结构化改革，政府有望重振投资者信心，在短期内提振资本流动，从而为长期的增长前景奠定基础，并收获持续的经济增长。

本文原题名为"Painful Spillovers from Slowing BRICS Growth"。本文作者Raju Huidrom，M. Ayhan Kose，Franziska Ohnsorge皆为世界银行的研究员。本文于2016年2月刊于VOX官网。

美日关系：伪密友与真同盟

Matthew P. Goodman/文   朱子阳/编译

导读：美日关系是当今世界重要双边关系之一，在过去的几十年分分合合，但在近年达到了顶点。但是由于日本、美国在未来几年存在很多不确定性，美日关系仍有变数。作者提议以TPP为核心推进美日合作和构建亚太经济秩序，以增进美日关系。编译如下：

在战后的大部分时间内，美日关系被称作"不自然的亲密关系"，意指存在着文化、历史、地理差异的两个原敌对国家组成的伙伴关系。但是这一关系却为亚太地区提供了稳定与和平。目前，这一关系处于数十年中的顶峰，并且植根于共同价值观和战略利益。但在奥巴马总统任职的最后一年中，却发现这一亲切关系难以维系。

美日关系并非一直牢固。在20世纪60年代，美日关于安保协议的争议很大，甚至导致日本时任首相岸信介取消了安排好的对美国的国事访问。在60年代到80年代所谓日本的"奇迹时代"，美日之间巨大的贸易摩擦和日本希望依靠强大的经济力量重构防御力量，都为美日关系蒙上了阴影。而在90年代苏联解体、日本进入所谓"失落的十年"，失去目标和战略利益分歧使得美日关系进入谷底，这一现象在2009年鸠山由纪夫执政时期尤为明显。

美日关系近期得到巩固。自安倍晋三上台后，美日关系从安全和经济两个领域得到了巩固，维护与美国的关系成为了日本政府的重要目标。在就任首相仅两个月后，安倍访美并宣称对 TPP 的兴趣。而在两年后的访问中，安倍获邀参与美国国会演说，并扩大了美日安保条约的适用范围。更进一步的是，2015 年，美日及十个亚太国家宣布完成了 TPP 的谈判。

美日关系之所以在近期得到巩固，关键在于来自于世界上两个最大经济体之间的经济利益及来自于两个民主国家的共同价值观念。更重要的是，中国不断崛起为美日合作提供了动力。这些因素虽然会继续推动美日关系，但是也存在诸多风险和隐患。

日本的不确定性源自经济因素。债务、通缩、民主，这三者构成了所谓的"3D"问题，而这些问题也对日本经济造成了负面影响。安倍经济学没有实现预期目标，虽然货币扩张较快，但是商品价格持续下降、需求不足、日元走势不利，而且结构转型和劳动力市场稳定性都无法进行。据研究，2017 年日本经济将负增长 1%。根本无法达成安倍的预期目标。因此，安倍也面临着下台的风险（2018 年），经济问题可能蚕食他的政治资本、缩减其政治生命。

而对于美国而言，虽然经济表现较好，但是面临大选的不确定性。在下届政府接管政权并组建外交团队时，预计已经在 2017 年下半年，中间存在空窗期。同时，美国民粹主义的抬头，也会降低国会在 11 月大选前通过 TPP 的可能性。而随着两党民粹候选人的上台，其政纲都集中于反对全球化，因此可能加剧贸易摩擦。

在大环境下，为了维持美日关系接下来应该做什么呢？TPP 是重中之重。美日两国过去七十多年，都有强力的自由的宪法和共同价值基础。他们仍是世界上两个最大经济体。美日两国的工人和公司认同产权保护并受益于高标准的自由市场。因此，开拓和维护一个自由、公正的以市场为基石的亚太经济秩序是符合逻辑的下一步。

前任美国驻东京大使曾经把美日关系作为世界上最重要的双边关系，但并非唯一。目前，中美关系作为"G2"的提法更受世界关注，但是，美国应该明白，美国的盟友中，日本是最为强大的。亚太地区面对着经济放缓和安全形势紧张的问题。经济联合为美日之间提供了一种"发展和平和友好的国际秩序"的较好的方案。因此，结合过去七十多年的历史，并从未来上判断，美日之间不再是"非自然亲密关系"，而更多的是天然盟友的关系。

本文原题名为"The United States and Japan: Fromunnatural Intimacy to Natural Allies"。本文作者 Matthew P. Goodman 为 CSIS 资深研究员。本文于 2016 年 3 月刊于 CSIS 官网。

油价与上游企业成本

Alexander Naumov 和 Gerhard Toews/文　　李笑然/编译

导读：近期油价的急剧下跌与上游企业的高成本将与油价升高的观点背道而驰。本文就两者的该种关系提出了新的论证。结果发现，油价上升10%，开采活动增加4%，开采活动的成本在滞后4—6个季度后增加3%。而且，作者强调油价的变化会影响开采成本，但反过来并不成立。编译如下：

在2000—2012年间，石油和天然气的开采和生产成本上升了近100%。这也是很多文献中认为油价会进一步上升的主要原因。但是，最近油价的暴跌与上述观点背道而驰。

一　关于当前油价环境的两个问题：新证据

两个问题：石油价格与每桶油生产成本之间的真实关系？这种关系对于石油企业的意义？

在供应端，当油价下降，人们会采取减产来保证利润或者降低生产成本。事实上，过去几年石油的成本一直徘徊不前，这几年开始下降。随着成本的下降，石油上游企业可以提高利润水平。而且，为了应对石油价格下降，很多企业缩减开支，延迟投资。这意味着石油产出的下降，以及未来油价的上涨。那么成本下降多少？石油天然气公司的经营活动如何变化？我们构造一个实证框架并用之前没有使用过的数据库估计石油价格与上游企业成本之间的关系。结果发现：第一，油价上升10%，开采活动增加4%，开采活动的成本在滞后4—6个季度后增加3%；第二，来自成本的外生冲击，在短期和中期内，对油价的影响并不显著；第三，开采活动冲击与油价负相关。稳健性检验证实这些结果都是稳健的。

二 油价驱动成本

上述结果的背后机制如下：油价上涨增加现金流以及投资项目的预期回报率，这两个渠道都会促进开采和生产投资的增加；投资相对昂贵的项目显然会影响开采油井的成本，提高开采的平均成本。另外，由于短期到中期内，生产供应能力有限，整个上游行业成本的上升会有1—2年的时滞。

开采活动增加似乎并不影响成本。但是，由于石油供给的增加，油价下跌。

由于开采项目复杂度的增加导致开采成本上升，会降低边际利润以及现金流，这又会反过来降低投资。由于投资下降，石油供给降低，石油价格上涨。这似乎非常合理，但与我们的实证结果完全相反。我们的结果认为：来自成本的外生冲击，在短期和中期内，对油价和开采活动的影响并不显著。

换句话说，油价的变化会影响开采成本，但反过来并不成立。

三 政策意义

有助于改善和预测关于石油天然气行业长期项目的经济前景。特别对于较长周期的项目，支出相对平滑，把石油价格与开采成本联系起来，更能准确地把握项目的经济前景。

有助于长期合同的制定。当前较低的油价水平会导致未来开采活动成本的下降,在长期合同签订中,应对此做出反应。

最后,本文的结果有助于我们理解石油价格的决定因素。通常认为,石油开采成本过高,石油不可能下跌。事实上并非如此,油价的变化会影响开采成本,但反过来并不成立。

本文原题名为"Revisiting the Relationship between Oil Prices and Costs in the Upstream Industry Reconciling"。本文作者 Alexander Naumov 是英国石油公司的经济学家,Gerhard Toews 是牛津大学博士后。本文于 2016 年 2 月刊于 VOX 官网。

金融危机的概率变小了吗

Jeffrey Miron/文　　伊林甸甸/编译

导读：本文提出，2008年新金融监管法案中的部分条例也许会减少金融危机的风险，但是政府的其他举措也会起到反作用。至于最终结果如何，时间会给出答案。编译如下：

许多政客和学者表示，自2008年新的金融监管法案出台以来，金融危机发生的概率比过去小了很多。例如，总统贝拉克·奥巴马（Barack Obama）表示：

"华尔街改革使我们现在得以采取手段，打击那些让美国经济陷入困境的恶劣行径，包括大银行低估风险发放大量次贷，或给不负责任顶风作案的主管发放巨额工资和奖金。"

同样地，保罗·克鲁格曼（Paul R. Krugman）也写道：

"金融改革比媒体描述的要有效很多……但是改革够深入吗？不够。特别是银行被迫持有更多资本。虽然作为保持稳定的关键机构，银行的确应该持有更多资本，但如果这不是重要而正确的一步，华尔街和他的同盟们就不会呼声强烈并花大成本去支持这项改革。正是由于这些限制，金融改革可以说是成功的。"

克鲁格曼是正确的，在其他条件不变的前提下，使银行释放更多资本能有效降低危机风险。

然而其他条件并不是一成不变的。里士满联邦储备银行的利兹·马歇尔（Liz Marshall）、塞布丽娜·佩尔兰（Sabrina Pellerin）、约翰·沃尔特（John Walter）表示，相比于危机之前，联邦政府目前购买的私营金融部门负债要高得多（见图1）。

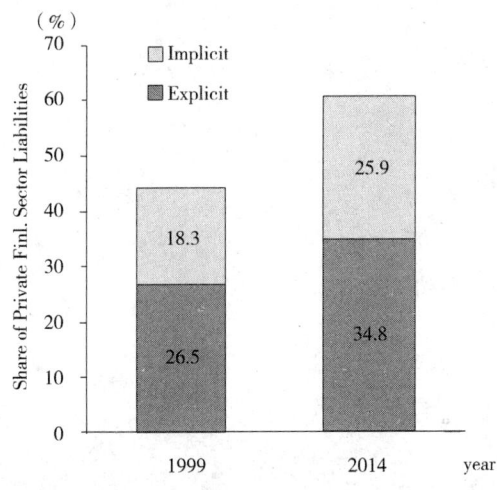

图1　政府救助比例变化

数据来源：利兹·马歇尔（Liz Marshall）、塞布丽娜·佩尔兰（Sabrina Pellerin）、约翰·沃尔特（John Walter）：《政府救助比例变化图：金融安全网到底有多大》，里士满联邦储备银行，更新于2016年2月3日。

如果更多私营机构的负债或明或暗地受到保护，那么私营机构就会在某一时点比早些时候承担更多的风险。2008年的经历表明，如果风险陡然增加，政府一定会对大金融机构进行紧急救助。

所以，部分新条例也许减少金融危机的风险，但是政府的其他举措也会起到反作用。至于最终结果如何，时间会给出答案。

本文原题名为"Are Financial Crises Now Less Likely?"本文作者Jeffrey Miron为CATO研究所经济研究主任。本文于2016年3月刊于CATO官网。

新兴市场经济体的资本流入：
盛宴还是饥馑

Malcolm D. Knight/文　　侯书漪/编译

导读：与过去相比，新兴市场国家的投资行为和金融市场特征都已经发生很大变化。作者认为，新兴市场国家应当针对这一新的趋势，采取宏观审慎的财政政策措施，以应对由此带来的系统性风险。编译如下：

在过去20年里，非居民投资者对新兴市场经济体投资和新兴市场公司从国外借用的金融工具都发生了深刻的变化。直至新千年开始之际，新兴市场经济体的私人资本流入以大型全球性银行为主要中介，新兴市场经济体在外部收支平衡、汇率和国内金融系统等方面都遭受了巨大波动。但自20世纪初，银行的信用中介作用已经大大降低，因为投资者愿意为新兴市场企业承担风险的基础已经日益坚实和多样化。这些结构变化催生了一个快速成长的资金流，不仅仅从成熟经济体流入新兴市场经济体，同样存在于各新兴市场经济体之间。

随着这些变化，国际资金流动的新渠道已经出现，新兴市场经济体已经开始运用通过政府间合作以拓宽非居民投资渠道的方法。新兴市场经济体应当采用长期性结构，从而缓和资本流动中"从盛宴到饥馑"的破坏性循环。毕竟，该循环在过去已经引发过不可预测的资本账户波动，并为这些国家的经济增长前景带来了不稳定因素。

新兴市场经济体需要稳定的全球性资本流入,以长期的资本积累支持金融行业的投资和经济发展。然而,即使有效的结构性政策已建立,资金流动从盛宴到饥馑的周期在可预见的未来很可能还会继续,因为全球投资者对于新兴市场经济体的发展前景在乐观和悲观之间摇摆不定。在过去两年内,新兴市场经济体的大量资本确实正在外流,并使当地政府面临不小的困难和政策挑战。

新兴市场经济体政府应采取更好的宏观经济、宏观审慎和财政政策措施,以在当前充满挑战的全球环境中减少资本流动波动脆弱性。与此同时确保金融系统对私营企业的投资资金保持长期开放。

本文原题名为"Capital Flows to Emerging Market Economies: Feast or Famine Forever?"本文作者Malcolm D. Knight为国际管理创新中心(CIGI)宏观经济政策和国际金融监管高级研究员。Malcolm D. Knight曾于2003—2008年期间担任国际清算银行行长、德意志银行副行长,并于伦敦政治经济学院担任访问教授。本文于2016年3月刊于国际管理创新中心官网。

英国经济与社会研究所会议纪要："英国退出欧盟的经济学讨论"

Angus Armstrong/文   朱子杰/编译

导读：今年6月，英国将就是否保留欧盟成员国地位进行全民公决。英国经济与社会研究所（NISER）就此问题召集了多位学者，试图从经济学的角度讨论公决的利弊。本文为会议纪要。编译如下：

2016年6月23日，英国将举行全民公决，决定是否保留欧盟成员国地位。本次经济与社会研究所（NISER）会议的目的，即是从经济学角度分析两种公投结果的利弊。

会议的第一部分是一场由两位前政府高官参加的讨论。前商务大臣文斯·凯博（Vince Cable）认为，置身于欧盟的单一市场对英国来说意味着切实的利益。如果英国退出欧盟，由于国内事务的掣肘，想要再获得同样的准入权限将会相对困难。1991—1993年曾任财政大臣，并主导了放弃加入欧元区决策的拉蒙特（Lamont）则对此表示怀疑。即便英国公投决定退出欧盟，签订一系列后续协定起码还需要两年时间，再说维持英国对欧洲市场的准入地位对任何人来说都是好事。在他看来，公投的首要议题应围绕英国在未来日益一体化的欧洲当中的地位。

第一组讨论主要围绕"更加紧密的联盟"（语出1957年签订的《罗马协定》）对于英国在欧盟中地位的意义。Enrico Spolaore（塔夫茨大学）认为，由于缺乏促进深度一体化的动力，这一过程只能通过一系列连锁反应来实现。连锁反应的每一步都会带来新的挑战和期待，但由于每个国家的异质性，每一步也意味着更高的代价。而本次公投，恰恰是这种代价的体现。Nauro Campos（布鲁内尔大学）则论述了英国的人均产出和经济周期与欧洲整体规律的一致性，认为英国早已是"更加紧密的联盟"里的一分子，因为更深的融合往往伴随着更高的生产力。Anatole Kaletsky（INET）认为，"更加紧密的联盟"对英国有利，服务业因此得以进入欧陆的单一市场，而这样的优惠条件是举世无二的。在他看来，丢掉欧陆市场优惠地位的决定将是一件自残的恶劣行径。

第二组讨论关注了退出欧盟对伦敦金融城（即代指英国金融业）的影响。Gerard Lyons（伦敦市政府办公室）认为，金融城无须担心。英国是当前世界最大的金融服务净出口国，其中超过三分之二的市场都位于欧洲之外。他指出，许多公司表达的担忧反映出他们对短期成本的过度担心，以及对海外竞争重要性的低估。Karl Whelan（都柏林大学）质疑到，如果英国退出欧盟，有多少海外金融机构还会把欧洲总部设在伦敦。不仅如此，这些企业还将被迫适应海量的英国国内监管条例，而英国将对未来的国际监管原则失去发言权。Paul de Grauwe（伦敦政经学院）和Karl Whelan都认为，欧盟内部对盎格鲁－撒克逊式的监管原则存在疑虑，如果英国退出欧盟，可能进一步影响欧盟内部的监管条例。

第三组讨论关注了英国与欧盟的财政问题。David Phillips（财政问题研究所）指出欧盟仅仅依靠不到1%的GDP运转，除了农业和区域发展，欧盟几无余力去投入别的事业。英国对欧盟的财政贡献大约为98亿英镑，约合2014年GDP的0.6%，而当年赤字约为1030亿英镑。John Springford（欧洲改革中心）指出，一旦英国退出欧盟，英国可以根据对欧盟援助的金额谈判其对欧洲市场的准入地位。Sascha Becker（华威大学）更关注区域建设基金的效率问题，这一基金占到欧盟财政支出的三分之一左右。平均而言，投入越大则产出越高，但比例因此仅略大于1而已。

投入效率最高的地区，是那些已经具备良好治理基础和良好教育的地方。

最后一组成员激烈讨论了欧盟成员身份对英国经济的影响。Nick Crafts（华威大学）回顾了历史，指出当1973年英国的出口政策由保守转为自由后，带来了生产率10%的提升。因此，英国在欧盟之外获得的贸易协定种类将至关重要，而他认为，新协定的不确定性风险更大。Patrick Minford（卡迪夫大学）认为，即便英国退出欧盟，英国还是可以成为一个更自由的贸易国家。他估算如果英国采取零关税政策，GDP增速将提高4个百分点。Martin Wolf（《金融时报》）指出，无论是英国还是其贸易伙伴，采取零关税的幻想都是不受选民欢迎的，何况这一政策的好处也被高估了。他认为，公投的负面作用已经开始起效了。

本文原题名为"NIESR Conference: Economics of the UK's EU Membership"。本文作者 Angus Armstrong 为 VOX 研究所研究员。本文于2016年3月刊于 VOX 官网。

英国脱欧的五个负面影响

Pedro Nicolaci da Costa/文   伊林甸甸/编译

导读：英国脱欧将会导致市场发展不利、央行升息、经济复苏遥遥无期、受反欧洲反移民情绪误导以及政治风险加剧五大负面影响。实际上欧盟对于英国经济发展助力良多。本文是关于英国脱欧决定的一些分析和警告。编译如下：

随着英国退出欧盟的呼声越来越高，经济学家和商业领袖们对英国脱欧在其贸易、信心和发展上可能产生的影响提出了警告。

在近期的一次采访中，英格兰银行货币政策委员会前成员、彼得森国际经济研究所主席亚当·波森（Adam Posen）阐释了关于英国脱欧的一些观点。他表示英国脱欧很可能不是即将到来的全民公投的结果，脱欧可能对英国的经济产生负面影响。

以下是采访摘要：

一　负面的市场影响

"英国脱欧是一场英国自我诱发的金融危机，是一次自我加强的创伤。正如眼下已经发生的货币市场以及银行的利差现象，英镑如今比以往任何时候都承担着更多风险，而未来该影响还将继续。"

二　英国央行还将升息

"脱欧将导致英国经济波动和货币疲软,英国央行的调控措施除了大幅提高利率别无他法。"

三　经济复苏遥不可及

"脱欧至少会导致一系列的不确定性和金融波动。这一旦发生,央行升息、英镑贬值、通胀和衰退将会接踵而至。从这个意义而言,脱欧的风险远大于其可能带来的收益。"

四　受反欧洲、反移民情绪误导

"一个近期的担忧是,欧洲其他地区的低薪工人能够在英国工作并获取福利。然而这样的担忧是完全多虑的。正如人们认为华盛顿的繁文缛节扼杀了美国的经济活力,英国的生产率增长在欧盟国家中远低于西班牙、德国、爱尔兰等国,这些国家受欧盟的约束远超过英国,却都没有选择脱欧。"

"同样地,在移民问题上也存在着误区。过去15年来,英国经济的强盛部分归功于来自欧洲的移民,不止是欧洲穷国——仅法国就有70万移民在英国从事酒店、金融等工作。英国移民中有波兰人,以及其他各国人员。他们为英国经济发展、平衡英国财政赤字做出了贡献。"

五　加剧英国政治风险

"不论是英国人还是外国人都会认为,一些大公司像印度塔塔集团或日本丰田集团,将会把投资更多转移到爱尔兰或西班牙那些欧盟国家。投资者或许会因为英国脱欧而减少在英国投资，在经济衰弱的背景下减少投资将会加剧英国政治的不稳定。"

　　本文原题名为"Five Reasons to Fear a Brexit"。本文作者Pedro Nicolaci da Costa 为彼得森国际经济研究所编辑，本文于2016年2月刊于PIIE官网。

全球贸易增长缘何停滞？

Gary Clyde Hufbauer & Euijin Jung/文   朱子阳/编译

导读：自金融危机以来，全球贸易和FDI增长缓慢，表现低迷。原因在于金融危机后，贸易自由化受阻、全球微观保护主义抬头。虽然贸易和投资仍有潜力，但作者仍对短期持悲观态度。编译如下：

战后的60年时间中，前所未有的贸易增长和FDI扩张成为了人类社会最大的两个推动力量。其中，1980—2005年的贸易年均增长为6%，而FDI年均为15%。表1至表4展示了以现价美元计算的贸易量、FDI和贸易、FDI占全世界GDP比重，贸易和FDI每年推动世界GDP增长近4%，使得全世界十亿多人脱离贫困，使得发达国家的千万人过着舒适的现代生活。

但是2008年的金融危机后，全球贸易和FDI出现了大幅萎缩，出现了类似于1974—1978年、1980—1986年、2000—2004年的贸易下滑。而且从金融危机至今已经7年，成为了战后以来持续最长时间的贸易下滑。

自2008年以来，贸易占GDP比重一直处于60%以下。虽然2010年经历了短暂复苏，但年均增长仅为3%，几乎与GDP保持同步（图1）。而FDI存量也出现类似情况，但是新增FDI已经出现了巨大倒退，从2007年顶峰1.9万亿美元降为1.2万亿美元。

64　全球智库观点

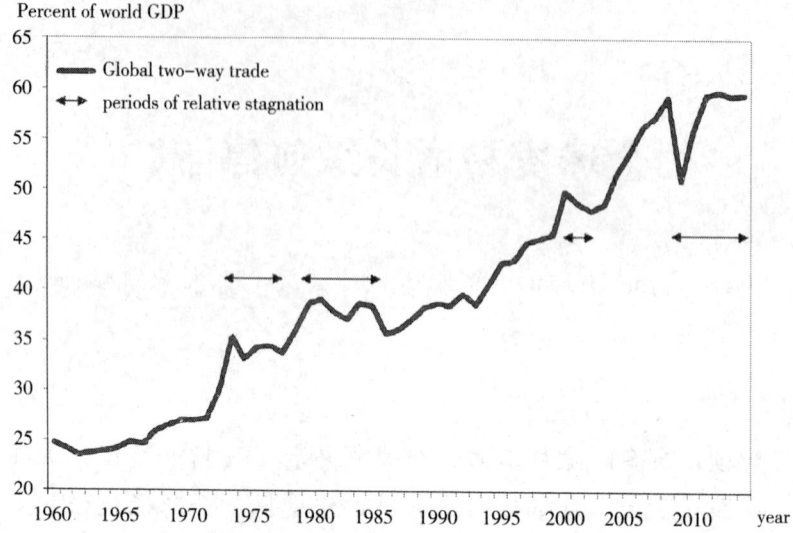

图1　全球货物和服务贸易（1960—2014）（占GDP比）

数据来源：世界银行WDI。

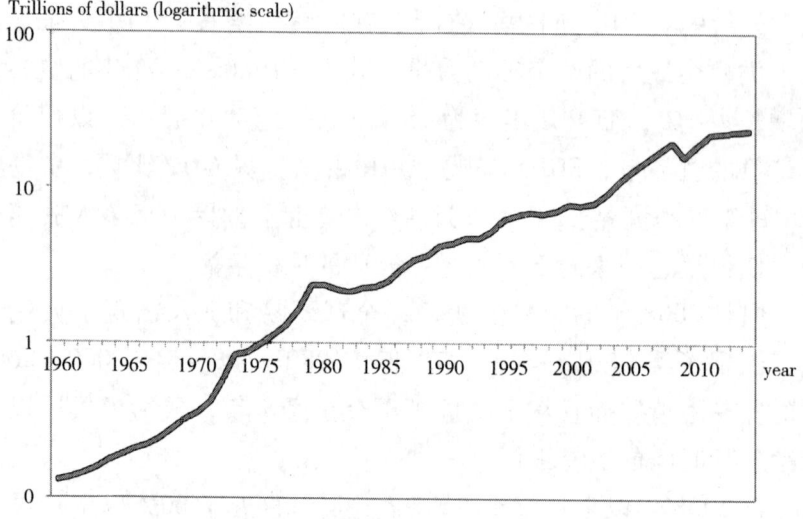

图2　全球货物和服务贸易（1960—2014）（总量）

注：除去统计误差，全球出口与全球进口数据上是一致的。

数据来源：联合国贸发会议。

世界热点 65

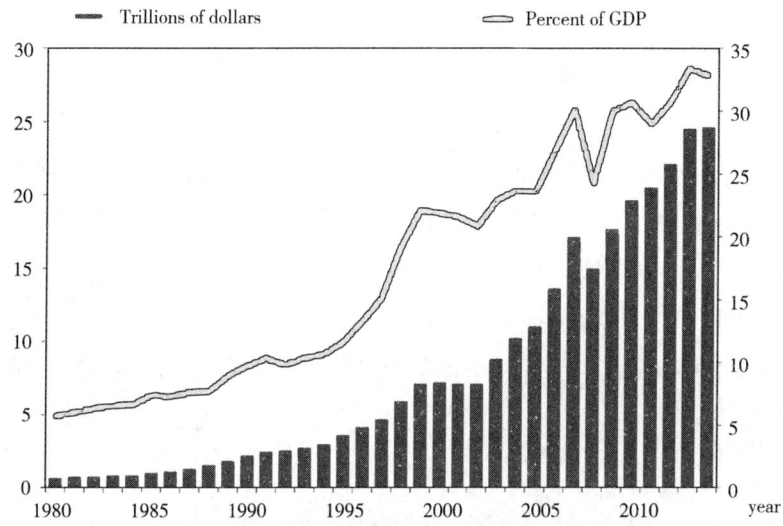

图3 全球FDI存量（1980—2014）

数据来源：联合国贸发会议。

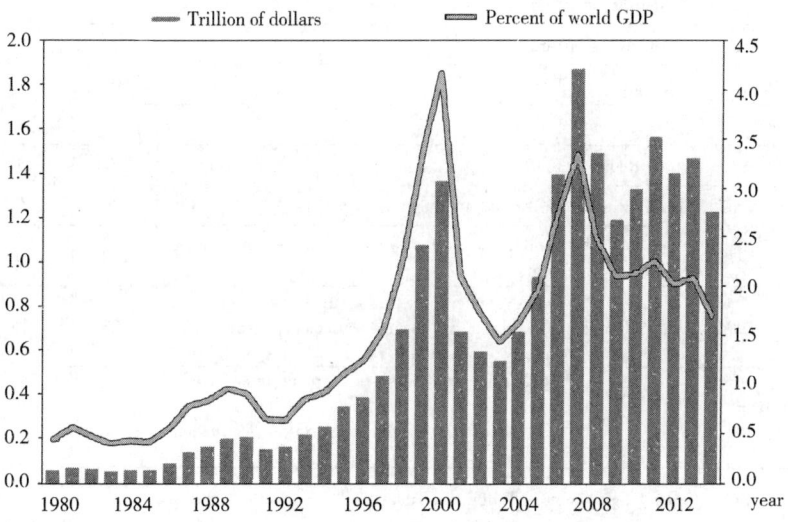

图4 全球FDI流动（1980—2014）

数据来源：联合国贸发会议。

自由化倒退和微观保护主义

早在20年前的1994年，乌拉圭回合的多边谈判中，贸易自由化就遭遇了巨大挫折。自1947年关税贸易总协定缔结（GATT），多边贸易谈判中间隔的时间越来越长。在多伦多回合和乌拉圭回合之间，竟隔了近15年。而自乌拉圭回合后，21年已经过去，而多哈回合的结束还遥遥无期。2005年乌拉圭回合谈判中，削减贸易障碍总算为一定程度的多边贸易自由化画上句号。

表1　　　　　　GATT和WTO谈判历史

Year	Round	Subjects covered	Countries engaged	Years since prior Round concluded
1947	Geneva	Tariffs	23	—
1949	Annecy	Tariffs	13	2
1951	Torquay	Tariffs	38	2
1956	Geneva	Tariffs	26	5
1960—1961	Dillon Round	Tariffs	26	5
1964—1967	Kennedy Round	Tariffs and antidumping measures	62	6
1973—1979	Tokyo Round	Tariffs, nontariff measures, "framework" agreement	102	12
1986—1994	Uruguay Round	Tariffs, nontariff measures, rules, services, intellectual property, dispute settlement, textiles, agriculture, creation of WTO	123	15
2001—present	Doha Round	Tariffs, nontariff measures, agriculture and nonagricultural market access, rules, services, intellectual property, environment, trade facilitation, dispute settlement, ecommerce	162	21

GATT = General Agreement on Tariffs and Trade; WTO = World Trade Organization.
Source: WTO.

自关贸总协定诞生以来，一轮又一轮的谈判使得贸易自由化爆发出强大力量。然而始于2001年的多哈回合却拖延至今。印度、巴西、南非等发展中国家拒绝削减其对农产品限制以及非农产品市场开放。这些国家坚持农业补贴、关税和配额。如果这些领域实现自由化，全球贸易将每年增长 1000 亿美元。以美欧为首的发达国家正寻求其他解决方式。

在乌拉圭回合后，中国于 2001 年加入 WTO，削减了关税和其他壁垒。因此其出口占世界份额由 2000 年 3.4% 增长至 2010 年 9.1%。但是与其他发展中国家类似，中国在多哈回合谈判桌上拒绝进一步削减关税。因此，奥巴马开始寻求与韩国、哥伦比亚等单独建立自贸区，其他国家也纷纷建立自贸区。但是自贸区作用有限，尤其在服务贸易上。

在 2008 年金融危机后，微观保护开始抬头并游走于 WTO 条款之外。这一现象表现为对保护工作和国内企业的政治承诺，例如美国的购买国货、全球范围内对盗版行为的严查。表 2 列出了 117 项地方规章，涉及 9280 亿美元的贸易，并可能使得全球贸易损失 930 亿美元。

表 2　　自 2008 年以来受保护措施而影响的贸易额

LCR measure	Estimated affected goods and services trade (billions of dollars)	Speculated estimate of trade reduced (billions of dollars)
47 quantifiable measures	373	37
70 nonquantifiable measures	555	56
117 total LCR measures	928	93
LCR = local content requirements		

Source: Hufbauer et al. (2013).

地方规章（LCR）是金融危机后贸易限制的一种形式。Simon 主持的一项研究表示，自 2008 年以来，全世界新增了 3500 多项保护措施，许多由 G20 国家实施。其中，最为严重的三国是俄罗斯（65 项）、印度（55 项）、美国（51 项）。这些措施包括：进口限制、公共采购中歧视外国公司、出口税和配额、贸易补贴。这有可能保护了部分企业利益，宏观上却损害了经济。这些措施甚至抵消了削减关税带来的效果。

潜在的贸易扩张

与一些观察家不同，我们认为贸易增长还有一些潜力。制造品关税还有 6.8% 有待削减，低效的物流系统有待提高（可以带来运费下降 13%—18%）。WTO（2015）通过引力模型和 CGE 模型加以分析，引力模型显示世界贸易可以达到 1.1 万亿—3.6 万亿美元。而 CGE 模型则显示，世界贸易还可以多增长 2—3 个百分点，而世界 GDP 将因此增长 0.3—0.5 个百分点。

表3　　　　　　　　　TFA 的贸易和 GDP 影响预估

		Units	Range of values	
Gravity model				
Exports of goods	Billion of current US dollars		1133	3565
	Percent change		9.1	28.7
Computable general equilibrium model				
Exports of goods	Billion of current US dollars		750	1045
	Addition to average annual percentage growth, 2015—2030		2.1	2.7
GDP	Billion of current US dollars		346	555
	Addition to average annual percentage growth, 2015—2030		0.34	0.54

TFA = Trade Facilitation Agreement.

Source：WTO, 2015, *World Trade Report* 2015：*Speeding up Trade-benefits and Challenges of Implementing the WTO Trade Facilitation Agreement.*

展　望

目前，增长率仍较低。发达国家的中产阶级收入放缓、世界经济低迷，似乎使人怀疑起自由化。一方面，在美国总统大选中，Trump 和 Sanders 大力支持贸易和投资自由化；另一方面，大洋彼岸的欧洲却反对 TTIP。除了政客观点，中产阶级选民也值得关注。2015年，对TTP的支持者总算超过了反对的民众。而在欧洲，几乎三分之二的人对TTIP表示支持。然而，反对者的声音总是很大，在未来五年，他们是否可能会阻碍TPP和TTIP呢？在发展中国家，小国支持自由化，大国（例如中国、印度等）却反应冷淡。因此，即便各国央行和财长不可思议地达成协议，要使贸易增长6%、FDI增长2万亿美元仍然是不现实的。

本文原题名为"Why Has Trade Stopped Growing? Not Much Liberalization and Lots of Micro-Protection"。本文作者Gary Clyde Hufbauer & Euijin Jung为彼特森国际经济研究所高级研究员。本文于2016年4月刊于PIIE官网。

石油价格和全球经济：
错综复杂的关系

Maurice Obstfeld, Gian Maria Milesi-Ferretti 和
Rabah Arezki/文   谢晨月/编译

导读：油价下跌虽然会损害石油出口国利益，但会使石油进口国获利，而石油进口国的消费者又具有更高的消费倾向，因而油价下跌会对全球经济表现"净促进作用"。事实并非如此，在零利率约束下，石油价格的下跌可能导致实际利率的上升，从而抵消了油价下跌的正面收入效应。这要求各国在实施结构性改革和金融部门改革的同时，要加强对经济需求的刺激。编译如下：

2014年下半年以来，石油价格一直持续处于低位，但这并没有成为全球经济的"强心剂"。我们倾向于认为，价格略微反弹和发达经济体摆脱低利率环境的困扰之后，低油价才能促进全球经济。

2014年6月以来，油价下跌了65%（按美元计算约为70美元），但许多国家的经济增长依然逐步放缓。传统上我们认为，油价下跌虽然会损害石油出口国，利好进口国，但石油进口国的消费者有更高的消费倾向，因而油价下跌会对全球经济表现出"净促进作用"，但股票市场不支持这一理论。过去6个多月里，当油价下跌时，股票市场也在下跌。

油价与全球经济增长表现出错综复杂的关系。但我们认为这

次与之前不同的，是许多发达经济体当前面临着零或者接近零的名义利率。

供给和需求

世界范围油价的下跌要么因为全球供给增加，要么因为全球需求下降。当前，油价下跌，全球增长放缓。虽然，油价下跌有助于放缓全球经济增长的步伐，但不会改变这一趋势。

就供给端而言，石油输出国组织（OPEC）成员国的历史高产出，现在包括伊朗以及一些非OPEC国家的出口，导致石油供应一直保持强劲态势。此外，面对油价走低，美国页岩油供应也在增加。美国虽是石油进口国，但低油价并没有刺激美国经济增长。研究表明，近期油价下跌的原因中仅有部分是需求放缓，占比大概在1/2到1/3之间，剩下的原因是供应增加。

低油价对全球经济增长的好处到底体现在哪里？2016年4月《世界经济展望》认为全球需求下调的最大因素来自石油出口国，尽管其占全球GDP的比例（约12%）相当小，但在油价下跌幅度比预期更大的背景下，石油进口国的国内需求也没有那么好。下面我们仔细研究石油出口国和进口国的需求构成。

石油出口国的国内需求

2015年石油出口国的消费疲软，投资乏力。富有的石油出口国可以利用自己的储备或主权财富基金（大多数国家有）进行扩张性财政政策，但他们也一直在大幅缩减政府开支。大多数国家的经常账户顺差显著缩小或逆差显著扩大，主权债利差上升。有时受汇率大幅贬值的影响，进口商品变得更加昂贵。当然，与油价无关的因素也对一些石油出口国的经济活动产生不利影响，比如伊拉克、利比亚和也门的国内冲突以及对俄罗斯的制裁。

石油进口国的国内需求

事实上，油价下跌对进口石油的发达经济体（比如欧元区）的消费产生了积极影响，但影响程度没有达到预期。新兴和发展中的石油进口国的情况各异，因为他们面临着国际油价对本国燃料价格传导机制问题，比如有的国家减少了燃料补贴。总体上而言，石油进口国的国内需求上升，基本符合预期。

处于零利率条件下的宏观经济关系令人意外

在本轮油价下跌的过程中，经济增长缓慢，这导致中央银行无法进一步降低利率来刺激经济增长，零利率约束下宏观经济的传导机制发生变化。油价的下跌会导致企业的生产成本下降，就业增加以及通胀率的降低。为了抑制通胀的下降，防止经济陷入通缩，央行应该降低利率刺激需求。但当经济面临零利率约束时，央行无法进一步下调政策利率，因此实际利率上升，这会抑制需求，从而抑制产出和就业的增长。当前，很多经济体面临这一困境。当石油进口国的宏观经济条件显示中央银行实行极低利率的做法合理时，石油价格的下跌可能导致实际利率的变化抵消正面收入效应。

下一步行动

油价长期处于低位会使得货币政策操作变得更加复杂，通胀预期的"脱轨"也会增加风险。当前的低油价可能会导致公司和主权债违约的各种"错位"，这会进一步加剧全球金融市场的恐慌。这要求各国在实施结构性改革和金融部门改革的同时，要加强对经济需求的刺激。

本文原题名为"Oil Prices and the Global Economy: It's Complicated"。本文作者 Maurice Obstfeld 是国际货币基金组织经济顾问兼研究部主任，Gian Maria Milesi-Ferretti 是国际货币基金组织研究部副主任，Rabah Arezki 是国际货币基金组织研究部大宗商品研究主管。本文于 2016 年 3 月刊于 IMF 官网。

英国退出，是进化而非革命

Adam Smith Institute　　　朱子阳/编译

导读：2016年6月23日英国进行公决是否退出欧盟，作者认为，退出欧盟是有必要的。但是仅应该从政治角度退出，在经济方面应该寻求 EEA 作为替代选择。此外，与欧盟的科学、教育等方面的合作仍然是必要的。编译如下：

为什么英国希望离开欧盟？原因包括移民问题、规则、主权及财政等。但主要原因在于两个：第一，政府的自我管理，这是一个老问题。英国人民可以自己选举和罢免代表。欧盟并非一个选举而成的机构，但所有欧盟国家政府都受其限制，这事实上是一种反民主，是一个忽视选票的"上层统治机构"，侵犯了各国民意。第二，全球化问题，这是一个新问题。在过去，全球贸易关税是高额的，组成类似欧洲共同体的机构降低关税，是有收益的。然而，全球化自由化使得这一动因不断弱化。1990年代，世界经历了苏东剧变和中国的开放、WTO 的成立、全球互联网。贸易和标准自由拓展至全球层面，虽然欧盟也深入参与全球治理，但其欧洲化的思维仍是地区联邦主义。因此，我们应当改变与欧盟的关系。

退出将如何发生？

英国需要一种温和退出机制，以便政治上脱离欧盟，但保留自由贸易，同时，继续反对欧盟的共同农业、渔业政策及一切限制英国在全球贸易协议、全球投票中权利的规则。

我们认为退出欧盟虽然影响巨大，但不会在英国产生根本变革。英国自1688年光荣革命以来就一直保持着立宪制、文化和法律体系。这将成为政府的治理基础，就算在6月23日英国退出欧盟，英国内阁仍将在下院保留多数席位，但仍面临一股"留欧"势力的影响，因此内阁和议会仍犹豫不决。

而英国事务官则是一股重要力量，他们将会建议大臣进行改变而非革命。此外，他们还将坚决反对投票时间，不仅是50号文中规定的两年期限，还包括在政治选举期间进行投票，这将增加不确定性。

考虑到欧盟与英国紧密的经济关系，我们认为，最佳的退出方法在于政治上脱离欧盟，而仍留在欧洲经济区（EEA）和欧洲自贸联盟（EFTA）。由于英国已经是一个缔约国，欧洲经济区协定将不会有严重的法律障碍，这将意味着没有监管分歧或关税，但将意味着保留欧盟公民的行动自由。因此，离开的经济风险已经被控制。任何传言认为英国与欧洲经济联系过深，退出欧盟将打击英国经济的观点是站不住脚的。

英国的退出可能加剧欧盟的离心倾向，类似瑞典、丹麦、捷克可能会与英国一样选择离开，甚至可能有荷兰。这将重组欧盟的秩序，并引起欧盟动态调整。

EEA 简介

欧洲经济区的立场目前是由冰岛、列支敦士登和挪威采取。它涉及非欧盟成员国，但参与欧洲市场的位置。应该指出的是，欧盟成员也是EEA的成员，但EEA的欧盟成员意味着它们主要受欧盟条约制约，而这三国并非如此。

EEA协定于1992年签署，最初为欧盟以外的国家。其中部分国家奥地利、芬兰、瑞典相继加入欧盟，但其他国家却没有。之前起到了一种"候车室"、"准会员"功能。因此，EEA 切合了时代需要，这些 EEA 成员国家非常乐意维持这一状态。尽管有少数政治家仍然希望加入欧盟。

EEA 的"利"

EEA 国家必须具有完全单一的市场准入，继续保持与欧盟市场的关系。但是 EEA 不再受欧盟的政治管辖，不必坚持所谓"共同政策：共同农业政策，共同渔业政策，共同外交和防务政策，司法和民政事务"。但在一些有用的领域，将继续与欧盟保持合作，例如科学和教育计划。

EEA 也开辟了直接与第三国（这是英国现在不能做的）进行贸易协定的能力，这将使英国自由设置自己的增值税水平，将允许英国从欧盟债务承担责任中脱离出来。这对于寻求弹性、柔性出口的英国非常有吸引力。

值得注意的是，EEA 的自由移民政策是对英国有利的，因为过去英国有效地控制其国境线，最明显的表现是移民在希思罗机场内大排长龙。目前难民问题确实削弱了英国边境控制，但这些都是在英国国家权力行使之下进行管理的，英国有其自主权。

EEA 的"弊"

EEA 单一市场包括如下四个自由化：货物、服务、资本及人员。大部分"脱欧者"要求只同意前三者，当然，这样的人员流动不是免费的，附加了一定的费用和义务。

反对 EEA 的理由大致为：第一，EEA 国家在制定法律上"没有发言权"，这被戏称为布鲁塞尔的"传真民主"，即成员国只能受布鲁塞尔指示。第二，EEA 要采用 75% 的欧盟法律。第三，EEA 没有解决其他一些"脱欧者"的问题。

回应一：没有发言权

关于欧盟法律制定有"没有发言权"的说法需要一些解释，并可以在几个层次上得到解决。首先，回应无所谓，在制定美国的法律方面没有发言权，但这不妨碍美国是英国最大的单一国家贸易伙伴。EFTA/EEA 影响力来自咨询系统，它的基础是 EFTA/EEA 和欧盟的"双支柱"制度。挪威 2008 年反击消费者权益指令中的例子表明，国家在制定法律过程中所发挥的咨询作用是较大的。因此，"没有发言权"的指控是虚假的。

此外，EEA 国家保留了保护自己利益不受欧盟法律约束的一些能力，即一票否决（EEA 协议第 102 条）。而这是英国作为欧盟成员国不具有的权利。而且，EFTA 秘书处确定了 1200 多个额外的豁免条款（例如，挪威邮政业、石油和天然气产业）。因此，事实上，英国的影响力进一步集中了，并保护了自己免受超主权力量的影响。

回应二：75% 的欧盟法律

这完全是一种误解，75% 是指单一市场相关指令确定被应用到 EEA 国家的范围。去计算多少法律来自欧盟本身也是没有意义的。而若真要去计算这一数字，那么，EEA 已经实施的欧盟法律仅为 21%。

EEA 的现实选择

事实上，英国的替代选择并不多。在贸易和经济领域，一个 EEA 协议就可以了，英国政府会在时间压力下加快达成交易的速度。与欧盟其他国家的其他替代协定可能需要 10 年多的谈判。而且，有些协议，像加拿大的 CETA，是非常局限的且不适合英国的需求。

与欧盟其他国家进行贸易协议谈判将比较困难。他们并不完全需要单一市场，更无须完全自由化。这些国家并没有如英国一样的经济一体化水平，也没有面临类似英国这样试图结束与欧盟40年关系的巨大风险。而且，想要欧盟迅速采取行动，在两年内达成较好的贸易协议是几无可能的。这是一个庞大的组织，在同意一个小问题上就需要超过一年和多个会议。因此英国必须考虑和面对这一情况。

而且，英国与欧盟的合作并非单单在贸易领域，诸如科学、教育、安全、国防和外交事务、海外援助、警察、海关合作、引渡，甚至于即将完成的欧洲逮捕令等，远远超越有限的自由贸易协议的范围，其中一些方面，我们可能希望在脱离欧盟后继续与欧盟合作。

综上，我们是支持英国退出欧盟的，但仅从政治领域，收回我们本身应当具备的主权和权力。而在经济方面，加入EEA是一个最为可行的替代选择，目前英国的文官们已经在着手准备相关方案，以备6月23日的投票结果为英国退出欧盟。这对于英国来说，可能不亚于另一次光荣革命。

本文原题名为"Evolution not revolution"。本文于2016年4月刊于ASI官网。

关于美国工人无法和其他国家的低收入工人竞争的误解

Robert Z. Lawrence/文　　伊林甸甸/编译

导读：本文认为，美国工人无法和其他国家的低收入工人竞争这一判断是不科学的。当反对自由贸易的人声称美国工人无法和其他国家的低收入工人竞争时，实际上他们是在误导美国工人的竞争力。美国工人在许多行业有竞争优势，因为工资成本并非国际竞争的核心。编译如下：

自1990年当选为议员以来，伯尼·桑德斯（Bernie Sanders）一直反对提交国会的每个贸易协定。桑德斯等民主党左派认为高薪的美国工人无法和贫穷国家的低收入工人竞争。因此他反对美国和发展中国家进行自由贸易。

1994年，为强调他的观点，众议员桑德斯向美国国会提出一项关于通过北美自由贸易协定（NAFTA）的法案。该法案强烈呼吁美国国会议员通过降低自己的年薪至墨西哥国会同行的收入水平（35000美元）以展现自己与美国工人的团结。

跨太平洋伙伴关系协定（TPP）是12个国家之间的一个历史悠久的贸易协定。而关于该协定的批评声音就恰恰建立在类似的基础上。桑德斯指出，TPP中的两个国家，越南和马来西亚，其工人最低工资仅相当于每小时56美分。他认为，美国工人不应该与在这些条件下工作的劳动者竞争。这不是"自由贸易"，而是"竞相杀价。"

这种贸易立场令人担忧。说得极端一点,美国将只会与工资水平相似(或更高)的国家进行贸易。这将阻止一些国家遵循日本、韩国和中国的发展模式。这种模式用贸易作为其经济发展战略的关键,并成功使百万人脱离贫困。这种世界观同样源于对基本的经济学原理的误解。

美国的工人工资比贫穷国家高得多,并不因为美国工人天生优越。相反,因为美国工人得益于美国的经济体制和禀赋优势,还有生产力。由于美国工人技能水平和受教育程度更高,享受更多的厂房和设备,有更好的机构和社会资本,更有机会获得卓越的技术,总部在美国的公司可以给工人支付更高的工资,且仍然保持成本竞争力。相比之下,贫穷国家工人的平均工资低正是因为工人技术差,厂房及设备不足,技术落后,机构薄弱。鉴于这些劣势,贫困国家的企业只有通过支付低工资来保持竞争力。

图1说明了平均生产率和平均工资之间的密切关系,它显示了劳工统计局报告的制造业平均每小时工资数据和用人均国内生产总值表示的33个国家的工人人均产量。虽然这两项指标的匹配是不完美的,因为工人的工作时长可能因国家而异,但它们之间的相关系数也达到了0.93。

墨西哥制造业工人的工资大约是美国制造业的六分之一;美国和墨西哥劳动生产率之间的关系是相同的。例如,在2012年,墨西哥制造业的平均小时工资是6.36美元,相当于美国工人的平均时薪35.67美元的17.8%。同样,墨西哥的人均收入为9560美元,相当于美国人均收入52530美元的18.2%。这种关系的力量是显而易见的。事实上,如果我们对两项指标的数据做回归,会发现斜率几乎等于1,即相对生产率每增加1%,相对工资则对应增长1%,回归可以解释这种变化的87%。

通过平均生产率来判断越南经济,可能会得出一个震撼的结果,即让众议员桑德斯认为低到残暴和反映越南工人缺乏劳动权

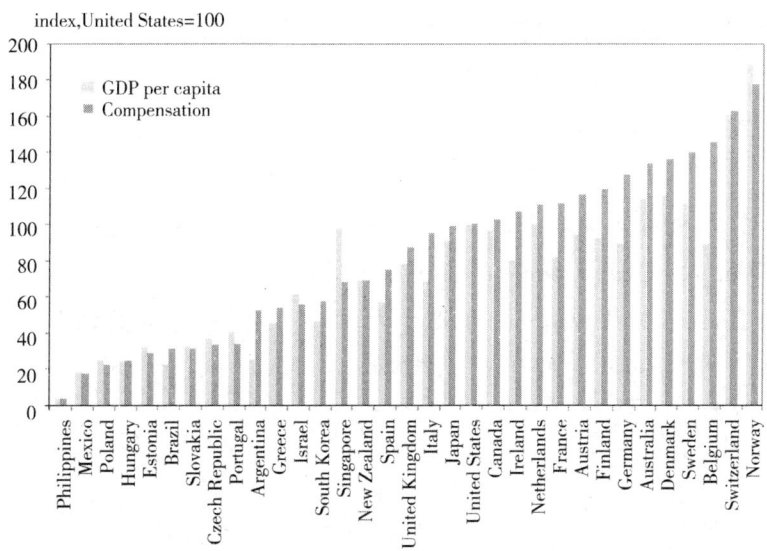

图1　2012年制造业人均GDP和平均时薪

资料来源：世界银行和美国劳工统计局。

益的最低工资标准56美分，实际上要高于他强烈主张的美国最低时薪标准15美元。2012年越南的人均国内生产总值是美国的3%。这意味着，美国的最低工资按此换算下来将应该是33×56美分，即每小时18.48美元。

鉴于美国的工资水平，任何熟悉大卫·李嘉图比较优势原则的人都会承认，美国在技术和生产力上的优势不足以抵消美国的高工资，并且在这些行业，美国具有比较劣势、竞争力弱；但也有许多其他行业的确拥有必要的生产力优势，大可抵消美国的高工资，且这些行业比较优势大、竞争力强。因此，尽管墨西哥有低平均工资水平，美国有高平均生产率，当他们生产各自有比较优势的产品，两个国家都能获益。

总之，当伯尼·桑德斯和一些反对自由贸易的人声称美国工人无法和其他国家的低收入工人竞争时，实际上他们是错误地判断了美国工人的竞争力。美国工人在许多行业有竞争优势。事实上，如果工资成本是国际竞争的核心，那么这很难解释为何2015

年价值近一万亿美元的美国制成品一半会出口到低工资水平的发展中国家。一旦我们认识到在这些行业中生产力水平足以抵消劳动力成本，其原因就显而易见了。

　　本文原题名为"Misconceptions on the Campaign Trail: American Workers Can't Compete with Low-Wage Workers Abroad"。本文作者 Robert Z. Lawrence 为彼特森国际经济研究所高级研究员。本文于 2016 年 4 月刊于 PIIE 官网。

机器人会抢走人们的工作吗？

Chelsea German/文　　安婧宜/编译

导读：人类对机器人入侵行业领域并抢走工作这一担忧早已有之。随着社会发展和科技水平提高，这种担忧日益增长并越来越成为一个热门争议话题。作者认为这种担忧是多虑的，因为科技进步所创造的工作机会将会比它所摧毁的多得多。编译如下：

《卫报》刊登了一篇颇有争议的文章，题目为《机器人会偷走你的工作吗？——非常可能》。

第一眼看上去，该作者的悲观情绪似乎非常合情合理。从机器人园丁、机器人农夫到机器人比萨服务员，表面上看，每一天都有机器人在入侵人类传统领域的工作。

然而，这种观点并未从历史的角度分析科技的作用。人类对于新科技的担忧并不是一件新鲜事：1918年汽车的出现就曾饱受谴责，人们认为它损害了马车行的利益。十九世纪初，失意的纺织工人（又名"卢德派"）向机械织布机大举进攻，最终赢得了人对机器的胜利。这位《卫报》作者也承认他的担忧某种程度上回应了"卢德派"的一些观点："这不是一种新的担忧。早在卢德派活跃的年代，十九世纪早期的英国，人类已经对新科技带来的不可避免的社会变化产生了恐惧。"

卢德派和那些马车行老板正确地认识到了新科技会完全改变他们的行业，然而却对新科技将给人类带来的福利一无所知。

禁止机械织布机的使用将使人们无法享受更廉价的衣服，禁止汽车将剥夺人们享受现代交通的机会。

新科技将导致一些工作消失，这一点是可以肯定的；然而新科技将在很多方面提升人们的生活福利。更重要的是，新科技能创造更多新工作。

事实上，科技进步所创造的工作机会将会比它摧毁的多得多。新的工作会更好，因为被替代大多是一些艰苦而危险的工作。

我们将继续讨论机器人在人类就业、生产力、收入、闲暇时间，以及生活质量等方面会产生何种影响。卡托论坛上也会有新帖讨论"机器人会偷走你的工作吗？"讨论将直击这些问题，并进行延伸性扩展。

本文原题名为"Will a Robot Steal Your Job?"本文作者Chelsea German为加图研究所研究员。本文于2016年4月刊于加图研究所官网。

全 球 治 理

超越 TPP：塑造亚洲经济战略

Ernest Z. Bower, Matthew P. Goodman, Scott Miller/文
张文豪/编译

导读：亚太地区持久的经济增长、繁荣与稳定符合美国在这一地区长远的战略利益。然而，美国民众和决策层是否对亚太事务足够关心？除了 TPP 之外，美国还应该在亚太地区做何长远的打算？本文从多方面探讨了这一问题。编译如下：

对于美国的未来而言，几乎没有任何一件事要比有效的全球经济战略更为重要了。美国目前急需一套针对亚太地区的综合经济战略，因为这一地区对于美国的国家利益来说，具有空前的重要性。

美国归根结底是一个发源于太平洋的强国，因此美国的繁荣与安全也无可避免地与亚洲紧紧相连。这一地区不仅是世界最大的三个经济体——美国、中国和日本——的所在地，也包含了世界上 GDP 总量超过 1 万亿美元的 15 个国家当中的 8 个。超过 60% 的世界五百强企业总部位于亚太地区。但是，亚洲当地的现状正在发生本质性的变化。预计到 2030 年，这一地区将拥有全球三分之二的中产阶级，其中，大部分的增长将来自于中国和印度，这将使这两个国家重归亚洲政治经济议题上的传统中心国家地位。

美国是否能够在亚洲实现其更广泛的政治和安全诉求，取决

于美国是否能稳定地介入到亚洲的经济发展当中。美国在当地的盟友和伙伴们都希望美国持久地参与到亚洲的经济事务当中来，但其中不少也在怀疑美国在亚洲持久维系影响的能力。他们相信，美国在当地的经济议题上发挥活跃的作用，不仅将稳固共同的繁荣，更将维护互利共赢的地区安全体系。亚洲国家同时认为，与美国的领先企业进行合作，并且参与到美国市场当中去，对于他们的增长和国家安全都至关重要。最为关键的是，他们需要美国主动帮助塑造地区内的经贸规则和体系。

当时，美国已经通过了《贸易促进授权法案》（Trade Promotion Authority，TPA），下一项任务是促进跨太平洋伙伴关系协定的通过（Trans-Pacific Partnership Agreement，下称"TPP"）。TPP将会加深亚太地区12国经济体间的经贸往来，并借此促进美国的出口和经济增长。TPP的成功和国内的持续增长将清晰地表明，美国依然有能力作为别国可以追随的经济领袖。

那么接下来又如何呢？首要的问题是，如何进一步推进TPP进程？一些美国在亚洲的伙伴——包括韩国、菲律宾和中国台湾地区——都表示出了加入TPP的强烈兴趣。而在未来开发出一种新的双边/多边合作模式，将中国、印度和印度尼西亚这些庞大的国家融入进这一体系也是至关重要的。其中的许多工作，将落入2017年1月上任的美国下一届政府手中。

除此之外，下一届政府还有更多议题要着手解决。美国需要为亚太地区制定一套综合的经济战略，不仅覆盖传统的贸易投资领域，也要同时覆盖金融、发展和能源等领域。新的战略必须要紧密围绕亚洲所有的主要经济体，并且进一步明确美国在这一地区的地缘政治战略目标。

这一新战略的首要目标应当是：通过促进泛亚太地区基于法治和市场竞争的公平开放的经济秩序，来维护美国的繁荣与安全。这将有助于强化美国在创新和企业治理领域的领军地位。通过扩大经济机会促进全体美国人的利益，使我们融入一个未来拥有 80 亿消费者、创新者和企业家的地区之中。

居于这一战略中心地位的，是与中国建立起一套可行且现实的关系体系。现在，北京正在通过现代史上前所未有的方式主张其区域利益，如在南海建立人工岛礁，又如通过"一带一路"战略推行的经济外交。

为了实现这一战略，美国需要调动的足够资源，包括资金，政策制定的关注点和政治资本。这也要求美国的领导人更多地向国内的民众谈论亚洲，谈论美国作为太平洋国家的角色，以及这一区域在美国国家政治和经济领域所扮演的基本角色。

当美国在处理欧洲危机、中东危机和其他地区的事务的同时，亚洲地区令人惊讶的增长和整体政治稳定使得华盛顿的政策制定者们视这一切为理所当然。基于美国在亚太地区的长期经济和安全利益，美国的政策决策者和民众都需要更多关注亚太地区。

本文原题名为"Beyond TPP: Shaping an Economic Strategy in Asia"。本文作者为 Ernest Z. Bower, Matthew P. Goodman 以及 Scott Miller。本文于 2015 年 11 月刊于 CSIS 官网。

人民币加入 SDR 货币篮子是小题大做么

Hongying Wang/文　　朱子阳/编译

导读：本文梳理了人民币入篮的过程，探讨了三个核心问题：为什么中国如此关心 SDR 并希望加入 SDR？中国的目标完成了多少？人民币加入 SDR 将造成何种影响？本文认为，人民币入篮对于人民币成为储备货币意义不大，在国内改革和 IMF 治理结构上作用较大。编译如下：

SDR 历史回顾：在 20 世纪 60 年代，随着经济和黄金增长速度差距日益扩大，布雷顿森林体系难以为继，IMF 发明了 SDR，将黄金、美元组合在一起，给国际社会提供了一种新的流动性选择。SDR 的规模很小，2009 年 IMF 仅发行了 21.4 亿 SDR，不到世界非黄金储备的 1%。直至目前，SDR 规模有所提升，但与美元相比，比重还很低。而 SDR 之所以在这段时间引起广泛关注，纯粹是因为人民币试图加入货币篮子。SDR 组成货币每五年调整一次。2015 年，中国政府投入巨大经济和政治力量去追求人民币加入 SDR，而这一目标也于 11 月 30 日达成。

一　中国为何如此渴望加入 SDR？

人民币国际化

将 SDR 视作人民币国际化的一部分，这一观点得到了广泛共识。自2008年起，中国政府就开始推进人民币国际化的工作。开始的几年中，中国政府相继开始双边贸易中使用人民币结算，允许以人民币计价的FDI流动，开始了离岸人民币债券市场。此外，中国还与越来越多的央行缔结了货币互换条款。但人民币国际化还远未结束。根据Benjamin（1971）的研究，国际货币的特征有三个：交换媒介（例如进行国际贸易结算）、计价方式（例如作为单据和会计账户的单位）、贮藏手段（例如储备货币）。根据国际银行间交易数据，人民币已经成为第二大贸易结算货币，第四大支付货币。但是，人民币的地位并非那么高，与美元的交易占比相差仍十分悬殊。

中国政府对于人民币国际化十分渴望。因为一旦人民币实现国际化，中国就没必要再持有巨额外汇储备了，而且可以降低融资成本、降低贸易和对外投资的汇兑成本、降低外汇市场风险。此外，在国际政治和地缘上的好处也不言而喻。虽然中国进一步推进人民币国际化得到了广泛支持，但是分析仍然指出了中国的不同目标。分析家认为：人民币入篮是改革国际金融体系的一步，旨在削弱美元的影响力；此外，这一举措也是国内金融自由化改革的一步。

改革国际货币体系

中国政府对美元的统治性地位是有一定情绪的。自2008年金融危机以来，中方已经开始多元化其储备资产。2009年，周小川就表示，希望在储备货币中增强SDR的权重。不仅是中国，G20和金砖五国也同样希望增加SDR作为储备货币。这一想法也在民间和学界引起讨论。

一国的货币必然服从于本国的经济利益和政策，美元也不例外。而且美国正日益丧失其向全球提供流动性的能力。美元的地位并不稳固。因此，中国提出的改革举措并不奇怪。在周小川2009年表态之前，早在2000年一份由中国驻IMF首席代表撰写的文章中，就提出了SDR取代美元作为国际主要储备货币的构想，并且认为人民币应当作为SDR的主要权重货币。这是一种改革国际货币体系，平衡强化SDR地位和人民币国际化两个策略的尝试。

改革国内金融体系

这也是倒逼国内改革的重要举措。中国国内的金融自由化改革对中国更为重要。金融系统已经成为中国结构转型、创新的巨大障碍。虽然中国政府早已意识到金融改革的重要性，但是并未提出有效约束的时间表。在人民银行等机构看来，资本自由流动、放松利率汇率管制对于建设健康经济是必不可少的。但是反对者（经济决策者、国有企业、出口商）则认为缓慢推进自由化才最为有利。确实，人民币纳入SDR给予改革者强烈的动机，去推进国内改革。由于SDR中的货币必须满足"广泛使用"和"自由兑换"，李克强总理承诺：中国会加快资本账户开放和中国对外投资便利化、外商直接投资便利化。此后的数月，人民银行也推进了资本账户半开放和人民币自由兑换方面的改革。

二　国内外的争论

国际讨论

2015年年初，IMF继续评估了人民币加入SDR的条件并释放了积极信号。此后5月，IMF也对中国的财政和货币政策进行了全面评估。7月，IMF对中国央行的汇率改革表示了欢迎。11月，IMF认为人民币满足了"自由使用"的条件并扫清了技术和程序障碍。11月30日，IMF董事会正式批准了人民币入篮的申请。

这一过程并非没有争议。近些年，美国一直对此表示谨慎，并认为人民币远未满足"自由使用"等标准。而9月份习主席访美，双方才在这方面达成了一致。但是美国和日本的疑虑不可能消除，尤其是中国在南海、亚投行、"一带一路"等问题上的强势背景之下，人民币入篮只会是中国的另一大胜利。而欧洲则态度良好，英、法、德三国均对人民币入篮表示了支持。

此外，发展中国家也对中国的地位表示了积极态度。他们将其作为发展中国家地位的体现。2011年，易纲副行长在一次讲话中指出，希望将韩元等新兴经济体货币纳入SDR。这也更可以理解发展中国家对于人民币入篮的积极态度了。

国内争论

国内的声音也是多方面的。其中一派观点表示，人民币入篮是挑战美元地位和削弱美国影响力的体现。并且改变了长久以来中国在国际贸易、国际储备体系中与其国力不相称的不良地位。但是，另一派观点更小心和谨慎。他们认为为了加入SDR，中国过快地开放了资本账户、放松了汇率和利率管制。这可能加剧中国金融体系的不稳定性，危及中国增长，最终得不偿失。余永定，一位广受尊敬的经济学家，强烈反对过快开放资本账户，认为"热钱"流入和资本冲击的风险将显著扩大。还有一些专家则认为，目前的国际货币体系不合理，"自由兑换"不应当作为人民币入篮的条件。在全球经济低迷的情况下，继续坚持自由兑换只会扩大汇率和经济波动风险。中国不应当屈服于这一条件而当直接改变IMF这种不合理的规则。实践上来看，中国高层似乎是坚持第一种观点的。

三 人民币加入SDR又如何呢？

一些人认为，人民币入篮就相当于人民币成为世界储备货币。这一逻辑有一定问题。IMF并不能指定各国选择何种储备货币，目前来看IMF这一决定的影响还不显著。人民币入篮，确实是中国实力和地位的体现。但是，人民币入篮是人民币国际化的结果，而非原因。中国如何继续推进人民币国际化，是不明确的。一国选择储备货币时，往往考虑其可兑换性、流动性和信用，且这一选择过程是自由的。

从可兑换看，人民币并非完全自由。根据周小川的讲话，资本账户下的40项项目中，已经有35项完全或部分开放。但是事实并非如此，中国政府仍然保持了许可证、配额以及其他多项重要的管制手段。

从信用上来看，历史上的储备货币都是民主政体提供的。要使人民币作为主要储备货币，国际社会必须对中国的政治制度充分信任。要他们持有人民币资产，必须保证他们的资产不受中国政府裁决影响，而是受到一个独立央行和司法体系的保护。但是，中国政府显然不属于这一类型。7月份股市波动中，政府的表现在国际社会广受质疑。即便中国的经济实力越发强大，但是这种对于财产保护的不信任仍然存在。

从流动性上看，中国仍然表现不佳。对于一个向国际社会提供流动性的货币，它必须保持对外账户的平衡，而中国巨额贸易顺差几乎不可能消除。事实上，中国政府正以海外投资、对外援助等多种形式向外输出资本，国开行、亚投行、丝路基金都是如此。但是中国对外输出的资本仍以美元结算，中国在这一条路上还需要很漫长的努力。

虽然人民币入篮对于人民币成为储备货币意义不大，但是其对国内改革还是有所作用的。主要体现在人民币汇率可能更为稳定，中国的储备资产可以更加多元化，并对国内改革产生积极影响。

值得一提的是，人民币入篮对于IMF的改革和治理是有所裨益的。

本文原题名为"Much and about Nothing? The Rmb's Inclusion in the Sdr basket"。本文作者Hongying Wang为CIGI研究所高级研究员、Waterloo大学政治系教授。本文于2015年12月刊于CIGI官网。

新兴市场投资者资金流向何方

George Andrew Karolyi，David Ng，Eswar Prasad/文　刘天培/编译

导读：新兴市场对全球经济及增长前景的重要性毋庸置疑，本文则关注新兴市场资本的流向。研究发现，投资者以往的投资重心和机构的路径依赖都是影响新兴市场证券投资布局的重要因素，对于新兴市场证券投资的地理分布和国际金融市场的走势意义重大。编译如下：

新兴市场经济体正在为全球经济及其增长做出重要贡献，其在全球资本流动中所起的作用也日益突出。当前，新兴市场的金融资本流出格外引人注目。在新兴市场日益成熟并逐渐融入全球资本市场的背景下，研究其资本流出的规模、模式及影响因素，将有利于分析全球资本流动的变化。

为什么新兴市场将出现新一轮大规模的对外证券投资？出于对投资组合多元化和高质量资产的追求，私人部门的对外投资需求将随新兴市场经济体国内收入的增加而增大。机构投资者作为投资工具，则通过对外投资为投资组合的多元化创造了更多渠道。伴随资本项目的逐步开放和国内金融市场的发展，这些因素将进一步增加新兴市场的私人资本流出。

目前新兴市场对外证券投资的规模较小，但增长速度较快。根据IMF的对外资产负债数据，新兴市场持有的全球权益类对外

证券资产份额已从2000年的5%增长至2011年的11%；国际投资头寸表数据则表明，其规模已从2000年的520亿美元增长至2013年的3470亿美元。新兴市场资本正在成为主要发达经济体对外证券投资负债的重要来源。

文章首次全面刻画了新兴市场投资者对外权益类证券资产的配置情况。文章使用的数据来自IMF证券投资调查（CPIS）中的双边投资头寸和覆盖大量机构投资者的FactSet Ownership（曾称"Lion-shares"）数据库，改进了仅依靠CPIS研究发达市场证券投资的情况。

机构投资者是证券投资流动的重要中介。以往对机构投资者跨境权益投资模式的研究仅关注发达市场内部和发达市场向新兴市场的投资，本文则关注新兴市场的对外投资。

理论上，各国投资者均持有相同的以市值为权重的主要证券市场指数，即全球证券组合，但大量研究证明该理论面临两大挑战。首先，本土偏好现象非常普遍。其次，存在着系统性的国家间配置权重失衡——"对外配置偏好"或"对外偏好"，即主要源于地域相邻，语言相近，文化纽带及其他反映"相近度"（或地区性）而产生的证券投资偏好。为了研究新兴市场的对外证券投资模式，文章将对外配置偏好定义为对目的地国的证券投资配置偏离其在全球市场组合中市值权重的部分，并发现，平均而言，相较于发达市场，新兴市场投资者对外配置偏好的绝对量和目的地国的集中度均显著较高。

实证检验中，文章首先介绍了van Nieuwerburgh 和 Veldkamp（2009，2010）提出的信息不动性（Information Immobility）概念。该文认为，当投资机会集中包含多种风险资产时，投资者将选择获取哪些资产的相关信息。比如，投资者对国内资产的信息具有比较优势，则即便海外市场的信息更加易得，初始信息禀赋仍会使投资者偏好获取更多国内资产信息，巩固比较优势。同样，投资者更愿意对其拥有初始信息禀赋的目的地国进行投资。

随后，本文分别在国别和机构投资者层面设置代理变量，代表新兴市场投资者对特定目的地国的信息禀赋。国别层面，采用母国与目的地国间对外直接投资和贸易流的历史数据作为对外证券投资的代理变量，因为以往的直接投资和贸易能够带来商业和投资往来，成为初始信息禀赋的来源。机构投资者层面，文章充分利用 FactSet Lion Shares 数据的间隔尺寸设置了新的信息禀赋代理变量。很多新兴市场机构投资者是境外母公司的分支机构，因而子公司可能对母公司所在国和其他子公司所在"伙伴国"拥有信息禀赋。

结　果

文章找到了强有力且稳健的证据支持信息禀赋假说，并且发现，相较于发达市场，信息禀赋对于解释新兴市场的投资配置模式更为关键。即便对假说进行更加严格的检验，根据非本土新兴市场机构投资者的母公司所在国及其他子公司所在国设置信息禀赋代理变量，检验特定机构投资者的投资模式，结果仍然显著。上述代理变量是影响新兴市场机构投资者配置模式的重要因素。

结　论

文章表明，以往的对外直接投资和贸易流或当前的机构设置所代表的历史，可能是影响新兴市场全球证券投资配置的重要因素。由于新兴市场在国际金融市场举足轻重，文章对于新兴市场证券投资的地理分布具有参考价值。

本文原题名为"The Coming Wave: Where Emerging Market Investors Will Put Their Money"。本文作者 George Andrew Karolyi 和 David Ng 均为康奈尔大学金融学教授，Eswar Prasad 是康奈尔大学贸易政策教授，同时也是布鲁金斯学会高级研究员和美国国家经济研究局副研究员。本文于 2015 年 12 月刊于 VOX 官网。

综述——科技进步与失业率上升、生产率减速之谜

Jérémie Cohen-Setton/文   刘天培/编译

导读：在之前召开的彼得森国际经济研究所年会上，几位专家对于科技进步、失业与生产率增长减缓的关系做了讨论，全文是会议发言的综述。编译如下：

在之前召开的彼得森国际经济研究所年会上，拉里·萨默斯表示："想要把'新经济本质上制造了失业'和'生产率增长正在变缓'这两种观点统一起来实在是太困难了。"如今，我们可以在机场登机前大大减少与检票员的接触、可以在手机上处理任何业务、可以无须人工就可以查验增加的存货、可以在流水线上引入机器人替代工人，这一切看上去似乎都在说明科技进步与近期的失业率上升是相关的。然而，假如科技进步是失业的根源，它又怎么可能同时是生产力进步的根源呢？

彼得森国际经济研究所所长亚当·普森表示，多年内同时观察到低技术水平工人失业率上升和生产率增长速度下降着实令人困惑。这意味着，要么我们需要一种新的理解思路，要么这一观察本质上是无确实根据的或是误导性的。我认为，当 GDP 数据与劳动市场数据发生冲突时，我们更应该相信劳动力市场的数据。毕竟工人的雇佣、工资和纳税都是实实在在的，相关数据均为直接计算所得，而 GDP 数据的许多指标都是人工构建的。因此，生

产率增长，作为 GDP 减去劳动和资本积累的残余，要远比直接计算出的劳动力市场数据更不可靠。

拉里·萨默斯表示，大量测量误差确实可能存在，因此将其作为这一谜题的部分解释。当我们测量实物生产的环节时，传统测量可能是有效的。而当我们计算无形的服务时，我们的测量很可能变得很不准确。由于经济中服务部分的增长，这部分的测量误差可能也同时在增长。

他还表示，物价指数可能过分夸大了通胀，因此数量指标可能低估了以实物生产衡量的增长。这一过程究竟是在增快还是减慢尚难定论，但与科技进步引发了失业率的提高相比，还是更倾向于考虑测量误差的假说。另一种可能的解释是：其实存在一种生产力函数，反映生成高生产率、低生产率与高失业率的关系。

高盛经济学家 Jan Hatzius 和 Kris Dawsey 表示，愈发严重的测量误差确实可能是过去十年间生产率增长速度 0.75 个百分点下降的主要原因。例如在 IT 业，通用的 IT 硬件愈发被专用硬件所替代，这也就意味着想要准确测量真实产量将变得更加复杂，这也可能导致科技对生产率增长的贡献逐渐被低估。

例如，电脑和半导体产量的大幅萎缩与其说是真实的技术生产下降，恐怕更可能是产业结构变化带来的测量误差。在更专业的 IT 硬件领域，任何发生了产量下降但却没有发生显著的质量调整价格上的下降的现象同样看起来是不甚真实的。根据我们的测算，这两个领域总计占到年实际 GDP 增长的 0.2%。

软件和数码业的问题规模相当但显得更为棘手。其中一个问题是，官方统计机构长时间以来几乎不做努力来修正实际增长量的统计。另一个问题是，免费数码产品的增长相当于是引入了统计学中"新产品偏误"的一种极端形式。这两个问题大约又相当于年实际 GDP 增长的 0.5%。

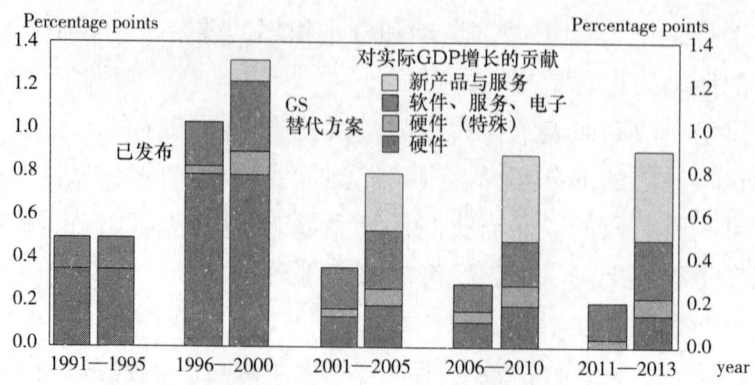

图1 高盛估计的IT业对实际GDP增长的真实贡献

John Fernald 表示，由 David Byrne 的许多其他合作作者的许多研究都表明，这个问题确实重要，其总和可能占到 GDP 的 10% 到 20%。但仅仅这一个问题是不能解释我们观察到的生产率数值的。毕竟，我们需要解释的是从 2003 年或 2004 年之后两个百分点的劳动生产率增长或 1.25—1.5 个百分点的全要素生产率。因此，十分之一或十分之二是无法完全解释这个差距的。

本文原题名为 "The Puzzle of Technical Dis-employment and Productivity Slowdown"。本文作者 Jérémie Cohen-Setton 为加州大学伯克利分校博士研究生。本文于 2015 年 12 月刊于 Bruegel 智库官网。

TPP 贸易协议评分

Derek Scissors/文　　张骞/编译

导读：作者对TPP协议的条款进行了评分，以此来估计协议对美国及其他成员国的影响，认为当前的协议不健全，不利于全球自由化，减少了TPP的样本示范作用。美国应起到表率作用，产生级联放大效应来改善TPP协议。编译如下：

"跨太平洋战略经济伙伴协定"（TPP）具有商业和外交上的双重意义，可以作为未来20年内大多数全球贸易的治理工具，为美欧之间的TTIP铺路，提高RCEP标准，并在WTO深化改革共识没有达成之际，为全球自由化提供最好的机会。

一　主要活动：创新和农业

长期繁荣源自竞争及随之而来的创新。对TPP评分时，应按照：是否增强了美国的竞争力、在多大程度上增强了美国的竞争力以及多大程度上限制了其他经济体的竞争这三个原则进行。

知识产权评分：B+。保护知识产权可以激励创新，在美国，创新作为经济的推动力无处不在（表1）。然而，大多数TPP成员国并不存在知识产权的过度保护，甚至缺乏保护。本部分的成就之一是规定现存的保护规则将适用数字贸易，此外，还确定了注册商标、版权、专利及数据的保护年限。

表1　　　研发总支出：TPP成员对比美国前10名（2012年）

Country	GERD, Current USD（Billion）	US State	GERD, Current USD（Billion）
United States（美国）	452.6	California（加利福尼亚）	82.1
Japan（日本）	202.5	Massachusetts（马萨诸塞）	17.5
Australia（澳大利亚）	35.3	New Jersey（新泽西）	15.8
Canada（加拿大）	34.8	Texas（德克萨斯州）	15.3
Singapore（新加坡）	7.5	Michigan（密歇根）	14.9
Mexico（墨西哥）	5.9	Washington（华盛顿）	14.5
Malaysia（马来西亚）	2.4	Illinois（伊利诺伊）	13.0
New Zealand（新西兰）	2.2	New York（纽约）	11.9
Chile（智利）	0.9	Pennsylvania（宾夕法尼亚）	9.4
Vietnam（2011）（越南）	0.3	Ohio（俄亥俄州）	7.9

Source: Batelle and R&D Magazine, 2014 Global R&D Funding Forecast, 2013; for Chile, New Zealand, and Vietnam, UNESCO.

农业评分：B。美国至今仍是世界最大的农产品出口国。之前与澳、加、智等国签订的自由贸易协定几乎未变，相当多的农产品都存在配额和关税。美国是TPP中第二大贸易保护国，这使其他国家更有理由坚持本国的贸易壁垒。因此，美国自己应该降低贸易壁垒，放开更多的农业贸易。

二　代号语言：ROO，NCMs and SOEs

TPP中关于原产地规则（ROO）、不服从措施（NCMs）以及国有企业（SOEs）的条款会削弱协议中自由化的影响，降低其对于美国的价值。

原产地规则评分：C+。限制性的原产地原则（Rules of Origin，ROO）会产生贸易壁垒，而完全开放的ROO不需任何妥协就可以获得可观收益。TPP在平衡这两方面上做得很好，但保护主义者经常以 ROO 为利器，推动了贸易壁垒产生。

"不服从"措施（通常是服务业）评分：D。不服从措施（NCMs）是指 TPP 中的一些国家不满足某些特定领域内的条款。在金融和交通运输两个领域，澳、越、马、智、美或多或少偏离了 TPP 要求。TPP 协议中的服务业条款会给美国企业创造更多的机会，然而 NCMs 会抑制参与国服务贸易的发展（图1）。

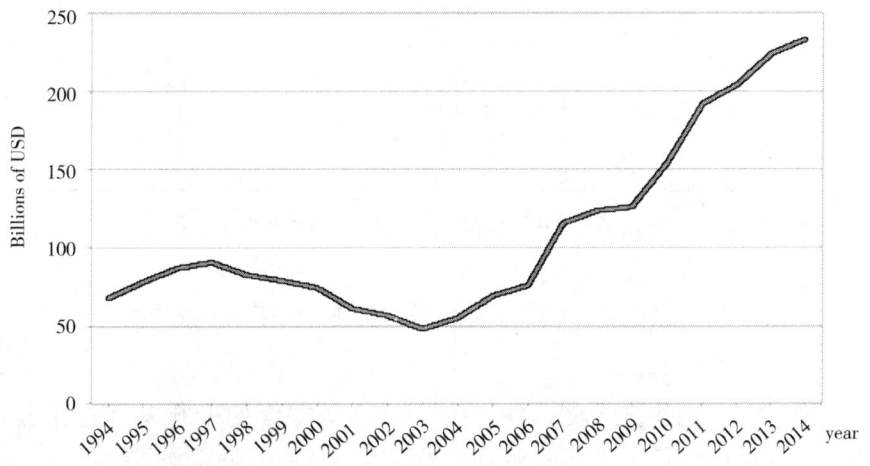

图1　美国服务业贸易盈余

数据来源：美国人口调查局"美国商品与服务贸易：收支平衡"。

国企评分：D+。有关国有企业（State-Owned Enterprises Grade，SOEs）的条款更多的是愿景大于实质，因为它允许 TPP 国家中的国企继续扭曲国际贸易和投资。协议中的第17章企图推动国企以私企的模式采购和销售，但国企的非商业行为和对竞争企业的反作用是不可避免的，唯一有用的措施是限制他的范围，但这一内容却未被提及（表2）。

表2　　　　　全球排名前50的国有企业（2015年）

Ranking	Company Name
2	Sinopec（China）
4	CNPC（China）
7	State Grid（China）
18	ICBC（China）
26	Gazprom（Russia）
28	Petrobras（Brazil）
29	China Construction Bank（China）
36	Agricultural Bank of China（China）
37	China State Construction Engineering（China）
38	Japan Post Holdings（Japan）
39	PDVSA（Venezueta）
43	Lukoil（Russia）
45	Bank of China（China）
47	Pemex（Mexico）
50	Fannie Mae（United States）

Source Fortune, "Global 500, 2015", http://fortune.com/globai500/.

三　第三梯队：最有积极作用的条款

除了以上两个层次，TPP在以下几个方面的变化对各国来讲也是极为重要的。

关税评分（除农业）：A－。TPP开创了取消一切工业品关税的先例。美国和其他成员国这方面关税已经很低，而其他的国家仍很显著。TPP标准可使成员国在未来获得更大收益。

电子商务评分：A。关于此的主要成就是达成适用广泛的非歧视性原则以及部分程度上保护了源代码产权。

透明度评分（除ROO和NCMs）：B＋。虽然在中小企业、规则一致性、技术贸易壁垒等大部分章节透明度很好，但还存在如ROO等不那么透明的章节条款。

投资评分（除ISDS）：C。资本的流动似乎很少受到国际收支平衡的限制，这一点广泛存在于"不服从"政策的成员国中；此外，"外国投资者可以直接对跨国投资的东道国提起仲裁"

(ISDS）这一条也饱受争议。

政府采购评分：C-。该条款拉锯时间长，谈判艰难，并且最终的条款透明度不高。

电信通讯评分：C+。第13章的核心主要关注公共服务供给者的行为，但仍处在政府的电信监管之下。

四 题外话：全球化的相关问题

ISDS：国际间争端诉讼（Investor-state Dispute Settlement）是一个法律问题。各国可以设置法律凌驾其上，因此并非是商界期望的"灵丹妙药"。

贸易逆差：贸易保护主义者认为逆差导致失业，但美国的例子证明逆差表示了国内的强需求并有利于创造就业（图2）。

图2 美国贸易平衡和失业

Source：US Census Bureau, Economic Indicator Division, "U S Trade in Goods and Service," February 5, 2015, and US Department of Labor, Bureau of Labor Statistics, "Labor Force Statistics."

货币：一些论调声称中国、日本对货币的操控影响了美国的就业，但分析历史数据可知，这两个国家的汇率变动与美国国内的就业情况并未有显著的相关性（图3）。

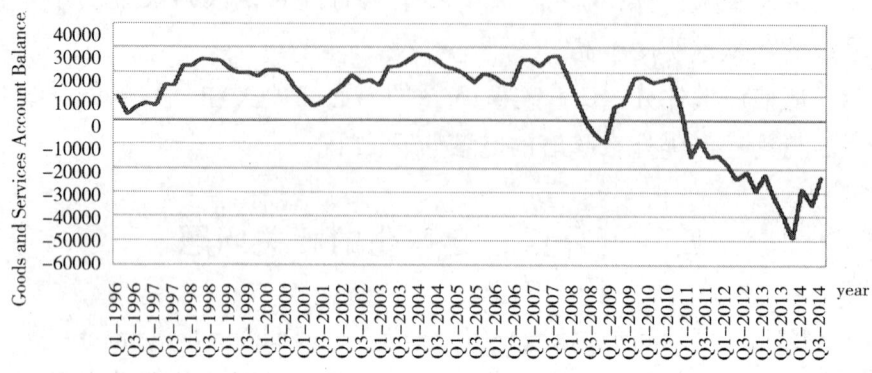

图3　日本经常账户盈余

Source：Ministry of Finance Japan, "Balance of Payments（Historical Data）".

北美自由贸易协定（NAFTA）：文章认为NAFTA损害了美国的工人利益，然而实际上美国的劳工市场伴随着逆差扩大了。

不平等：有人认为开放度增加导致竞争加剧，从而带来收入上的不平等。但更好衡量贸易影响力的应是购买力而非收入（图4），自由贸易使得便宜的电脑电话进入欠发达地区，帮助他们更好地就业。

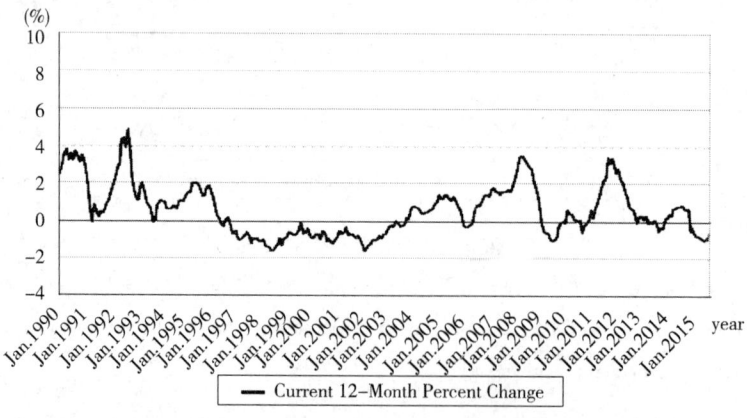

图4　进口价格：1990—2015年百分比变化

Source：US Department of Labor, Bureau of Labor Statistics.

五 未来就在眼前

未来十年内,现有的 TPP 规则很有可能拖美国的后腿,"不服从"措施也会挫伤美国企业的积极性,批准现有的条款只会让美国未来的路走的更加艰难,因此当前的 TPP 条款应当进行大幅度的调整。

本文原题名为"Grading the Trans-Pacific Partnership on Trade"。本文作者 Derek Scissors,为 American Enterprise Institute (AEI) 的常驻学者。本文于 2015 年 12 月刊于 AEI 官网。

拉美国家紧随美联储

José De Gregorio/文　　郭子睿/编译

导读：本文认为随着美国 QE 退出，新兴市场国家货币出现超调，但没有必要担忧这种短期的剧烈变化。随着美联储加息，拉美国家在通胀目标制下采取紧缩的货币政策也许有一定的道理，但实体经济活动并没有出现改善的迹象。到 2016 年年末，拉美国家也许会重新转向宽松的货币政策。编译如下：

美联储有可能在下周加息，但这并不意味着所有的拉美国家应该跟随美联储采取紧缩政策。

由于政治领导人的腐败丑闻，巴西面临着现代历史上最糟糕的经济危机，包括经济衰退和高通胀。整个拉美地区今年已经摇摇欲坠，大宗商品价格暴跌以及商业和消费者信心不足导致经济严重下滑。如智利、哥伦比亚、秘鲁和墨西哥虽然仍在增长，但增长速度只有微弱的2%—3%。美国通胀虽然没有抬头，但是经济活动不断改善，失业率也在降低。拉美国家也在减少货币刺激，但经济背景完全不同。拉美国家通胀高于预期目标，但经济活动相当萎靡。大部分的拉美国家央行实施通胀目标制。利率的设定不是基于当前的通胀而是官方对未来通胀的预测。如果通胀预测低于官方目标，说明经济活动疲软，需要采取宽松的货币政策。

一　结束对大宗商品的依赖

拉美国家面临的外部环境也在恶化。贸易条件下降和大宗商品的投资热潮结束削弱了经济活动。过去的几年货币大幅走弱，这与不利的外部冲击以及疲软的国内经济活动相一致。拉美国家想恢复增长，需要重新分配资源，从大宗商品行业转移到其他可贸易商品部门。

政策制定者不能仅仅刺激需求，而且要转变依赖大宗商品出口的增长方式。财政政策由于大宗商品出口收入的下滑受到约束。货币政策在这个过程中应该保持宽松。事实上，最近的混乱也让我们思考是否应该提高利率。货币的贬值有利于增强出口竞争力。新兴市场国家货币普遍走弱，我们应该采取一些根本性的措施，而不是仅仅在外汇市场干预，这种干预也很难成功。

然而，货币贬值会带来短暂的通胀上升。事实上，大多数的通胀爆发是由于货币贬值的直接影响。一些货币一年内对美元贬值了15%—25%。

二　第二轮问题

贬值的通胀效应取决于产生"第二轮"效应的时间，最重要的取决于通胀预期是否保持固定，是否与通胀目标一致。可决策者既希望采取紧缩政策保持信誉，又赞同扩张的观点。当前环境下，采取紧缩政策并不能避免货币贬值，就像哥伦比亚的经验。

拉美不同国家的经济状况不一样。如哥伦比亚是最晚进入减速模式的，哥伦比亚比索2015年对美元贬值80%，通胀从年初的3.8%上升到11月的6.4%。因此，面对不断上升的通胀预期，货币当局已经将利率上调到5.5%。墨西哥则完全不同。它是唯

——个自金融危机之后没有采取紧缩货币政策的国家。而且，它的通胀低于目标3%，核心通胀率低于2.5%。通胀预期非常稳定。但墨西哥当局似乎非常担心美国加息对本国货币的影响，他们甚至将会议议程推迟到美联储议息会议之后。

三　未来宽松？

随着金融全球一体化，汇率成为全球金融变化的调整机制。新兴市场国家已经逐渐适应货币的剧烈波动。随着美国QE退出，新兴市场国家货币出现超调，但没有必要担忧这种短期的剧烈变化。随着美联储加息，拉美国家采取紧缩的货币政策也许有一定的道理，但实体经济活动没有出现改善的迹象。到2016年年末，也许会重新转向宽松的货币政策。

本文原题名为"Following the Fed：Latin America"。本文作者José De Gregorio为PIIE研究所的研究员。本文于2015年12月刊于PIIE官网。

巴黎气候谈判的成功仍有变数

Paul Heinbecker/文　　张舜栋/编译

导读：巴黎气候谈判究竟会达成哪些共识？与会国又会就哪些议题展开争论？作者作为加拿大前驻联合国大使，为读者预测了五件巴黎气候谈判的值得关注的事实。编译如下：

幸运的是，如今已少有人再去怀疑全球气候变化是否真的存在，或是怀疑人为因素是否会影响全球气候变化进程。但不幸的是，许多人依然怀疑人为因素是否有能力对气候变化产生实质性影响。但令人欣慰的是，与我17年前代表加拿大参加《京都议定书》谈判时相比，如今在气候变化领域已有许多积极的进步。在巴黎参与谈判的人们已不用从零开始论证，而相关领域的科学水平也已经大为改观，各国采取行动的决心也更为强大。

超过150个国家的代表齐聚巴黎，共商温室气体减排大计，这无疑是对气候变化这一重大的国际问题令人振奋的回应。然而，就像在所有重大的谈判中一样，在所有问题全部达成一致之前，任何进展都意味着毫无进展。巴黎气候谈判的成功仍有变数。

有五点事实值得我们牢记。第一，几乎没有任何谈判的主题要比巴黎的主题更为重要：巴黎谈判关乎人类的存亡。在冷战高峰期，谈判《核不扩散条约》时，任何看起来虚无缥缈的目标的确立——哪怕是完全取消核武器的提议，对最终谈判成功都是至关重要的。倘若没有这一目标，那些拥核国家就可能加倍发展核武器，并使得谈判结果付之东流。巴黎谈判的目标，是维持全球平均温度不高于前工业化时代 2 摄氏度，而超过这一增幅则会带来全球的经济、健康、政治和安全问题。那些更受威胁的国家则倾向于确定更严格的目标，将增幅控制在 1—1.5 摄氏度以内。

第二，本次谈判的复杂性是空前的。寻找共识需要联邦政府、州/省级政府、大型城市的管理者、私营企业、民间团体、学术界和所有关心气候问题的人士一起努力。然而目前只有中央/联邦政府才有资格签署协定。

协定是由投票结果，而非舆论导向所决定的，这就意味着任何对结果不满的国家或团体都可以违背这一协定。促使 193 个国家将一份争执激烈的 48 页的草案转化为一份有效的协定，不仅是对耐心的考验，也往往令人容易感到厌烦。

第三，无论协定如何表述，其结果都只有道德和政治上的倡议作用，而不具有法律约束力。世上没有世界警察，劝导要比强制更具有效力。监视、检查、报道并指名道姓地指出违背协定的国家要比空洞的威胁来得更加有效。各国元首们看起来是会害怕气候变化威胁的人吗？然而他们都无一例外地不时会被国际舆论和国内关切所影响。

第四，不要指望治理气候问题的责任会均摊到所有国家身上，因为这一问题当初并非由所有国家共同造成。别指望那些仍受洪水、瘟疫和饥荒影响的贫穷国家会遵循"共同但有区别的责任原则"，还是指望富裕国家承担更多责任吧。

这些国家有一个有力的论点。过去几十年乃至几个世纪以来，温室气体不断在增加。自从工业革命以来，西方国家就在不断排放温室气体，他们如今也应当承担起相应的责任，来治理这一问题。

将繁荣建立在碳排放之上的西方国家，不仅应该减少自己对地球的影响，也应该从资金和技术上帮助那些贫穷的国家，来应对气候变化这一他们虽未参与造成，却也将同受影响的问题。

　　与此同时我们也会看到西方国家的反击，认为全人类都在同一条船上，除非同舟共济，否则必将翻船。当会议陷入搅局阶段，尤其当那些排放量巨大的"新兴国家"，将自己归于"受害者"时，与会者的耐心将受到极大的考验。无论如何，只要我们要减缓气候变化的速度，这些国家的排放就必须要降低，更别说如果我们希望逆转气候变化的趋势了。

　　第五，在未来很长时间里，我们都会听到"气候变化"这个词汇。治理气候变化的进程早在1988年成立政府间气候变化专门委员会时就已经开始。就算巴黎谈判就治理温室气体在目标、时间表和资金上都达成了规模空前的共识，与会国依然需要定期开会，来商讨技术和履约情况，批判违反约定的国家，并且在协定期满后设立新的目标。巴黎谈判的结束，只不过是更多谈判的开端。

　　本文原题名为"Success in Paris Climate Talks Isn't Certain. 5 Things to Remember"。本文作者Paul Heinbecker为CIGI杰出研究员，加拿大前驻联合国和德国大使。本文于2015年12月刊于CIGI官网。

如何分析 TPP 对中国经济的影响

东艳/文

导读：本文提出，对于 TPP 的效应，应采用经济学理论、经济模型、文本分析与行业研究相结合的综合分析方式。TPP 所引发的讨论表明，智库的国际问题研究需要正视全球经济发展中的重大现实问题，同时政策分析需要以扎实的、与国际接轨的理论研究为基础。编译如下：

2015 年 10 月 5 日，美国主导的跨太平洋伙伴关系协定（TPP）达成后，一些媒体在报道 TPP 对中国经济影响时，引用了学术模型研究所得出的具体数据，如 TPP 对中国 GDP 影响的百分点等，引发了国内各界广泛的关注和讨论。总体来看，模拟研究的结果为我们提供了理解现实问题的方向，但关于 TPP 测算的各种结果与真实经济运行均有一定的差距，在使用这些研究的结果时，需要持有科学审慎的态度。

从学术研究角度看，对 FTA 贸易效应的实证研究主要有两种方法，一类是以统计学理论为基础的计量估计方法，基于引力模型，对 FTA 的经济效应进行事后研究。这种方法采用 FTA 建成前后的运用贸易流量数据，对 FTA 实际的贸易效应进行估计。通过在引力模型中设定一个是否签订自由贸易协定的虚拟变量，来考察 FTA 对贸易流量的影响。与事前模型相对比，事后研究采用真实数据进行分析，其对 FTA 的实际效应的测度更为准确。另一类是以经济理论中的一般均衡分析框架为基础，对模型校准后，采用反事实估计，对 FTA 的经济效应进行事前模拟研究。在 TPP 等自由贸易协定达成前对其效应进行研究，适用于采用事前模拟方法。

FTA 效应的事前分析的传统方法采用可计算一般均衡模型（CGE），Scarf（1973），Hertel（1997），Dixon, et.（1982），Shoven 和 Whalley（1992），Srinivasan 和 Whalley（1986），Dixon 和 Rimmer（2002）等是这一领域的代表作。国内对 CGE 模型已经有一些具有国际水平的研究成果，如李善同（2009）、郑玉歆，樊明太（1999）等。用 CGE 模型对 FTA 进行研究经历了从静态 CGE 模型到动态 CGE 模型、从完全竞争模型到不完全竞争模型的演进过程。经过三十多年的发展，CGE 模型作为一种政策工具，已经广泛应用于各国政府和国际组织的贸易政策分析中，如世界银行、世界贸易组织等。CGE 模型虽然可包括丰富的数据，但通常模型结构较为单一，和贸易理论模型相比，CGE 模型的思想性略差，更多的被作为政策研究工具。在以异质性厂商理论为代表的国际贸易理论的发展前沿中，呈现了校准方法和估计方法相互补充和结合的趋势，如 Eaton 和 Kortum（2002）、Bernand, Eaton, Jensen 和 Kortum（2003）采用美国厂商的实际数据，来校准模型参数，检验模型的结论，并通过政策模拟（如贸易壁垒变动，汇率变动等）进行反事实估计。特别是 Eaton 和 Kortum（2002）的重要贡献之一是为厂商水平的国际贸易领域的数量分析奠定了基础。

TPP 效应的事前测算的研究属于政策应用型理论研究，这与一般的学术研究有一定的差异。从现有各种测算模拟研究中，可以发现这些文章中体现了两类研究方法论。其一是基于学术研究思路，力求与前沿贸易理论模型结合，谋求方法上的前沿性。另一类是基于政策研究的需要，政策要求对现实问题给出准确的答案，在模型设计方法，力求越接近现实越好，国家数量多、模型层级复杂。这与学术研究需要一定的抽象性是有所不同的。

TPP 效应方面值得关注的研究包括：美国彼得森国际经济研究所（PIIE）Petri、Plummer 和 Zhai 三位学者的研究中，采用了中国学者翟凡（Zhai）（2008）的基本模型，他将处于国际贸易前沿的异质性贸易理论 Melitz（2003）引入到传统 CGE 模型的分析中。传统的 CGE 模型由于采用 Armington 假定，无法在福利分析中纳入扩展边际的影响。引入厂商的异质性后，贸易自由化对贸易和福利的影响将有显著的增加。

中国社会科学院世界经济与政治研究所国际贸易室李春顶副研究员和加拿大西安大略大学经济系约翰·沃利（John Whalley）教授合作发表在国际期刊《世界经济》（The World Economy）2014 年第 37 卷第 2 期上的论文《中国和 TPP：影响效应的数值模拟》（China and the TPP: A Numerical Simulation Assessment of the Effects Involved）对 TPP 的潜在经济影响进行了定量分析。论文构建了一个包含 11 个国家的全球一般均衡模型系统，引入核算了贸易成本并分解为关税和非关税壁垒以便于探求 TPP 的非关税减让效应；同时，模型还引入了内生货币的假定以形成一个内生的贸易不平衡决定机制，这一设定更加地贴近现实且有利于更准确地探求 TPP 的贸易影响效应。模型使用了 2011 年的真实世界数据进行校准并模拟多种情景下的 TPP 经济影响。研究结果发现，在同时考虑关税和非关税减让的情形下，日本加入 TPP 会损害中国福利约 0.18%；但中国的出口并不会受到损害，反而因为国外需求的提高而增长 0.31%，但进口会下降 0.44%。可见 TPP 对中国经济层面的负面影响和冲击非常有限，甚至从贸易角度反而是有利于中国的。如果仅考虑关税减让，影响更小，中国福利会下降 0.07%，出口增加 0.21% 而进口减少 0.16%。TPP 的成员国会收益，美国的福利大约会增加 0.27%，出口增长 7.89%，而进口增长 5.31%；日本的福利约增加 0.59%，出口增长 9.42%，而进口增长 8.84%。其他非 TPP 成员国基本都会在一定程度上受损。欧盟的福利会下降0.05%，但出口会增加0.11%而进口增加0.004%；韩国的福利会下降0.14%，出口减少0.006%且进口减少0.26%。可以看出，TPP对于中国的冲击很小，无须过多的担忧；而TPP本身作为区域一体化的安排是具有排他性的，对于非成员存在一定程度的歧视和损害。

更具有理论前沿的研究方向包括：采用Eaton和Kortum（2002）模型，基于厂商水平的理论模型来量化分析TPP等FTA的经济影响，以及采用基于全球价值链的模型来研究FTA的效应等。

Prescott（1998）、Kydland和Prescott（1994）认为，数量模型的分析应注意以下原则：对标准模型进行调整来适应所研究的问题，调整后的模型应仍能反映标准模型的主要特点；模型中引入的新的特点，应有相应的证据来证明这种调整符合现实经济特点；模型应能成为一个测算工具，如果仅对模型进行估计，而没有对模型校准，则无法提高模型作为测算工具的能力。模型的选择，特别是具体参数的选择要与所研究的问题密切相关。

现有关于TPP各种测算的结果是不尽相同的，与真实经济运行均有一定的差距。在FTA事前模拟的研究中，通常包括7个步骤，1.对实证研究或现实数据进行分析，初步确定所要研究的问题和机制；2.构建理论模型；3.构建与理论模型相对应的基准数据集；4.用基准数据对模型进行校准，确定模型参数；5.用校准后的模型进行数量分析；6.对模型参数进行敏感性分析；7.模型结果分析。对每个环节研究处，对数据或模型处理的差异，均会影响结果的准确性。模型的假定不同，对结果会有较大影响，特别是大部分模型基于传统贸易模式设计，没有考虑全球生产网络的影响。在模拟的情景设计中，由于TPP文本处于保密状态，现有模拟与实际贸易自由化的内容存在偏差。同时，TPP的特点是以边界内措施为重点的高标准规则，对边界内措施的影响，特别是一些横向新议题的影响的测算还有待于深入研究。在结果分析中，需要注意技术分析与政策运用的结合，避免引发具有导向性的误读。大部分研究实质上模拟的是亚太十几个国家建立具有一定深度的FTA的结果，由于亚太区域一体化具有亚洲版（RCEP）、美国版（TPP）和整合版（FTAAP）等多种方案。而在对这些方案分别进行模拟时，在技术处理上具有相似性，针对于TPP的模拟结果，如果在FTAAP的框架下进行模拟，可能得出类似的结果。对模拟结果更具有政策准确性的解读是：中国为了减少TPP的冲击，需要加入具有广泛性的亚太一体化协议，但这个协议不一定就只有TPP一条道路。

因此，在理解和使用经济模型的结果时，应该重视结果揭示的经济意义，绝对值不是一个非常可靠的指标，应重点看符号的方向和各国之间的经济影响结果大小的对比关系。对于TPP的效应，应采用经济学理论、经济模型、文本分析与行业研究相结合的综合分析方式。

TPP所引发的讨论表明，智库的国际问题研究需要正视全球经济发展中的重大现实问题，同时政策分析需要以扎实的、与国际接轨的理论研究为基础。

本文作者东艳为中国社会科学院世界经济与政治研究所研究员。

IMF：呼吁全球货币政策升级

Christine Lagarde/文　朱子阳/编译

导读：IMF总裁拉加德在法国巴黎的讲演，呼吁认清新兴市场国家的重要性；关注全球货币政策的协调、稳定，减少政策偏差和不确定性；并提出了国际金融体系改革的两点意见：金融安全网及安全资本流动性监管。编译如下：

一　发展中国家和新兴经济体在全球经济中的角色

发展中国家占据全球85%的人口，是全球经济的重要引擎。如今，发展中国家GDP已占全球的60%，并在全球经济增长中占据80%的比例。而在发展中国家当中，中国不仅刚刚使人民币成功被纳为SDR货币，其经济总量也已居世界龙头。

但是，在经历了高速增长后，发展中国家面临一个新的现实。经济增长率较低，周期性和结构性的因素正在阻碍传统的经济增长路径。基于目前的预测，新兴国家才走完了三分之二的通往发达国家的道路。中国正在施行雄心勃勃的经济再平衡计划，期望实现缓慢但更稳定的增长。这在长期会使世界受益，但是短期内却使得贸易和大宗商品需求受损。石油和原材料价格已经比高峰时跌去了三分之二之多。而无论是供给方还是需求方，都认为这种状况将长期保持。

一些大宗商品出口国和发展中国家面临严重的困难，一些国家的货币经历严重的贬值。这种情况在拉丁美洲和非洲国家十分常见。那么，当局应该实施怎样的经济政策呢？剩下的国家如何帮助这些国家呢？发达国家不仅可以依靠货币政策，也应该扩大本国需求和提高潜在增长率。而新兴国家则需要调整以实现新型增长路径。

二 货币政策的动向

在欧洲和日本，低增长和低通胀并存，因此当局应该持续扩大货币供应。在美国，美联储的政策深刻影响公司行为，加息政策是缓慢而稳步实施的，这使得金融市场有充分时间准备和定价。因此，常态化的货币政策应该成为主流，且政策应基于工资或者价格的变化。

新兴市场国家也将从发达国家稳定的货币政策中获益。但是，随着美元升值趋势明显，新兴国家的美元支出可能扩大。除了美元升值预期以外，还存在着潜在的汇率波动。这些波动可能来自于主要经济体间货币政策的差异，以及这些国家政策动向和基本面的不确定性。下一轮经济的巨大风险可能导致大宗商品价格进一步下跌并导致汇率的波动加剧。

对于发达国家而言，不确定性和金融波动同样具有威胁。在此种环境下，决策者必须考虑政策的"跨国效应"。例如，中国在2015年7月的汇率改革掀起了国际市场的很大波动。还有上证指数的暴跌也引起了全球金融市场的波动。根据我们的测算，新兴国家GDP增速每下降1个百分点，就会导致发达国家增速下降0.2个百分点。此外，还应当考虑新兴市场国家对于发达国家就业、社会的全面影响。

三　强有力的国际货币体系

IMF曾经多次呼吁成员国改进货币政策，我们需要在全球层面实施货币政策"升级"。这一体系应当保证各国的均衡增长，并减少危及所有国家的全球风险。这一政策应当包括：全球金融安全网和安全的资本流动框架。

全球金融安全网

IMF在金融危机时应为成员国提供保险和流动性，例如灵活信贷标准（FCL）和审慎流动性标准（PLL）。除了这些基金，安全网还应当扩大其规模和覆盖范围。但是，这一安全网还面临碎片化趋势、不对称性，且并未经受完全测试。

安全网主要面临不对称的问题：现有的互换额度主要发生于发达经济体的中央银行。许多新兴经济体没有进行互换。这使得发达国家安全网新兴经济体更稳健。然而在贸易和金融领域，新兴经济体严重依赖发达国家货币。

到目前为止，还没有形成适应当前形势的全球安全网。我们不应该依靠分散的和不完整的地区或双边安排，而是需要一个覆盖国际网络的预防工具。

安全网的大小也需要重新考虑。好消息是，最近批准的2010年份额和治理改革将加强IMF在这个安全网的作用。即便如此，新兴经济体还是有每年高达1.5万亿美元的资金流入。此种规模之下，安全网更加难以防止流动性冲击对经济造成严重损害。新兴国家也必须学会积累更多的储备以实现自保，IMF在必要时也会伸出援手。在IMF内部，我们正在研究这些问题。包括我们的工具、相关成本、时间、道德风险等。

安全的资本流动框架

除了足够的安全保障，国际货币体系还应该包括一个框架，以用于安全的资本流动。

人们越来越认识到：全球资本流动具有短期性，其内在的波动性将影响新兴经济体增长。还有一个嵌入全球税收体系的内在债务偏见。更普遍的是，国际货币体系将受益于更高份额的股权与债务流动。这可以通过改变成分和性质，使得国际资本流动从短期向长期债务和股权流动转变。

资本接受者应通过出台政策促进本国金融体系对资本流动的弹性。在这里，审慎政策和税收政策都可以扮演很好的角色。例如，可以通过调整税收结果，使市场更倾向于直接投资和股权融资，而不是更多依赖债券市场进行投融资。

总体而言，全球转向更多长期股权资本流动，这将缓解资本短期流动风险，并减少对保险的需求。它还将减少发达国家和新兴市场国家间的金融摩擦。

本文原题名为"The Case for a Global Policy Upgrade"，为作者在巴黎的一次演说。本文作者Christine Lagarde为IMF总裁。本文于2016年1月刊于IMF官网。

2016全球经济展望

Obstfeld/文　　张骞/编译

导读：本文是对IMF的新任首席经济学家莫里斯·奥布斯特费尔德的采访报道，对2016年全球关注重点做了预测，谈论了中国、欧洲难民、碳排放和国际贸易问题，认为新兴经济体将会是世界经济舞台的核心。编译如下：

新年伊始之际，《IMF调查》（IMF Survey）与莫里斯·奥布斯特费尔德（Maury Obstfeld）一起讨论了过去的一年并展望了2016年的全球经济。Obstfeld是IMF的新任首席经济学家，曾担任加利福尼亚大学伯克利分校经济学系的负责人以及美国总统奥巴马的经济学顾问。

IMF Survey：您怎样看待2015年的全球经济？哪些是超出您预期的，哪些是没有做到位的？

Obstfeld：好坏都有吧。美国经济与就业持续稳健增长，欧洲也是，日本还不明朗。另一方面，存在大宗商品价格下滑、金融环境艰难现状，新兴市场增长持续放缓，比如印度。所以全球经济是否能同步增长或者可持续增长，还不能下结论。

一些国家政治局势的紧张也放大了经济上的危机。2016年这些紧张态势的走向是地区和全球宏观经济的决定因素。欣慰的是，2015年底，美国国会最终通过了IMF始于2010年的配额改革，对国际货币体系来讲是一个好消息，也将强化IMF应对未来稳定性挑战的能力。

IMF Survey：2016年我们还需要关注哪些重要事情？

Obstfeld：中国是重点关注对象，它正在经历从投资到消费、从制造业到服务业的转型，因而增速下降，并通过对进口和大宗商品的需求减少对全球经济产生了溢出效应，大大超出了我们的预期。如果经济增长低于政府官方目标，全球金融市场可能再度震荡。

伊拉克和叙利亚的难民问题，对欧盟劳动力市场的包容能力，对其政治体制都提出了考验。欧盟周边的公共治安以及内部人员的自由流动都需要加以重视。除此外，欧洲还面临来自伊比利亚半岛、希腊和乌克兰的政治经济挑战。

气候变化上，限制二氧化碳排放的进程非常缓慢，对它的危险程度仍未加以必要的重视。第21届巴黎气候大会可看作国际间合作成功的例子。2016年各国政府如何行动，我们将拭目以待。

国际贸易方面，近几年全球贸易增长相对于GDP增长有所下降。美国国会能否通过TPP？美欧协议能否以TPP为参照？上个月在内罗毕的多哈回合谈判破裂，贸易自由化是否能实现？对于IMF的成员国来说，这些答案非常重要。

IMF Survey：2016年的主角会是新兴市场吗？您认为这些国家资本的流出会是严重的问题吗？

Obstfeld：这一年会有更多的挑战，新兴市场将会成为世界舞台的核心，一些国家的资本流入减少，主权债务扩大，货币疲软，增长显著降低，包括能源在内的大宗商品价格进一步下降，给出口国带来很多问题。

IMF Survey：那么您认为IMF的主要挑战是什么？

Obstfeld：我们应该更加注重新兴经济体的发展，从20世纪80年代到现在，发展中国家占全球GDP的总量从36%增长到了56%，增长率也从43%增加到79%。以发达国家的视角看待世界经济的方法已经过时。对新兴经济体的研究应从资本流动，外汇干预、外部资产负债表，贸易模式及贸易量入手。

另外，什么样的政策能引导更高的潜在产出及增长？《全球经济展望》(*World Economic Outlook*) 认为，全球的潜在GDP增长似乎已经减少。2016年4月期的《展望》会讨论发达经济体在这方面的结构改革。

不公平趋势也要受到关注。尽管国民人均收入存在全球趋同化现象，但是收入分配不公平依然存在，影响了整体经济的生产率，不利于市场的政策可持续性。

此外，还有许多经济稳定性问题需要注意。比如宏观政策框架下的金融部门一体化急需重点研究。

IMF Survey：在当前国际政策共同体下，您怎么定位IMF的角色？

Obstfeld：IMF整合了全球范围的资源，有能力处理严峻的实时政策。通过对学术圈、政界及公众的影响，IMF具有引领国际观点的潜力。目前，IMF有成员国188个，70多年的多边监察经验、第四条磋商以及技术援助都给我们提供了很大的帮助，许多研究都来源于此。

IMF Survey：IMF里的一些老生常谈的问题，比如国际货币体系，是否有效地解决了？我们是否该把目光放在像气候变化、不公平这些新的话题上？

Obstfeld：在当前联系紧密、透明的资本市场上，国际货币体系问题很复杂。汇率制度和金融稳定性之间的关系在当下及以后都是IMF着重研究的对象。

另外，随着全球经济变得复杂，内在联系更紧密，IMF的影响范围，理论和政策的适用范围也将扩大。这些新话题与成员国的宏观经济发展息息相关，IMF的专家们对此也具有很好的分析能力。如果我们想要真正理解现在以及未来的全球经济，这些重要的话题就不能忽略。

本文原题名为"The Global Economy in 2016"。本文作者Obstfeld为IMF首席经济学家。本文于2016年1月刊于IMF官网。

WTO 关于贸易技术壁垒的讨论及其对亚太地区经济一体化的要义

NAM Sang-yirl/文   刘天培/编译

导读：贸易技术壁垒是政府在引导国际贸易中的新兴工具，其技术措施最宜使用 WTO 成员国的通知、纠纷以及协议来进行研究。本文意在对其深入研究探讨，更好地为政府使用此工具做出建议。此文稿仅仅编译结论部分，读者可阅读原文以了解细节。编译如下：

各国向世贸组织通报的技术措施（technical measures）是潜在的贸易技术壁垒。通过多边和区域贸易自由化，技术措施经历了快速发展。技术手段可达成多种目标，同时不一定会减少国际贸易。如果其目标确实基于 WTO 的贸易技术壁垒条约，那就会被广泛承认与接受。

贸易技术壁垒的特征与趋势极为重要。如果贸易成员对技术贸易壁垒知之甚少，那么他们就应该去参考这些壁垒是如何向 WTO 通报并讨论的。相关信息、价值与经验应该在国际间广泛传播，促进共同利益。技术措施的表现形式可以是：如果一些技术要求尚未满足，就不准进入市场。这点与关税壁垒很不相同。技术措施始终处于动态发展中，并且能够提供累积效益，事实上，它可以帮助完成许多贸易技术壁垒条约中规定的目标。向 WTO 通报的贸易技术壁垒是了解技术措施的正规途径。WTO 通报的贸易技术壁垒已从 APEC 的发达国家传播到发展中国家，且涵盖了许多贸易商品。因此，国家间分享信息一致的评估报告越来越重要。STC 更接近于贸易技术壁垒，同时也是通报的补充。新的 STC 越来越多，同时，相对于 WTO 成员国，APEC 成员国中保留技术措施的比例越来越低，这是一种进步。WTO 贸易争端解决机制对于 APEC 成员国非常重要，因为 APEC 成员国参与了所有案例的 84%。当前研究非关税措施的难点在于缺乏统一且可比较的数据库。对于技术措施能否达成有效目标，应该提前进行检验与商讨。通过使用在线数据库服务，例如贸易技术壁垒信息管理系统（TBTIMS）以及贸易技术壁垒在线提交（TBT NSS）。我们期望的信息交换、利用效率将显著提升。

在引入技术措施时，APEC 成员国经历了结构性的改变。贸易技术壁垒国际合作过程中需要考虑各国经历的不同趋势。APEC 递交的贸易技术壁垒通报份额逐渐萎缩。但 APEC 发展中成员国正逐渐学习使用贸易技术壁垒通报。APEC 发展中国家越来越多地使用技术措施，同时还在调整这些措施以适应国际标准。APEC 成员国间，兼容性评估过程中处理的技术措施与贸易技术壁垒通报的比例在逐渐攀升。这些趋势在 APEC 发展中国家尤为明显。作为潜在的贸易技术壁垒，兼容性评估过程与技术管制同样重要。APEC 在贸易争端中的立场从 1995 年的偏投诉人转变到 2003 年的中立，再到 2014 年的偏应诉人。在近一二年内解决的 STC 争端中，APEC 发达成员国比发展中成员国占更高的份额。在 STC 争端解决过程中，APEC 发达成员国注重透明性、合理性与合法性，而发展中成员国则注重不必要的贸易壁垒、歧视和非产品相关工艺及生产方法。对于已陈述的监管目标，APEC 发达与发展中成员国都注重保护人类安全与健康、环境、防止诈骗以及保护消费者。若以工业产品进行分类，那么 APEC 贸易技术壁垒通报涵盖广泛的工业产品，比例较高的有电子、化工和机械产品。

当前，有必要发展与关税不同的贸易控制手段，因为技术措施其实是一种国内管制手段，通过控制市场准入来生效。贸易伙伴间应发展出一个完整的系统，这个系统基于咨询、管理信息与经验交换和生产线建设。实施标准化的技术监管和兼容性评估对于 APEC 成员国很重要。也就是说，合作、协作和双边共识要比竞争与阻碍更加重要。Good Regulatory Practices（GRPs）是达成这一目标的有效方法。很多方面可以取得进步。比如，WTO 委员会推荐贸易技术壁垒通报的批复期是 60 天，但大量的通报并未规定这个日期或有一个较长的批复期。比如，标准化通常对于生产制品的贸易有促进作用，而国家间关于农产品的标准很容易偏离国际标准。比如兼容性评估过程通常被认为是冗余的。让供给商对产品在国际间一致性进行保证，同时配以适当的监管系统，可以在很大程度上解决这些问题。贸易技术壁垒的成功不仅仅取决于其措施本身，还取决于实施者和实施过程。以打造生产线为例，需要有一个完整的生产系统，包括物理基础设施、电力供给、法律系统和人力资源培养体系。

尽管贸易技术壁垒目前取得了不错的进展，仍旧有许多问题需要反思与解决。进展包括：WTO 贸易壁垒通报已经达成了 60 天批复期的共识；与此同时，APEC 通报的批复期共识也有进展。解决 STC 争端也越来越迅速。比如，与 APEC 成员相关的 STC 有 62.1% 能在一年内解决，89.4% 能在两年内解决。这暗示着 WTO 成员国可以借鉴 APEC 取得进展。问题包括：APEC 贸易通报壁垒通知的批复期通常少于 60 天。70% 的 STC 与向 WTO 通报的技术措施有关，而剩下的则是并没有被通报的技术措施。即便是通报的技术措施，其中仍有许多目的并不明确，它们中 25% 与 APEC 成员有关。此外，1994—2015 年，APEC 成员维持的 226 起 STC 中只有 30 个符合协调制度编码。这意味着仍有必要努力提高贸易技术壁垒协议的合法性和透明度。贸易技术壁垒中非歧视与合法目标的争论仍占有 STC 争端中的很大比例。

在APEC内部的各种分论坛、和FTAs/RTAs协议以及多边贸易体系的基础上，所以APEC有必要发展一个整体合作机制。APEC可以在减少继而取消贸易技术壁垒上做出示范，因为其成员国涵盖了不同经济发展阶段。鉴于APEC内部正广泛地建立与撤销FTAs/RTAs，非歧视与透明过程已成为技术措施的基础。将贸易技术壁垒条款纳入FTAs/RTAs可以推动合作、平等和制度发展。具体来说，在FTAs/RTAs中的条款中可以看出两个对于APEC重要的事情分别是"成立合作、咨询委员会"和"对其他方CAP的双边共识谈判"，次要的两件事是"评估风险"和"工业部门附属说明"。APEC的贸易技术壁垒有一些不同的特征。APEC相关的技术措施在WTO中占比逐渐下降。APEC参与了更多的贸易技术壁垒相关的STC，尤其是那些与早就解决了的兼容性评估过程相关的STC。APEC内部成员多样并且有许多特别合作机构，适于领导全球贸易技术壁垒的发展。其中，GRP对促进实施贸易技术壁垒条款的有效性很重要。具体地说，有三个方向：1. 监管过程中实施更好的内部合作；2. 进行监管效应分析，发现哪些选项对贸易较友好；3. 当一国引入外国生产者和贸易商时向本国公众寻求意见。

本文原题名为"WTO Discussions on Technical Barriers to Trade and Implications for Asia-Pacific Regional Economic Integration"。本文作者NAM Sang-yirl为韩国信息学会发展研究所（KISDI）研究员。本文于2015年12月刊于KIEP官网。

中国崛起及其对跨大西洋关系的影响

Rosemary Foot/文　　张舜栋/编译

导读：中国的崛起在世界范围内造成了广泛的影响，甚至远及大西洋两岸。中国崛起会对跨大西洋的美欧关系带来哪些影响，美欧国家又应该做出哪些应对？本文作者给出了分析。编译如下：

正如无数研究中国崛起的文献所表明的那样，自21世纪初起，中国的崛起已经在全球范围造成了广泛的影响。而长期来看中国的崛起也可能对历史上最为悠久的国际关系之一——跨太平洋关系造成潜在而深远的，甚至是破坏性的影响。由于亚洲在美国的经济与战略规划里占到越来越重要的地位，中国的崛起使得美欧关系日趋紧张，并使得欧洲国家感到不安。同时，这也使得中国采取更为自信和积极的对外政策，试图建立联系更为广泛的中欧政经关系。

那么，在这个中国日益崛起的时代，我们应该如何描绘当今的跨大西洋关系？如今，美国与欧洲的关联性正在日益下降，而随着中国逐渐成为世界最大的经济体，欧洲与中国的联系也正在与日俱增。那么，在这二者的共同作用下，我们是否即将见证欧美关系的逐渐破裂呢？或者，未来是否也可能有截然不同的情形发生？我们是否应该将这些关系中的裂痕视为暂时的现象，而这些裂痕可能随着未来其他国家的发展而得到修复？

要理解这一关系，偶然性与就事论事的分析是非常关键的。毫无疑问，俄罗斯的发展，以及中俄关系的发展对于跨大西洋关系的航向都有影响。同样的，针对西方平民的恐怖袭击的频率也会影响到跨大西洋关系的发展。这些事情都会深刻地提醒美国和欧洲，他们有着基于制度、历史和文化的共同价值。同时，俄罗斯的动作和恐怖袭击的威胁都将提醒大西洋两岸国家，北约是当今世界唯一严肃的跨国安全协约组织，在后冷战时代保持着重要的地位，也在西方世界面临安全威胁时扮演着核心的角色。

就内部层面而言，奥巴马政府自上台以来为美欧关系带来了高度的包容性。与乔治·布什时期相比，欧洲人普遍感到美欧关系变得更加亲密。欧洲国家的政府及民众普遍认同奥巴马政府对多边主义的尊重，以及对诸如气候变化在内的非传统安全领域的重视。如果希拉里接任总统，这样的情绪很可能会继续维持下去。

然而，如果一位更加孤立主义或更加民族主义的候选人赢得2016年美国大选，而欧洲选民选择了更为倾向民族主义的政党，那么我们几乎没有理由期待美欧关系的进一步深化，更难以期待针对国际问题的多边合作。

意外事件、多边关系以及全世界最为高效的多边安全合作机制都提醒着我们，要注意辨别中国的崛起是否真的导致了欧美关系的破裂。但是，正如前文所提到的那样，这样的压力也可能导致曾经一度亲密无间的跨大西洋关系走向越来越严重的分歧，而我们很可能也正在见证美欧关系的历史性转折。

如果中美之间的紧张关系因为诸如台湾问题、海洋主权申诉问题或朝鲜问题转变为冲突，那跨大西洋关系将面临严重的挑战。目前，无论是美国还是欧洲，还没有任何一方有信心判断在这种环境下，美欧的多边关系将走向何方。由于欧洲在亚太地区的战略资源越来越少，美国可能转而寻求欧洲其他国家的支持，包括对华施行经济和外交上的制裁。如果欧洲国家拒绝提供这样的支持，那么美欧关系当中的压力就可能导致关系的破裂。而美国和欧洲在前文中所述的共同性，恐怕将无力挽救趋于破裂的多边关系。

同时，在那些中美关系最为紧张的领域（如网络安全与南海主权问题），欧洲国家必须明确自己在这些问题当中的利益所在。而欧洲和美国也必须研究，这些议题的核心实质究竟何在。欧盟也应该反省，为何在 2015 年 6 月发表的《欧盟—中国联合声明》当中，欧盟没有提及这些敏感议题。总之，欧洲和美国的政府都应该反思，他们之间的分歧是否真的重要，以及在哪些问题上可以包容这些分歧。最起码，正如 2012 年的阿仕顿—克林顿宣言所提及的那样，欧洲国家应该与美国明确建立高端的对话机制，来共同讨论和应对由不断上升的中国影响而引发的各类问题。尽管现在也存在着高峰对话机制，但这样的机制对中国的关注不够明确，以至于常常被诸如利比亚、叙利亚和乌克兰的危机所脱离议题正轨。

在这一针对中国问题的对话机制建立起来之前，美国和欧洲的政府和精英们也应该更加明确地为共同的、和平的、法治的、正统的国际秩序发声。如此一来，美欧双方才可能有效地推进二者的对华政策，并且由此缓解跨大西洋关系当中的压力。

本文原题名为"China's Resurgence and Its Effects on Transatlantic Relations"。本文作者 Rosemary Foot 为牛津大学政治与国际关系系高级研究员。本文于 2016 年 2 月刊于 CSIS 官网。

大规模移民能促进创新和提升生产力吗?

Nuria Boot 和 Reinhilde Veugelers/文　　李想/编译

导读：当前的难民问题引起了广泛讨论，但忽视了移民对东道国长期创新行为和生产力的影响。研究表明这一影响相当深广，但欧洲需要更为完善的信息机制来匹配移民的技术能力与东道国环境，才能利用好移民对创新和生产力的促进作用。编译如下：

历史经验表明，拥有熟练技术的移民通过提升创新和生产力对东道国经济发挥了重要影响，而且这样的影响超过了熟练工移民自身带来的直接作用。知识从移民工人传递给东道国本地工人，这样间接的途径是移民发挥作用的重要渠道之一。然而，研究表明这一过程历时长久，而且其最终影响并非显而易见。移民的技术需要与东道国经济的技术互补，同时东道国自身的人力资本也要强到能够吸收移民的技术，移民和本地人在技术上要充分联系。

一　熟练工移民的影响

Borjas（1994）的理论模型说明，拥有较高生产力并且能够快速适应东道国劳动力市场的移民能够为东道国的经济增长做出重要贡献。这不仅仅包含通过移民自身高生产力的直接作用，同时也包含通过帮助当地人力资本掌握技术的间接作用。

Borjas（1995）讨论了在何种条件下移民能够利于经济增长。当移民的技术与当地工人技术有实质区别，而且移民的技术与当地生产要素互为补充时，可以导致"移民剩余"。但是 Borjas 的研究没有探讨大规模移民对东道国生产力增长的冲击。

二 法国胡格诺派

17 世纪时路易十四宣布胡格诺派非法，造成数以千万计人逃亡其他欧洲国家。胡格诺派以教育良好和技术熟练闻名，而且擅长于纺织。Hornung（2014）分析了这一大规模熟练工移民对东道国生产力增长的作用。其中约 2 万人去往勃兰登堡—普鲁士（当时人口规模为 150 万），约 5 千人去往柏林（占据了柏林人口的 20%）。普鲁士国王弗里德里希·威尔海姆一世，依据技术水平对胡格诺人进行挑选并分配至普鲁士各村镇，这些村镇此前因为三十年战争和黑死病而人口锐减。

Hornung 利用这一自然实验，与 1802 年普鲁士村镇 693 家纺织企业层面的投入和产出的数据结合，发现移民对纺织业的长期生产力水平有积极影响。1705 年胡格诺人比重上升 1 个百分点会带来 1802 年纺织业生产力上升 1.4 个百分点。大部分影响是通过技术转移间接产生作用，带来本地纺织业工厂生产力上升。即使胡格诺移民的工厂没有存活下去，技术也通过培训转移给了当地的制造业工厂。然而，由于普鲁士当地纺织技术的落后和语言问题，这些间接的技术转移发挥作用需要很长的时间。

三 来自纳粹德国的大规模移民

被迫进行大规模技术移民的又一个例子是，20 世纪 30 年代和40年代逃德赴美的犹太难民。到1944年时，美国有超过13.3万德国犹太流亡者，其中大多是城市白领工人，五分之一是大学毕业生。Moser、Voena和Waldinger（2014）的数据记录了这些流亡的德国犹太化学家在1933年之前的专业领域，比较由美国发明家在这些领域和其他领域获得专利的变化情况。作者研究得到当地人获得专利的比重上升了71%，而且也发现了实现这些影响的多种渠道：

（1）移民的到来通过将新的当地发明家吸引到犹太流亡者的研究领域，而不是增加美国既有发明家在这些领域的生产力，来促进美国创新。

（2）移民作为共同发明者在其专业领域越来越活跃地成为专利持有人，尤其是在1940年之后，并且在20世纪50年代也继续了这一势头。

（3）移民共同发明者的共同发明者在1933年之后也大幅增加了他们在其专业领域的发明活动，并且在20世纪50年代和60年代仍然维持了更高生产力的状态。

四　低技术移民的潜在影响

Rachel Harris的初步研究表明，即使在移民只拥有低技术时，大规模移民仍可能对东道国的创新能力带去正面影响。

她以1980年的马列尔偷渡事件（大规模占巴人偷渡前往美国）作为自然实验。具体多少人在这一事件中到达了美国或者顺利在美国定居，并没有准确的信息记录。最可靠的数据来源（Card，1990）说明，在1980年4月份到1981年6月份之间，12万到12.6万古巴人进入了美国的劳动力市场，大约一半人在迈阿密落脚，另一半人在佛罗里达生活。大多数移民的技术能力很低，而且英文也不好。

然而，Harris发现马列尔偷渡事件使得佛罗里达在进入门槛较低的技术上的专利数量有所上升。她认为这可能是因为单个的发明家所面对的低技术劳动力供给上升，因此更能够雇佣他们来做家庭事务、照顾儿童和完成其他劳力活。这使得这些发明家从家务中抽身而出，可以花更多时间在发明创造上，所以专利数会增加。

五 对当前移民危机的启示

从历史的案例研究中可以看到，熟练工移民可能对东道国经济体的生产力增长有深远影响，但这需要移民的技术与东道国经济的需求相匹配。遗憾的是，当前的移民潮仍缺乏可靠的系统性的数据，最新的信息来源之一是瑞典劳动局（Swedish Employment Services），其拥有包含难民教育信息的数据。这一数据显示，2015年，大部分难民的受教育年数少于9年，但占比第二大的教育程度是高等教育。这为移民的技术在长期对东道国经济发挥正面作用埋下了伏笔。

本文原题名为"Can Mass Migration Boost Innovation and Productivity?"。本文作者Nuria Boot为Brugel研究助理，Reinhilde Veugelers为KULeuven（BE）教授和Bruegel高级研究员。本文于2016年2月刊于Bruegel官网。

如何解决主权债务危机

Damiano Sandri/文   张舜栋/编译

导读：国际社会应当如何应对主权债务危机？本文认为，债务危机的溢出效应要求我们采用更小规模的救市方案，以及更大力度的财务整顿改革。同时，国际社会也应当在控制道德风险的前提下，向风险国家提供转移支付。编译如下：

近日的欧元区债务危机激发了一场激烈的讨论，这场讨论的主题，是如何在面临系统性风险的国家内解决主权债务危机。债务重组可能会使私人债权人遭受重大风险，并在国际上引起较大的溢出效应，而这场危机已经将这种风险摆上了台面。以希腊、爱尔兰和葡萄牙为例，有的学者担忧其内部的债务重组可能会引起全欧洲银行业的系统性风险，并触发其他国家债务市场的危机。

一国的救市行动引发全球范围内的溢出效应，这一景象可能在未来的危机当中再次出现。随着世界各国在金融上的联系愈发紧密，以及贸易往来更加活跃，主权债务危机越来越可能危及全球市场的稳定性。这要求我们在两个维度上实施对应的政策。首先，我们必须采取能够控制由救市行为引发的溢出效应的措施。这包括强力的谨慎监管措施，在危机时提供充足的流动性，以及更温和的债务重组措施，如延期偿付。历史经验表明，这些措施都有利于控制溢出效应。其次，倘若上述措施都不能有效控制风险，我们就必须认真考虑国际社会——尤其是有义务解决主权债务危机的国际金融机构的介入。

笔者近期发表的论文提出了一个简洁的模型，这一模型清晰地定义了国际金融机构在解决主权债务危机时所面临的取舍关系。除了根据该国未来的偿付能力向其提供流动性以外，国际金融机构还可以在三种工具当中进行艰难的选择：由该国政府实行财政整顿；对主权债务关系进行债务重组；或者由国际社会提供转移支付。笔者使用这一模型，解决了使得危机国家和国际社会总福利最大化的政策难题。

一 财务整顿、救市行动或是转移支付？

笔者在文中证明，在没有溢出效应时，国际金融机构应仅使用财务整顿和救市行为的政策组合，这将使得危机前的成本最小化，并不会对当事国的经济表现造成负面影响。这是因为，当债权人的价格达到使得债务重组的预期成本与借贷的预期价格边际相等时，救市行为就不会引发道德风险。倘若该国政府采用了鲁莽的政策使得发生债务风险的几率增大，它就一定会受到由主权利差的变化带来的惩罚。而国际金融机构不应该采取转移支付的手段，因为它并未影响主权债务的借贷成本，因此伴随着道德风险。

然而，解决面临系统性风险国家的债务问题则意味着全新的挑战，因为这些国家的救市行动将给国际社会带来负外部性。我们的第一个推论是，救市行动的范围应该尽可能的小，因为救市行为的溢出效应意味着其对社会有害。那么，我们的关键问题就是，应当如何补偿由救市行为引发的减产损失。如果我们排除转移支付的选项，这一补偿就必须来自更多的财务整顿。如此一来，面临危机的国家就必须忍受过大力度的财务整顿带来的后果，来使得国际社会免受救市溢出效应的影响。

因此，为了避免危机国家承担过度的负担，我们就不应仅仅通过增加财务整顿力度来补偿由救市带来的减产，更应该同时引入国际转移支付。而这一问题的关键在于要意识到转移支付带来的道德风险，接受了转移支付的政府更倾向于比最优状态下行事鲁莽。因此，转移支付带来的社会福利关键取决于国际金融机构在预先设定的危机应对框架内所能操作的程度。

图1阐释了最优状态下的危机应对框架。横轴和纵轴分别表示救市带来的溢出效应以及一国的财务需求。国际金融机构应当精确地根据其借款能力确定贷款量。我们观察到，随着溢出效应的增加，减小救市规模，增加财务整顿力度是解决剩余财务需求最有效的方式。然而，假如溢出效应足够大，以至于财务整顿的边际成本达到了转移支付伴随的道德风险的成本，那么，最优的方案就应当是为风险国提供转移支付，以避免过大的财务整顿风险。

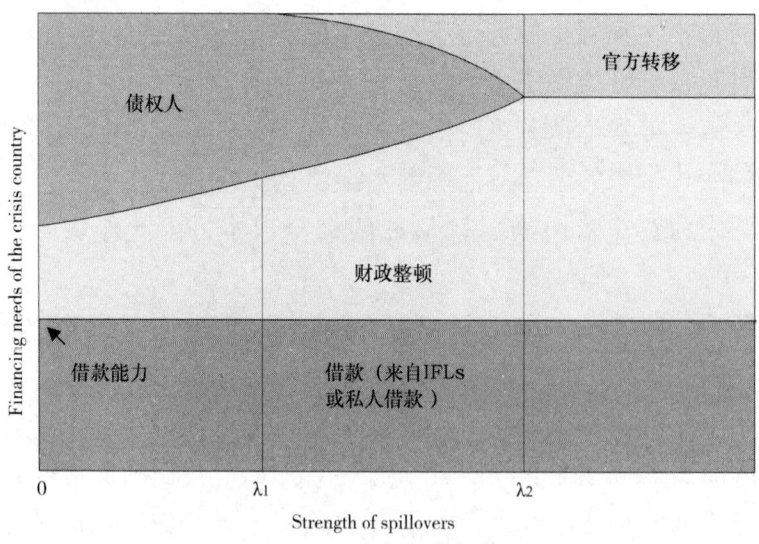

图1　最优的危机应对框架

二 危机国家的福利影响

图 1 中危机应对框架的一个问题是,在根据溢出效应制定政策方案时,这些政策可能引发不同的福利影响,并且引发政治上的反对意见。为了探究这一问题,笔者用图 2 阐释了危机国家的福利影响。

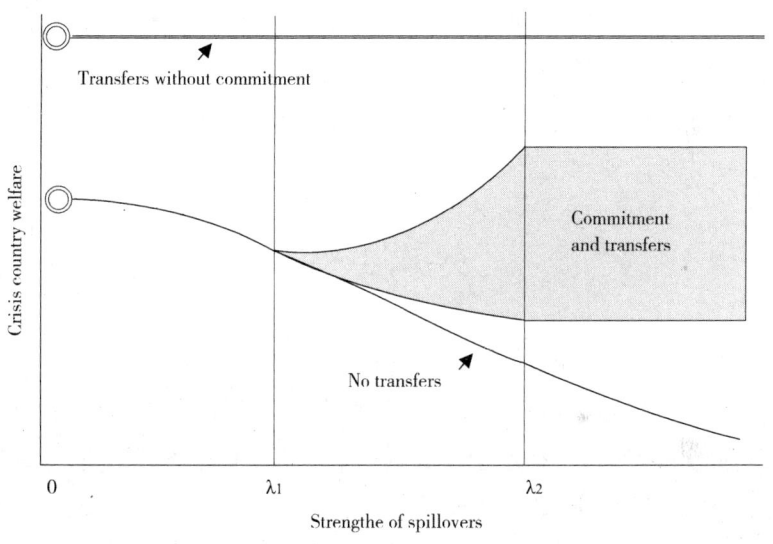

图 2 危机国家的预期福利水平

危机国家福利最大的情形,是国际金融机构无条件提供转移支付。在这种假设中,正如我们之前所论述的那样,国际金融机构将完全通过转移支付的途径补偿救市的溢出效应带来的减产损失,而不要求任何的政府财务整顿。这一方法的代价将是国际社会付出大量资金,同时引发道德风险。与之相反,若国际金融机构完全无法提供转移支付,则危机国家福利最小,此时,任何减产损失都将通过财务整顿的渠道得以补偿。

而当国际金融机构有条件地使用转移支付时（如图 1 所示），危机国家的福利影响就相对复杂了。大多数危机国家都需要忍受更大规模的财务整顿，但也同时受益于转移支付。如果我们忽略不同危机国家间的福利差异，这二者的总效应可能会达到相对的平衡。

而当我们考虑这些差异时，我们必须意识到，不考虑溢出效应的差异，对所有情况都采取同样的解决方案是低效率的。更高效的方案应该是在不同国家之间设计一套体系，来在危机前征收税款和补偿金，从而进一步平衡福利水平。例如，若危机国家的情形变好，我们可以要求其向资金池中支付一笔资金，用于未来危机时的转移支付之用。

三　总　结

为了最小化主权债务危机的国际成本，国际社会应当根据救市行动带来的溢出效应的大小来制定危机应对方案。若保守的政策措施无法控制大规模的溢出效应，我们就应该采用更小的救市方案，同时进行更多的财务整顿。进一步为了避免过度的财务整顿，国际社会应当向面临高风险的国家提供转移支付。为了避免相伴而生的道德风险，国际金融机构必须在预先设定的风险应对框架下行动，从而确保转移支付仅在特殊的，溢出效应尤其高的情形下使用。

本文原题名为"How to Resolve a Systemic Sovereign Debt Crisis"。本文作者 Damiano Sandri 为 IMF 研究部官员。本文于 2016 年 2 月刊于 VOX 官网。

G20结构改革议程需要讨论收入差距和金融系统脆弱性

Guntram B. Wolff/文   张舜栋/编译

导读：全球范围内的收入分配趋势和金融系统的脆弱性令人担忧。本文作者认为，这两个问题事关重大，且影响广泛。为了妥善处理这两个问题，G20峰会有必要将此纳入其讨论议程。编译如下：

传统的宏观经济政策对于稳定全球经济而言一直非常重要，但如今，宏观经济政策已不足以应对当前经济环境的脆弱性和低增长。尤其是，他们现在已不能应对持续疲软的需求，更不要提驱动新的增长了。与8年前全球危机爆发时相比，这些政策所能使用的弹药已经少得可怜。许多大国的货币政策已接近零利率下限，利率已低得不能再低。而财政政策与危机前相比，空间也已非常有限。

事实上，发达国家的主权债务危机已由GDP的70%增长至100%左右。尽管像德国这样的国家还可以通过促进公共投资来拉动基础设施建设从而促进增长，但对于许许多多其他国家，这样的政策由于财政状况的限制已不再可能。事到如今，我们是时候更多关注需求疲软、贸易衰退和经济增长放缓的深层原因了。

第一个问题是收入分配问题。从全球来看，国民收入中劳动所占分配越来越低，意味着经济增长没有带来工人工资的提高，而到了资本所有者手中。

以美国经济中劳动所得比例为例，20世纪70年代时比例为65%，而近年来已经跌破60%。日本、中国和德国也有类似的情况。进一步讲，GDP增量中大部分都累积到了最富裕的5%家庭当中，这意味着我们的经济结构发生了意义深远的变化。毫无疑问，这一现象的驱动因素和深远影响值得G20层级的关注。

这一现象有多种解释，有的认为应归因于技术进步和机器的大量使用，也有的认为是由于全球一体化和政治权利的转移。但无论收入分配变化的原因何在，它都意味着未来总需求和福利水平将会发生深刻的变化。同时，收入分配变化也会影响到跨国企业的资本税，以及全球经济的稳定与繁荣。

第二个问题是关于我们金融系统结构的问题。近期的研究表明，银行业比例过大，证券和债券市场较小的金融系统更容易伴随着系统性风险和低增长，尤其是在房市危机爆发时。对于尚在发展当中的金融体系，只要有正确的结构和足够的监管，金融市场将成为增长和稳定的关键，对于欧盟和中国而言更是如此。当然，有些人认为在低通胀背景下进行金融改革可能带来通货紧缩，但恰当的改革还是会带来正面的效果。

事实上，有些改革可以在几乎一瞬间刺激投资。建立合适的土地登记制度、自由化公路运输业、提高司法系统效率、改善教学设施以及深化市场连接程度都可以对通胀和需求产生正面的效果。实施能够提高生产力的改革能够拉动投资。许多改革都要建立在具体国情的基础上，但重要的结构议题对于所有G20国家而言都是类似的。

针对需求疲软的问题，G20国家应尽快进行刺激投资的改革，并配套相关的宏观经济政策。转变收入分配进程、加强金融系统多样性和弹性应当是结构化改革的核心议题，而在这一点上，高度重视改革的中国是所有国家的典范。

本文原题名为"The G20's Structural Reform Agenda Should Address Income Gap and Financial System Fragility"。本文作者 Guntram B. Wolff 为布鲁塞尔 Bruegel 研究所主任。本文于 2016 年 3 月刊于 Bruegel 官网。

促进全球增长和繁荣的政策要件

David Lipton/文   郭子睿/编译

导读：本文是 IMF 第一副总裁 David Lipton 在华盛顿举行的一个会议上发表的演讲，他认为全球经济复苏疲软，存在下行的风险。各国应该共同行动，综合使用财政，货币和结构性政策，以增强全球金融体系的效率和弹性。编译如下：

世界经济复苏疲软，下行风险明显且风险分布不均匀。IMF 对全球经济的最新解读再次显示，全球经济基本面不断走弱。金融市场波动和大宗商品价格处于低位引发对全球经济健康状况新的担忧，风险也进一步上升。发达国家和新兴市场国家应该合作集体行动，从而应对挑战。

一　全球经济展望

世界经济复苏疲软，不同国家面临着不同的经济风险。欧洲的主权债务和私营部门的资产负债表杠杆率较高，银行面临着巨额的不良贷款。美国与老龄化相关的支出以及基础设施建设缺口影响未来的复苏。日本面临着通货紧缩的风险。新兴市场国家资本支出大幅度下降，私人部门外币债务上升，银行的风险增加。

全球金融市场萎靡大大影响全球经济增长。2016 年，全球股票市场指数平均下降 6%，市值蒸发 6 万亿。一些亚洲国家，如日本和中国，股票市场遭到重创，下跌超过20%。同时，新兴市场国家的货币也非常弱势。

最让人担心的是全球市场对风险的厌恶增加。新兴市场国家资本大规模流出，尤其是中国、巴西和俄罗斯。全球通胀创历史新低，2015年发达经济体的通胀率是0.3%，是金融危机以来最低，新兴市场国家通胀率也远远低于央行的目标。全球经济存在巨大的下滑风险，我们迫切需要采取一致行动。

二　政策重点

（一）增强新兴市场的弹性

新兴市场国家金融脆弱性上升，我们需要增强弹性应对未来的挑战。大宗商品出口商要意识到大宗商品价格也许还会下降。在可控的条件下，增强汇率弹性，缓解负面冲击。完善宏观审慎体系，消除系统性风险。

尽管许多大宗商品进口国受益于较低的通货膨胀，但量化宽松政策可能会受到更严格的外部融资环境约束，在某些国家通胀预期仍然很高。这些国家需要采取加强公共和私人部门的资产负债表，例如，实行能源补贴改革和解决行业的脆弱性。

（二）采用正向政策刺激全球增长

历史告诉我们，我们不能采取零和政策或者消极政策来促进增长。比如，贸易壁垒，资本管制以及竞争性贬值等措施。我们应该集体行动扩大需求，尤其是国内需求，而不是只吸引外需。适宜的货币政策是必要的，但很多国家采取了负利率，这将货币政策刺激需求的作用发挥到极致，但效果有限。

因此，财政政策应该发挥作用。一方面，通过改变财政支出的结构，支持友好型的发展；另一方面，对于有财政空间的国家，应该加大基础设施投资，尤其是存在较大基础设施缺口的国家。基础设施投资不仅有利于经济增长,还存在正面的溢出效应。考虑到全球经济的风险,我们需要妥善处理公共债务问题。

(三) 推进结构性改革

除了需求端政策,我们还要加强供给侧政策。无论发达经济体还是新兴经济体都应该进行结构性改革提高潜在产出。但我们知道,推进结构性改革费时费力,短期内很难取得效果,因此,我们要优先推行结构性改革中易在短期内奏效的。

我们发现,降低产品和服务市场进入壁垒特别有效,因为他们可以在短期内带来收益。此外,改革劳动力市场,如减少劳动力税收,这在经济低迷时期会尤其有效。还需要鼓励创新消除竞争壁垒,精简行政,提高劳动力流动性,加大对教育和研究的投入。这对提高生产力和潜在产出至关重要。出于同样的原因,还要鼓励技术共享。其他关键措施包括进一步整合资本市场,加快国有企业改革,加强公司治理和提高透明度,提高公共投资效率和消除私人投资的障碍。

三 全球共同行动

除了各自采取行动之外,各国也需要共同行动。比如,通过贸易谈判更好地促进贸易一体化。跨太平洋伙伴关系是一个重要的和受欢迎的举措,但我们需要全球基础上的贸易一体化。现在的挑战是建立一个明确的多边贸易体系前进道路,并在全球层面推广。

金融体系也需要我们共同行动。为大宗商品出口商提供新的融资渠道以应对未来的风险。中央银行建立更广泛的互换网络,降低新兴市场国家持有大量外汇储备的必要性,更好的应对资本流动。全球监管体系相互协调,完善宏观审慎体系,应对银行间市场风险以及银行部门外的风险。

四 结论

全球经济仍在复苏,但比较疲软,经济下滑的风险不断上升。2016年年初在中国举办的G20会议就此已经达成共识。现在需要我们共同行动,协调实施财政政策,货币政策以及结构性改革,增强全球金融体系的效率和弹性。

本文原题名为"Policy Imperatives for Boosting Global Growth and Prosperity"。本文作者David Lipton是IMF第一副总裁。本文于2016年3月刊于IMF官网。

贸易大幅下滑的原因与前景分析

Gary Clyde Hufbauer 和 Euijin Jung/文　　张文豪/编译

导读：自2008年金融危机以来，全球贸易总量已连续七年下滑。本轮贸易衰退期的深层原因究竟何在？又有什么方法可以促使世界贸易摆脱衰退？本文对这两个问题给出了分析。编译如下：

第二次世界大战结束后的60年里，全球贸易一直以每年6%的速度稳定增长，而对外直接投资（FDI）的全球总和则在1980—2005年间保持了15%的年增速。然而，自从2007年以来，全球出口贸易发生了显著的减缓，而对外直接投资则由2007年峰值的1.9万亿美元下跌至2014年的1.2万亿美元。自由化政策缺失和保护主义盛行共同造成了贸易和投资的低迷。本文对比了其他分析员的文章，并认为周期性和结构性因素为衰退的主因。在一片针对自由化和全球化的怀疑论中，重振世界贸易回归6%增速和每年2万亿美元对外直接投资的目标看起来遥遥无期。

不同于以往危机，2008—2009年大衰退之后，全球贸易和对外直接投资的表现并不良好。全球贸易与GDP的比值分别在1974—1978、1980—1986、2000—2004年间持平或降低。而自2008年以来，这一比值已经连续七年减低，且不断恶化。这是战后最长的一次贸易衰退期。只有"三T谈判"——跨太平洋伙伴协定（TPP）、跨大西洋贸易与投资协定（TTIP）和服贸协定

（TISA）尽快落实，才有可能在2020年结束本次衰退。

第二次世界大战结束后，在《关贸总协定》的推动下，全球贸易在一波又一波的自由化浪潮中显著成长。而最近的一次协定，是1994年的乌拉圭多边贸易谈判，而这已经是20年前的事情了。这次协定商议的贸易壁垒削减目标已经于2005年完成，而这也代表着由多边自由化带来的投资与贸易增长的终结。然而，1995年到2005年间还有两个事件推动了贸易自由化进程：北美自贸协定（NAFTA）的签署与中国成功加入世贸组织。北美自贸协定几乎完全消除了墨西哥、加拿大和美国间的贸易壁垒。而中国加入世贸组织后，随着其在全球出口贸易中的份额从2000年的3.4%上升至2010年的9.1%，它也必须大幅削减贸易壁垒。

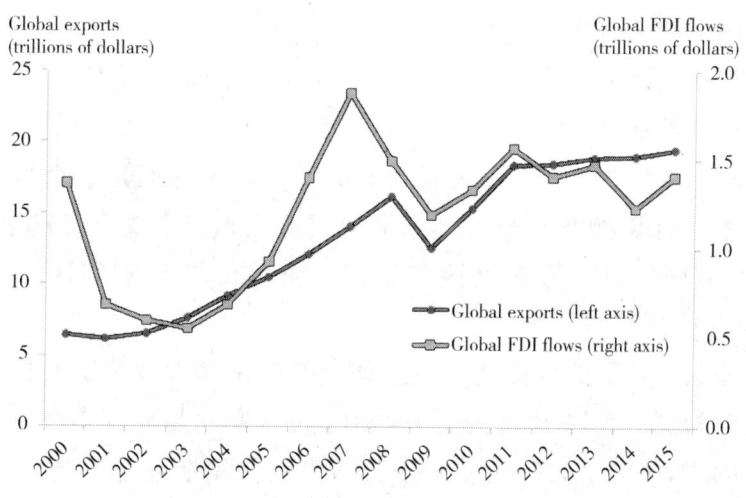

图1　全球贸易与对外直接投资额变化（2000—2015年）
数据来源：联合国贸易与发展会议统计数据及2015年《世界投资报告》。

2001年开始的多哈贸易谈判最终无疾而终。从1979年的东京谈判到1994年的乌拉圭谈判，其间不过15年时间。然而，乌拉圭谈判至今已经20年，而多哈谈判的结果依然渺无影踪。中国、印度、巴西、南非等发展中国家不愿在贸易壁垒问题上让步，而发达国家也不甘示弱。近年来，在贸易自由化领域里主要的成绩是双边协定的落实，如韩美自贸协定。但双边协定毕竟不如多边、甚至区域性协定来得有力。

同时，紧随大衰退而来的，是由核心为创造就业岗位和保护国内公司产业的政治承诺激发的大规模的贸易保护政策，尤其在"购买美国货"和保护国内"山寨"产品的立法方面表现突出。贸易研究网站"世界贸易警报"自2008年以来共记录了超过3500条新的贸易保护政策，其中许多都是由G20国家颁布的，即使他们一再重申要杜绝贸易保护主义。宏观经济学家们普遍忽视了目前全球贸易保护水平的潜在危害性，虽然单个力量薄弱，但是集体结合的效果却是致命的。尽管可见的贸易壁垒还没有被普遍建立起来，但这丝毫不会减弱数以千计相对较小的保护政策所共同引起的恶劣影响。

有些人认为，全球贸易相对于GDP的扩张势头已经走到头了。但这种观点忽略了现有的关税壁垒的负面效应。当前，全球关税水平大约为9%，针对服务业的壁垒水平起码是这个数的三倍之多，而低效率的海关和不足的物流渠道又相当于额外的13到18个百分点。考虑到这些因素，贸易的增长空间还非常之可观。

那么，真正的自由化将给全球贸易带来多大变化呢？让我们以美国为例。2014年，美国国内制成品采购总量大约是制造业总产值的4.25倍，而制成品海外贸易量仅为制造业总产值的1.46倍。这也意味着国际贸易的增长空间还有很大。

近期的研究表明，如果美国的服务贸易也能达到制成品出口的规模的话，其出口额将可以达到销售贸易出口的20%。但由于极高的贸易壁垒，目前这一数字仅仅为5%。类似的数据也适用于说明对外直接投资的扩展空间。全球除美国之外的国家占到世界GDP的77%，但美国公司的对外投资额仅占标普500强公司市值的四分之一。这些数据并不是为了说明未来的世界经济将会在全球化的浪潮下，变成放大版的美国经济。相反，这些对比说明了未来可观的投资和贸易空间，哪怕当下的经济周期并不乐观。

但目前，这样的前景还不太可能发生。发达国家中产阶级收入缓慢的增长和停滞的世界经济都激发了针对自由化的怀疑论。尽管发达国家的中产阶级大多支持自由贸易协定，但全球化的反对者们吸引了更多的关注。在美国，两党的总统候选人都坚定反对新的自贸协定。而在像中国、巴西、印度、印尼和南非这样的发展中国家，尽管它们都从开放的世界经济中受益良多，它们却都没有支持贸易自由化的迹象。就此看来，哪怕各国央行和财政部奇迹般地将财政状况拉出泥潭，重振世界贸易回归6%增速和每年2万亿美元对外直接投资的目标依旧遥遥无期。

本文原题名为"Recession Not Primarily Responsible for Stagnant Trade Growth"。本文作者 Gary Clyde Hufbauer 和 Euijin Jung 皆为彼得森国际经济研究所研究员。本文于2016年3月刊于PIIE官网。

全球经济现状：G20 峰会的关注重点

Ramin Toloui/文　　申劲婧/编译

导读：2016 年 G20 峰会将于 9 月在中国杭州开启。美国财政部全球金融助理秘书 Ramin Toloui 结合了当前全球一些被广泛关注的问题和曾经的"上海共识"，就本次会议上可能出现的亮点做了一些探讨。编译如下：

美国财政部全球金融助理秘书 Ramin Toloui 于 2016 年 3 月 15 日在国际经济研究所发表演讲"全球经济现状：G20 峰会的关注重点"。他分享了财政部对于近来在上海举办的 G20 峰会上讨论的全球经济重要问题的观点，包括如何诠释在最近的 G20 公报中反映出来的各个国家的贡献。

Toloui 于 2014 年 11 月 20 日被美国参议院任命。在加入财政部之前，他从 2011 年起就在太平洋投资管理公司担任全球新兴市场组合投资部担任联合总裁，并从 2012 年开始掌管公司的亚太组合投资委员会。他同时也在财政部有多个职位，包括 2003 年到 2006 年的西半球办公室主任，2001 年到 2003 年的国际事务副国务卿高级顾问，以及 1999 年到 2001 年的中欧、南欧办公室的副主任和国际经济专家。

Toloui 指出，全球未来展望较为光明——最值得注意的就是美国经济。GDP、就业率、私人最终需求都有了较大增长，同时失业率下降到 2008 年以来的最低。

阻碍美国经济增长的最主要因素是海外表现持续遭遇不利，2015年的不利因素使得总体GDP降低了0.6个百分点，2016年也可能继续阻碍发展。

国外需求因素不仅对于美国经济很重要，而且也对全球经济的健康发展起决定作用。近几年，国外需求增长乏力使得世界需要的工作和收入增长无法实现。

欧元区在2015年增长了1.5%，这是2011年来的最高。但是失业率仍然高达10%，说明欧元区内还有大量未被实现的经济潜能。持续低迷的需求增长反映在欧元区的通胀核心指标只有美国的一半。日本继续面临软经济增长和低通胀。在过去七个季度中有四个它都经历了经济紧缩，并且个人消费水平也低于两年前。在国内需求持续不足的形式下，到达日本银行2%的通胀率是非常困难的。最后，新兴市场的疲软是全球增长弱势的关键原因。IMF估计这些经济体2015年增长了4%，比2014年的4.6%要少，标志着连续五年增长放缓。中国在这个群体中收获了最多的关注，因为其正在经历必须面对但过程艰辛的由投资—出口拉动型向消费—服务拉动型经济转变的任务。其他新兴市场国家必须将伴随商品价格而下降的经济和财政压力引领到资本流上来。

因此，这曾经在上海举办G20峰会上是全球经济的重点议题，特别是因为会议紧随着当年年初资本市场的巨大动荡展开。在重新考察过全球经济后，G20的参与者认为当年年初市场的动荡水平没有反映全球经济的潜在基本面，并且我们确实看到了近几周在资本市场的稳定举措。然而与此同时，下行风险的提升和市场的脆弱性也被清楚认知，并且大家承认实现发展目标是当务之急。

在上海以及会后的几个星期的讨论使得G20公报提出两点反映对如何应对全球挑战的全球共识。第一，G20成员加强对促进经济增长的共同行动协议，首次使用"所有的政策手段——货币，财政和结构化——单独地或者共同行动"来保护和推动全球经济复兴。第二，G20成员加强货币政策领域的合作，承诺禁止竞争性货币贬值，不为竞争性目的向汇率开火，并且对于汇率市场保持密切商议。

"上海承诺"标志着重要进展，但是很明显，单凭此无法实现强有力、可持续以及平衡的全球增长。最终必须依赖于成员国家来设计，实施一个与这些承诺一致的政策。G20在中国国内的工作将在2016年9月初杭州的领导峰会上达到顶峰。在此之前，作为G20的成员，在当前和未来都确认并执行那些可以实现并保持全球经济复苏的政策是我们的责任。

本文原题名为"The State of the Global Economy: Highlights from the G-20"。本文作者Ramin Toloui为美国财政部国际金融处的助力秘书。本文于2016年3月15日刊于Peterson全球经济研究所官网。

IMF 对于全球经济的判断及政策应对

IMF/文　　谢晨月/编译

导读：以下概要来自 IMF 工作人员为了准备 G20 财政部长和央行行长会议（2016年2月26—27日在中国上海召开）而作的笔记。编译如下：

在不断加剧的金融动荡和不断下跌的资产价格之中，全球经济复苏进一步走弱。临近 2015 年年末，全球各项经济活动低迷，风险资产估值暴跌，预示着经济增长前景可能更加疲软，这种情况在发达国家更为明显。一些国家的低需求以及普遍疲软的潜在增长一直延缓着经济复苏的进程，以致发达国家的经济增长已低至基线以下。中国经济增长的调整也带来了全球影响，在其他一些大型新兴市场国家当中引发了危险的迹象（如商品价格下跌）。市场风险厌恶情绪高涨，引发了全球股市下跌，并会造成新兴市场国家的外部金融环境更加紧张。这些迹象要求国家间采取强有力的多边政策协调来控制风险，从而推动全球经济走上更加繁荣的道路。

当前全球经济很容易受到负面冲击，因此以上这些变化将给经济复苏带来颠覆性风险。目前，金融市场的动荡以及资产价格的下跌已经使得发达国家的金融环境紧张，这些现象如果持续下去，将进一步放缓经济增长。新兴市场的压力可能会上升，国内市场的缺陷也将凸显。同时，还存在一种风险，即油价的下跌会进一步打击石油出口国，石油进口国的需求也将低于预期水平，从而降低全球增长，并加剧当前的低通胀环境。最后，非经济因素如地缘政治冲突、恐怖主义、难民以及全球流行病的蔓延带来的冲击，如果任其发展，都将可能给全球经济活动带来显著的溢出效应。

在此紧要关头，当务之急是及时提出相应的政策来助力经济增长，确保市场弹性。

1. **助力经济增长**。在发达国家，保持稳定且高速的经济增长需要一套相互配合的供给和需求政策。从需求角度，由于通货膨胀率仍远低于央行的目标，因此宽松的货币政策仍是必不可少的。然而，为了避免过度依赖货币政策，我们需要提出一个全面的方法。特别是，短期的财政政策应该更加支持适度的财政空间，尤其是通过投资来刺激供给和需求。在许多国家，努力促进私人部门资产负债表的修复将帮助改善国内需求以及货币政策的传导。在供给方面，无论是发达国家还是新兴市场国家，可靠而精心设计的结构性改革仍然是提高潜在产出的关键所在。与此同时，不断增强的信心和未来的高收入预期也将带来一些短期需求。

2. **确保市场弹性**。在新兴市场国家，政策制定者应该合理应对宏观经济和金融的脆弱性，确保市场弹性。对于出口商，财政政策的缓冲可以帮助其不断调整以适应更低的商品价格，但重要的是提出财政调整计划，以及新的、更多样化的增长模型。此外，切实可行的弹性汇率制度也可缓冲外部冲击带来的不利影响，即通过临时性的外汇干预来规范市场秩序。确保市场弹性还需要加强监管、强化宏观审慎政策以及解决企业和银行业的脆弱性问题。

同时，还需要大胆的多边合作来促增长、控风险。

1. **国际政策相互配合**。为了支持全球经济活动并控制风险，G20国家必须立即采取行动来补充现有的增长战略，并采取财政政策加大公共投资，刺激需求，实现结构性改革。

2. **加强全球金融安全网络和监管体系**。当前大宗商品出口面临长期潜在风险，新兴市场基本面强健的同时脆弱性也较高，需要考虑改革现有的全球金融安全网络，包括引入新的融资机制。

3. **隔离来自非经济因素冲击的溢出效应**。需要提出一个全球措施来支持那些处于难民和流行病危机的国家，通过多边机构（包括基金）的资金支持，将这些资源运送到最需要它们的地方。

本文原题名为"IMF Note on Global Prospects and Policy Challenges"。作者为 IMF 工作人员。本文于 2016 年 2 月刊于 IMF 官网。

全球风险和 G20 协调的挑战：
中国 2016 主席国期间的增长议程

Stephen Pickford/文   朱子杰/编译

导读：通过在 G20 框架下的协同努力，各国不仅可以将各自的政策对全球经济增长的正效应最大化，也可以克服自身国内的困难。本文关注中国担任 G20 峰会主办国期间可能对全球增长议程施加的影响。编译如下：

早在全球经济增长乏力，新兴市场国家遭遇严重挑战时，中国获取 G20 轮值主办国地位就已经是板上钉钉的事了。这对于中国来说意味着政策上的挑战，但也意味着中国有机会向世界展现其对全球经济增长问题的领导力。

去年，全球经济增速仅为 3% 左右，自全球金融危机最为严重的 2009 年以来，还没有出现过如此低的增长速度。包括中国在内的许多新兴市场国家都面临增速放缓的问题，其中一些国家（尤其是俄罗斯和巴西）甚至陷入了衰退。

造成这一问题的因素有很多。低迷的日用品价格对全球经济增长带来了负面作用，金融市场波动导致企业和消费者对消费都非常谨慎。市场担忧金融系统风险再次加剧，而地缘政治风险和民粹主义也在许多国家开始密集出现。

学界针对当前经济放缓的现象有几种理论解释，其中有"长期性增长停滞"、后危机时代去杠杆化理论，以及新型经济体从出口和投资拉动经济模式转型的理论。对于全球经济而言，低增长可能成为新常态。

为了应对危机，相关国家需要出台更多支持增长的经济政策。G20国家的部长和央行行长们已经承诺将使用包括结构改革、货币扩张和财政刺激在内的一切手段刺激经济增长。但至今为止，还少有行动真正落到实处。

对于刺激长期经济增长而言，结构化政策是非常重要的。但对于短期经济表现而言，结构化政策的效果值得怀疑。在全球经济需求低迷的现状下，急于刺激供给是非常不合理的。货币政策对于刺激增长的作用可能也已经临近其极限，在许多国家，实际利率已经跌破零点，而量化宽松政策的作用也已经很不明显。进一步讲，过于宽松的货币环境也可能刺激市场增加对长期金融稳定的担忧。

目前有不少激进的声音要求更强的财政政策来刺激投资。一些国家与其他国家相比有更多的财政扩张空间，但各国如果在G20的统一协调下，采取步调一致的刺激政策，将使得市场不良反应的风险降到最低，同时最大化对增长的刺激作用。

我们需要一套更加高效、储备资产更为雄厚的全球金融安全体系，来减低全球金融系统的风险。我们需要做更多长期性的工作，来建立一套确保受危机冲击的国家有能力进行债务重组的机制。同时，我们也需要更加重视跨国和各国国内的金融风险。

毫无疑问，G20是确保这些事项得到推进的最佳平台，而这也非常倚重于本届的轮值主办国。中国当然有其自身需要强调的国内经济风险，但与G20国家协调开展国际行动也将有助于其解决国内经济风险。中国应该拥护一系列旨在刺激经济增长的政策，并应该鼓励G20集团国家在金融风险问题上采取行动。当然，中国也应该以身作则，承若采取"非侵略性"的汇率政策，应对其国内金融风险，并且继续努力，解决其金融部门面临的问题。

本文原题名为"Global Risks and the Challenges for G20 Coordination: A Growth Agenda for China's 2016 Presidency"。本文作者 Stephen Pickford 是英国皇家国际事务研究所高级研究员。本文于 2016 年 4 月刊于英国皇家国际事务研究所官网。

2016年：让G20更有效
——基于中国和英国视角的分析

Stephen Pickford 和 ZhaXiaogang/文　　朱子杰/编译

导读：2016年，中国即将主办G20峰会。中国将如何把握这次契机，将G20峰会塑造成更具效力和影响力的机制？来自中英两国的学者对此进行了讨论。编译如下：

尽管完全掌握2016年G20峰会议程的主动权还颇有挑战性，中国在世界经济中的地位让中国可以利用自己的主办国地位确保G20关注最重要的议题，履行G20国家承诺，并且解决当下的全球性挑战。本研究得出了以下结论：

·中国主办G20峰会的这一年，是全球经济面对显著挑战，经济增长继续放缓，许多新兴市场国家陷入衰退的一年，也是制造业部门困难重重，下行压力明显的一年。

·对于解决全球性挑战与重大问题，G20是一个可以发挥至关重要作用的机制。因此，中国作为本届峰会举办国，对于着手解决这些问题肩负有重大的责任。显然，中国的经济体量，发展经验，外汇储备和基础设施建设的经验都将有助于中国高效地行使这一角色。

·习近平总书记指出，中国在峰会中的优先议题将是：改善经济增长潜力，改进全球治理，推动国际贸易与投资，并且落实联合国2030年发展目标。

·为了促使 G20 峰会明确具体的行动方向，中国应该重点关注三大主要领域：促进全球经济增长，支持可持续发展，并推进全球分配平等。

·为推动全球经济增长，G20 国家需要采取行动，切实落实布里斯班峰会上达成的一致意见。不仅于此，它们还需要携手推进基础设施建设和深化结构改革，以更深远地推进这些行动。它们还需要复兴过去的贸易协定，支持国际贸易组织，尤其是 WTO。此外，多边发展银行需要更多地关注支持发展。

·G20 国家同时对支持联合国可持续发展议程也肩负重要职责，基础设施建设和能源是两大关键要素。

·在缩小贫富国家差距的同时，G20 国家也可以在诸多方面推动全球平等：更广泛的国际税务合作及反腐败举措；加强国际安全网络和机制，从而支持陷入危机的国家；改进国际金融机构的治理模式。未来，G20 国家也需要进一步推动 IMF 的机构改革，从而令新兴市场国家拥有更多话语权。

·同时，G20 国家也需要及时反省其机制本身的定位和结构，从而令这一机制更加高效，并确保这将促使全球治理更加广泛的改革。

·当然，这将是一份庞大而富有挑战的议程，但外界对中国的地位富有高度期待，认为中国能够并且将会利用其举办国地位确保 G20 国家行动起来，解决这些问题，并且向世界证明，G20 依然是国际经济合作领域最顶尖的论坛机制。

本文原题名为 "Towards a More Effective G20 in 2016: Chinese and UK Perspectives"。本文作者 Stephen Pickford 和 ZhaXiaogang 分别是英国皇家国际事务研究所高级研究员，和上海国际问题研究所助理研究员。本文于 2016 年 3 月刊于英国皇家国际事务研究所官网。

跨太平洋经济伙伴关系协定的战略理由

John J. Hamre, Michael J. Green, Matthew P. Goodman 等/文
张文豪/编译

导读：TPP 在美国国内引起了很多争论，许多人都对 TPP 提出了反对意见。然而，从重建亚太地区国际秩序的战略高度来看，TPP 就显得尤为重要。本文对这些战略理由进行了分析。编译如下：

美国归根结底是一个太平洋国家。过去 70 年来，我们一直是亚太地区和平、稳定和繁荣的守护者和受益者。民调显示，大多数美国人认为亚太地区比其他任何地区对于美国而言都更为重要。而在亚洲，我们的盟友和伙伴也认为，应对中国崛起的不确定性，他们也更倾向于依靠美国的领导。

美国在亚太地区维护安全与繁荣，关键要靠国家力量的三大基石：第一，我们的盟友关系以及部署在日本、韩国的军事力量保证了潜在对手无法威胁我们盟友的安全，也无法跨越太平洋对我们的本土安全造成威胁。第二，我们的价值观在地区内营造了对开放、法治的国际秩序的共识。今天，亚太地区大多国家都建立起了民主制度——考虑到二战结束后地区内仅有菲律宾和澳大利亚是民主国家，这不能不说是一项伟大的成就。

最后一点，对于许多盟友国家而言也是最为重要的一点，是

我们对扩大贸易和经济合作的承诺。二战让美国人意识到，以邻为壑的贸易保护政策容易导致集权主义横行，并破坏民主与法治。1945年，美国撬开了原先由日本和欧洲国家把持的封闭贸易体系，并基于布雷顿森林体系建立起了讲求规则的开放贸易制度。而这为日后的贸易飞速发展奠定了基础。国际贸易的飞速发展，对于遏制共产主义扩张而言要比美军在越南丛林的牺牲更为有效。越来越多的国家背弃了苏东阵营，并加入了美国领导的国际体系。

正是基于这三大基石，我们才取得了对苏联的胜利。我们与盟友一道以军事力量遏制了苏联的军事扩张，1980年代的民主传播基本肃清了亚洲国家进行共产主义革命的土壤，而开放市场则使苏东阵营的国家纷纷放弃原有立场。同时，这三者意味着美国并不需要独自保证全球的稳定。1945到1975年间，美国占全球GDP比重由50%下降到25%，而美国在此期间的领导力在提升和盟友在扩张。

如今，全球重心再度转移至亚洲。这是一场权力与影响的较量，也是一次规则和制度的竞争。这次，美国必须再度发挥领导力，从而确保开放的亚洲能够使我们的产品和服务畅通无阻，并且确保现有秩序不受来自亚洲内部力量的挑战。

为了领导志向一致的国家，共同维护现有的亚太秩序，跨太平洋伙伴体系（下称TPP）是我们现有最好的选择。TPP是一套综合的，高标准的贸易协定，它将占世界GDP超过40%的12个亚太经济体联合在一起，来共同消弭贸易壁垒，并建立国际贸易和投资的新秩序。

TPP对于美国而言意味着明显的经济利益。一旦获批并得到落实，TPP有望促使美国GDP增速提高0.5个百分点。这些增长的预期主要来源于高质量货物与服务得以向亚洲国家出口。国外对美直接投资也会增长，并增加美国国内的就业机会。

除了削减关税，废除贸易壁垒之外，TPP还会建立一整套有利于美国企业参与国际竞争的新规则。这将进一步保护美国的知识产权，确保跨境信息流动，同时建立起对国营企业力度空前的管制，并确保对劳工权益的保护。

无疑，TPP将确保美国及其盟友重返亚太地区规则制定者的位置上来。同时，区域内也有其他一些贸易协定正在形成。中国已经成立了亚洲基础设施投资银行（AIIB）；亚洲许多国家也正参与区域全面经济伙伴关系（RCEP）的谈判；而这当中的主导者不仅有美国，日本、韩国和中国也在谈判三边自贸关系协定。由于美国的先例，这些新兴的贸易关系更可能追求更大的野心、约束力和开放性。这也正是我们的盟国，诸如韩国或日本，在参与这些谈判时所期望的。然而，由于没有美国的参与，这些协定很可能会以低得多的标准，建立起一套贸易规则。

TPP已经对不想错过其附带经济利益的亚洲国家产生了强大的吸引力。泰国、韩国、菲律宾和印尼已经对加入TPP表示了强烈兴趣，而中国甚至也对加入标准如此之高的协定表示了意愿。可以预见，等到中国面对痛苦的经济转型并且迫切需要市场化改革时，TPP可以有助于他们建立更加开放，更加法治的市场体系。

当然，任何一个亚洲国家都在质疑，为何美国国会会拒绝这样一个要求亚洲国家开放的程度比要求美国自己开放程度大得多的协定。TPP没有通过国会批准，当然不能与1930年的Smoot-Hawley法案（著名的贸易保护法案）相提并论，但同样说明了对美国长远战略利益潜在的伤害。

贸易谈判是非常困难与艰辛的。没有任何贸易协定是完美的，无论怎样的协定都会给具体的公司和个人带来这样那样的损失。但是，考虑到TPP为美国带来的整体利益，我们能够，也应该向公众解释这样的损失是利大于弊的。事实上，大多数美国人都理解TPP为美国经济带来的整体效益：近期，由皮尤公司组织的一份民调显示，超过三分之二的美国人都支持国际贸易。而反对TPP的人不应该过高估计通过TPP对美国出口和就业带来的损失，更别提国会拒绝通过TPP在国际上对美国的领导力和公信力造成的负面影响了。

随着美国和亚洲盟友们愈发警惕对中国的过度依赖，华盛顿现在有机会提醒亚洲国家，在过去的70年里美国很好地领导了这一地区保持秩序和繁荣。正如历史所见证的，亚洲地区的秩序不仅仅是由军事力量支配的，更是由贸易秩序支配的。现在，TPP为我们提供了难得的机会，来巩固我们现有的秩序，并服务于美国及其盟友的共同利益。

本文原题名为"The Strategic Case for TPP"。本文作者John J. Hamre是CSIS的总裁和CEO，Michael J. Green是CSIS负责亚洲与日本研究的高级副总裁，Matthew P. Goodman是CSIS亚洲经济事务的高级顾问。本文于2016年4月刊于CSIS官网。

TPP 六大短板与中国应对

徐秀军/文

导读：2015年5月，历时五年多的TPP谈判宣告结束并达成协定文本。本文从谈判、审批和实施等方面，分析了TPP的六大短板，以及为中国如何做出科学应对提出了建议。编译如下：

自2010年3月跨太平洋伙伴关系协定（TPP）启动首轮谈判以来，谈判各方分歧一直难以弥合，预定达成协定的时间一拖再拖。2015年10月5日，历时五年多的TPP谈判终于在相互妥协中宣告结束，并达成协定文本。但时至今日，TPP仍饱受包括谈判成员在内的世界各国民众的质疑和争议。究其原因，主要缘于TPP存在制约谈判、审批和实施的六大短板。在中国，TPP的负面效应和潜在威胁一直是官、商、学界热议的话题。但作为被排除在这一协定之外的全球最大货物贸易国，中国应充分认识TPP的固有问题，理性应对这一协定实施后可能带来的冲击。

六大短板

战略考虑各不相同。对于美国而言，主导并大力推动TPP谈判，主要基于以下两个方面的考虑：一是作为"重返亚太"、应对亚洲新兴力量崛起、布局亚太秩序的重要手段；二是通过TPP主导未来全球经济治理尤其是国际贸易规则。对于日本和加拿大等国而言，则主要基于维系与美国的传统盟友关系，并借此提升在亚太地区的话语权。而对于越南等东南亚小国而言，加强同美国等经济大国的关系，难掩谋求平衡区域大国关系的意图。作为一项经贸协定，TPP 承载了多种战略目标与诉求，使得各成员不得不努力寻求政治与经济利益的平衡点，大大增加了决策的难度和不确定性。

预期收益出现分化。由于贸易与投资转移效应，TPP 的签订实施将给各成员的实际 GDP、福利、进出口等方面带来一些积极作用。但是，各成员的预期收益却存在很大差异。根据测算，TPP 将导致新加坡包括生产者剩余和消费者剩余在内的福利增加 1598 亿美元，而智利和秘鲁的福利增加不足 10 亿美元，分别为 9.9 亿和 5.9 亿美元；导致越南和新西兰的出口增加 6.6% 和 4.6%，而墨西哥仅为 0.9%。尽管 TPP 能使多数成员的贸易条件不同程度改善，却会导致马来西亚的贸易条件趋于恶化。一旦 TPP 实施，由于各成员收益存在明显差异，很可能成为贸易纷争的隐患。

国内团体得失不均。在谈判阶段，TPP 之所以久拖不决，重要原因之一在于受到来自各成员内部利益集团的压力。尽管高标准的开放政策有利于促进贸易自由化，但给各成员国不同产业带来的影响不尽相同，甚至截然不同。例如，美国的汽车行业、日本的医疗和农业、新西兰的乳业、越南的服务业等都将遭受不同程度地冲击。TPP 给国内不同团体带来的得失不均加大各行业之间的利益分化，也激发了国内受损团体的反抗情绪，并由此形成阻碍 TPP 审批和实施的主要力量。

主权治权存在冲突。与世界贸易组织（WTO）相比，TPP 确立了具有更强约束力的争端解决机制。TPP 要求几乎所有的交易都具有法律约束力，例如确立保护投资者权利的投资者诉国家争端解决机制（ISDM），高于 WTO 的卫生与植物检疫（SPS）标准以及包含了劳工与环境条款争端解决的具体措施。这些规则涉及国家主权范围内的很多领域，在执行过程中，难以完全超越主权界限，并且需要当事国政府的支持与配合。如触及核心利益，很可能导致主权与治权之间的冲突，从而影响 TPP 规则的权威性。

排他性的规则体系。自谈判伊始，TPP 的排他性一直为外界所诟病。TPP 的排他性主要表现在两个方面。一是成员的选择性。作为一个区域性经贸协定，TPP 并非向亚太区域所有成员开放，而是通过邀请和"一致同意"形成一个相对封闭的会员俱乐部，割裂了原来的区域一体化进程。二是规则的歧视性。例如，原产地规则方面，TPP 对于纺织品及成衣实行"从纱开始"（yarn forward）原则，要求成衣产品使用的纱线与布料等所有原物料必须产自成员国，且剪裁与缝合等制作过程皆须于成员国内进行，才能享受关税减免。这虽然在一定程度上保护了成员利益，但这种狭隘的规则不利于全球贸易的自由化。

冲击多边经贸进程。TPP 对全球多边经贸体系的影响主要表现在两个方面。一是 TPP 加剧了全球经贸格局的碎片化。为了应对 TPP 带来的冲击，一些国家和地区开始谋划新的区域经贸谈判，从而启动竞争性的区域一体化进程，由此导致全球经贸格局朝着碎片化的方向加速发展。二是弱化了多边贸易谈判的动力。TPP 的实施生效，首先将降低其受益成员推进 WTO 框架下多边谈判的动力并使多边进程阻碍加大，进而损伤其他国家的积极性。从长远来看，全球多边进程受阻，TPP 成员的利益也将受损。

中国应对

尽管 TPP 给中国带来的负面效应和潜在威胁难以消除，但鉴于 TPP 存在的诸多短板以及由此导致协定审批面临的各种考验，TPP 的冲击往往被过度夸大。无论 TPP 能否顺利实施，着重抓好以下五个方面的工作对于中国应对外部经济风险和冲击，开创对外经贸新局面都不无裨益。

全面深化改革，逐步实现标准升级和规则对接。客观来看，TPP 协定在环境保护、知识产权、劳工权益等方面的部分规则反映了经济社会发展的要求和趋势，值得研究、借鉴和学习。在此过程中，通过标准升级和规则对接倒逼国内改革，加快国内相关政策与产业结构的调整。这既直接推动相关领域的发展与进步，也为适应更高标准的规则奠定基础。

搞好四大自贸试验区建设，打造对外开放新窗口。目前，中国已批准建立上海、广东、天津、福建四个自贸试验区。自贸试验区的建设为发达区域先行先试 TPP 规则、积极应对新一轮全球治理体系调整的挑战以及积累风险防范经验创造了条件，也为中国对外开放打开了新的窗口。12 月 1 日起，四个自贸试验区将先行试点市场准入负面清单制度，这标志着中国在适应新规则上迈开了实质性步伐。

加速双边和区域经贸谈判，化解贸易投资转移效应。对于中国来说，TPP 既有利于美国主导亚太合作进程并削弱中国的区域影响力，又会因其贸易投资转移效应导致中国经济利益的损害。为此，中国应加速推进包括 TPP 成员在内的主要区域和全球经济体的双边和多边经贸谈判，尤其是推动区域全面经济伙伴关系协定（RCEP）、中日韩自贸区以及中美、中欧投资协定谈判取得积极进展，加强同金砖国家等发展中国家的经济合作。

大力推进"一带一路"建设，争取更多实质性成果。与 TPP 不同，"一带一路"建设坚持"合作共赢、开放包容"的丝路精神，涵盖政策沟通、设施联通、贸易畅通、资金融通和民心相通等广泛领域，最大限度地扩大了沿线各国之间的战略契合点和利益汇合点。推动"一带一路"框架下双边和多边合作取得实质性进展，既有利于提升中国对外经贸投资合作水平，也有利于增强"一带一路"的影响力和吸引力。

维护全球多边体系，积极参与多边经贸协定谈判。目前，

WTO 拥有 160 多个成员，WTO 框架下的国际贸易协定构成国际贸易领域的唯一体系。尽管 WTO 多哈回合谈判进展缓慢，但 WTO 在全球贸易体系中拥有不可挑战的地位和作用，以 WTO 为核心的多边贸易体制是贸易自由化便利化的基础，是任何区域贸易安排都无法替代的。同其他很多国家一样，中国既是全球多边贸易体系的受益者，也是建设者和创造者。维护和完善全球多边体系，推进多边经贸协定谈判将使包括中国在内的更多的国家和地区受益。

本文作者徐秀军为中国社会科学院世界经济与政治研究所副研究员。

亚开行与亚投行：有条件的合作？

Robert M. Orr/文   李笑然/编译

导读：亚洲开发银行（ADB）和亚洲基础设施投资银行（AIIB）合作的限制条件是管理体制的不同，双方机构在亚投行的管理模式如何能够提供足够保障方面需要达成共识。作者指出，亚开行和亚投行之间健康的竞争并非坏事，而且还能够促进各自的改革。亚投行的存在将促进亚开行进行更广泛、更深入的改革，从而使得保障政策和项目本身都更有效率。最终，各方都将获益。编译如下：

由中国发起建立的亚洲基础设施投资银行（亚投行）引起多方关注，尤其是美国和日本。一些人将亚投行的建立看成是对二战后建立的布雷顿森林体系霸权的挑战，一些人将其看作亚洲区域势力转移的标志，还有一些人则对亚投行是否会遵循国际监管和公开采购政策表示担忧。

亚洲开发银行（亚开行）

华盛顿和东京对亚投行成立的态度，至少可以说，没那么兴奋。讽刺的是，这不是美国第一次对在亚洲建立多边开发银行提出质疑了。很多人将亚开行看作是日本—美国银行，早在1966年亚开行成立之前，华盛顿就有声音反对亚开行的建立。美国财政部长 C. Douglas Dillon 和美国国务院的一些人担心新成立的区域性多边开发银行将成为像世界银行一样的金融机构。

1965 年在新西兰惠灵顿举办的联合国亚洲及远东经济委员会（现改为联合国亚洲及太平洋经济社会委员会）会议成为关键节点。美国方面对美国代表团的指示是不要对任何国家承诺建立亚洲区域性银行。然而，在最后一刻，约翰逊政府表明的态度是：总统并不见得反对此事。这使得那些认为白宫一定会尽最大努力说服议会同意建立亚开行的政策制定者松了一口气。有了总统的批准，美国成为建立亚开行的主力。如今，多年之后，美国是否会加入亚投行成为人们讨论的话题，美国再一次面临议会是否会默许此事的问题。

时至今日，亚开行是最大的区域性银行。明年，由于合并了硬贷款窗口，亚开行的抵押资产净值将从 180 亿美元翻三番，达到将近 530 亿美元。亚开行的两大股东——美国和日本分别持有大概 15.7% 的股份，之后是中国持有 6.5%，印度持有 6%。大约 70% 的投资组合集中于五个国家，其中就包括中国。中国一方面是亚投行主要的借款方，另一方面又是世界第二大经济体，在开发银行和载人航天项目方面的发展非常迅猛，想要调和这两方面的关系，对美国国会来说并非易事。

亚开行的治理结构

位于菲律宾马尼拉的亚开行包括 67 个成员国，包括了从太平洋岛国到西欧国家的不同成员。由 24 人组成的董事会（Board of Directors）负责向理事会（Board of Governors）汇报。美国的董事是财政部长。董事对亚开行的财务报告进行监督管理、核准管理预算、复核并批准所有的政策文件和全部贷款、股权和技术援助项目。我在亚开行担任了五年多的大使，在此期间我与大使们有过多次讨论，讨论我们是否能够让亚开行支持各种项目，或者讨论在董事会层面支持某个项目，而董事会代表着美国的利益。

董事会设在马尼拉，亚开行的总部，带有着立法机构的性质。在董事会工作经常让我想起20世纪70年代的美国国会议员。

银行的"行政机构"同样与美国政府非常相似。董事会主席一直以来出自日本，类似于亚开行的"美国总统"。6位副总统，由各个选区决定，通常包括一名美国人，类似于内阁官员。下面是总干事，类似于助理国务卿。亚开行还有类似于"听证会"的机制，董事会成员有权力质疑政策和项目。如果一项政策或项目进入由亚开行董事会主席主持的正式董事会会议中的时候，该项政策或项目仍可有少许改动，但会保证其通过。

董事会中的三个国家：日本、中国和美国各有一名执行董事。自1966年起，美国的执行董事是一名大使，这与其他董事会成员不同。其他选区由5—10个国家组成。

这些年间，美国着重于推进亚开行的问责制度，提高透明度和效率，同时在关于美国利益方面争取其他国家的支持。这些目标与其他国家是一致的。

亚洲基础设施投资银行（亚投行）

中国主席习近平在2013年10月访问东南亚期间提出建立亚投行。这一宣布背后的动因是多层面的。一些人怀疑亚投行的建立是为了寻找更多的中国市场机会。日本在建立亚开行的初期也遭受过同样的质疑。还有人推测建立亚投行是出于地缘政治的考虑，从而巩固北京的控制体系。这其中最重要的原因是，中国方面认为，尽管中国力量在强大，并成为世界第二大经济体，但在世界银行和亚开行中却没有充分地被认定为股东，并且没有足够的投票权。换句话说，中国认为他们没有得到与其水平相匹配的机会。

　　一开始，亚投行受到的关注不多。一些人甚至认为它根本不会成立。等到亚投行坚持下来的时候，其他国家已经做不了什么了。亚投行主要关心的问题是管理和保障政策。与一些媒体报道相反，美国的立场并非阻止其他国家加入亚投行，而是说——"如果我们被问起"——这是我们要与北京讨论的问题。

　　围绕亚投行是否应该成立的争论非常激烈，一些国家担心华盛顿或东京将采取措施应对。2014年10月，22个亚洲国家在北京签署了成立亚投行的《谅解备忘录》，亚投行很快成立。英国宣布加入亚投行成为重大时间节点，很快其他欧洲国家也随之签署了协议。日本和美国没有签署协议。虽然在东京和华盛顿有很多人呼吁，但两国在短期内不太可能加入亚投行。

　　从亚投行的信用来看，已经有人开始担心保障政策，并聘请来自其他多边开发银行的人员来起草实际文件。他们将重点放在透明度、问责制、开放性和独立性上。正如亚投行的新行长，前亚开行副行长金立群所说，亚投行将是"精干、廉洁和绿色的"。亚投行的秘书处将包括700名工作人员，比亚开行总部2000名的工作人员少得多。亚投行是否会遵循这些原则还有待观察，因为它在今年一月份才正式成立。一切还得需要实践来证明，但已经可以看到一些积极的信号。亚投行与亚开行和世界银行等其他多边开发银行进行了充分协商。亚投行已经开始寻求由世界银行发起的18个项目和由亚开行提交的8个项目的共同融资。其中的很多项目最早在今年夏季就能通过亚投行董事会的批准。亚开行已经明确表示只要其保障政策不同意，亚开行就不会与亚投行共同融资，然而这似乎并没有阻止亚投行的脚步。

　　亚投行包括58个成员国，与亚开行的侧重点不同，它还包括了教育和医疗等新领域。这对亚开行最适合的基础设施投资领域是一个小拓展，一些人认为亚开行（ADB）实际上代表"亚洲大坝和桥梁（Asian Dams and Bridges）"。这就是说，亚投行将保留基础设施和空间连通领域。

一些人认为亚投行管理上不妥的一点是坚持包括 12 个成员的非常驻董事会机制。常驻董事会显然是不必要的成本，但对于高效监管却是必要的。在亚开行，我和同事们可以在会议上面对面讨论，用几分钟解决问题。邮件和长途电话降低了效率。像加勒比开发银行这样只有大约 30 亿资本的小型多边开发银行可以采取这样的方式，但像亚投行这样庞大的银行很难维持这样的脆弱的管理模式。

尽管一直不承认，但多边开发银行确实带有政治目的。副行长很难纯粹地作出决定。亚开行是这样。亚投行的这种问题也开始显现，欧洲国家有两个副行长的席位，各欧洲国家会去争取。

我们看到亚投行有一些潜在的积极成果。亚洲发展中国家的基础设施建设需求远远超出亚开行和世界银行的供给。只要管理得当，亚投行的加入将受到欢迎。最终，私人投资才是发展和基础设施投资的主力军，但多边发展银行比私人投资释放出更加稳定和安全的信号。

有条件的合作？

亚开行和亚投行的合作将会受到管理模式的约束吗？我认为至少一开始会。因为亚投行的管理模式如何充分支撑保障政策对于亚开行和世界银行非常重要。各多边开发银行之间互相协调至关重要，如果政策选择不同，就很难互相协调。亚开行在环保问题上的要求将高于亚投行。

两家银行间的正常竞争并非坏事，并将对两者的制度改革起到催化作用。我认为亚投行的存在将促进亚开行进行更广泛、更深入的改革，这是很多股东多年来主张的事情。从而使得保障政策和项目本身都更有效率。最终，各方都将获益。

全球治理　　179

本文原题名为"The Asian Development Bank and the AsianInfrastructure Investment Bank: conditionalcollaboration?"。本文作者 Robert M. Orr 在 2010—2016 年任亚洲开发银行美国大使,太平洋论坛 CSIS 董事会成员。本文于 2016 年 5 月刊于 CSIS 官网。

IMF：全球经济前景及未来政策选择

IMF/文　黄杨荔/编译

导读：近期，全球经济表现出一些好的迹象，有望回归更强大、更稳健的增长路径。然而，当前的政策反应仍有所欠缺，需更进一步。货币、财政和结构性举措可以"三管齐下"，以提升实际和潜在增速、避免衰退风险、增强金融稳定性。编译如下：

全球经济在温和扩张，但去年10月份以来经济前景进一步衰弱，并且风险上升。全球经济已被长期的过慢增长所伤害，以此增速难以实现经济持续复苏，以达到更高的生活水平、更低的失业率和债务水平。然而，最近公布的一些数据显示情况在好转，油价更坚实，中国资本外流压力下降，以及全球主要央行的行动都有助于改善市场情绪。基于这些积极的趋势，全球经济能够回归更强大、更稳健的增长路径，但当前的政策反应需要更进一步。各国必须加强对全球经济持久增长的承诺，并采取更有力的政策组合。货币、财政和结构性举措可以作为良性的"三位一体"，以提升实际和潜在增速、避免衰退风险、增强金融稳定性。为此，IMF将帮助各国确认政策空间，构建适当的政策并建立实现这些政策的能力，为政策实施提供强大的金融支持，协助成员应对新的挑战。

现状：全球经济前景进一步衰弱、风险增大

全球经济持续复苏但力度减弱。大宗商品价格下跌对进口国的积极影响低于预期，大宗商品出口国被迫在更恶劣的环境中调整经济发展。尽管如此，贸易条件的改善推动全球失衡状况好转。

发达经济体的复苏受制于需求疲软和潜在增速放缓，部分源于未解决的危机，以及不利的人口结构和生产率的低增长。作为全球增长的主要动力，美国的增速趋于平缓，部分源于强势美元的压制。低投资、高失业率、糟糕的资产负债表以及最近新兴市场的疲软需求压抑了部分欧元区国家的增长。在日本，经济增速和通胀弱于预期，反映出私人消费的大幅下滑。

危机以来，新兴经济体对全球增长贡献巨大，但现在却持续降温，主要源于巴西和俄罗斯的深度衰退、发达经济体的温和复苏、中国经济再平衡带来的风险和金融条件的收紧。中国正在进行的结构转型将继续拖累经济尤其是制造业的增速，但或能使增长更可持续。印度仍是特殊的亮点，实际收入与信心的持续上升提振国内需求。东盟五国——印尼、马来西亚、菲律宾、泰国和越南也仍在强劲增长，而墨西哥、土耳其保持稳步增长。发展中国家经济活动总体较弱，受制于不利的外部环境。

金融市场波动和避险情绪加剧，引发金融条件收紧，反映了经济、金融和政治风险及对政策有效性的信心下降。新兴市场脆弱性不断上升，发达经济体的不良贷款等遗留问题和市场流动性的系统性下降是关键的挑战。在此背景下，尽管近几个月全球经济实现了部分修复，全球金融体系仍不稳定。

居高不下的失业率、高负债、低投资叠加危机后生产率增速的下降拖累了部分国家的经济增速。发达经济体的公共投资活动仍在历史低点，新兴市场和发展中国家则有大规模的基础设施缺

口。公共投资的效率还有提高空间。贸易增速大幅放缓，贸易渠道的溢出效应减弱，加剧全球经济疲软的风险。地缘政治冲突、恐怖主义、难民流动、英国退欧的可能性和全球性流行病的冲击通过直接和间接的经济作用使全球环境进一步复杂化。

政策挑战：强调对增长的承诺叠加"三管齐下"

对发达经济体而言，货币政策维持适度宽松的格局。在产出缺口为负、通胀太低的当下，这一立场需要保持。然而，货币政策需要其他政策提供必要的需求支持，并且无法解决结构性增长的瓶颈。非常规货币政策有助于提振需求，虽然低利率甚至负利率可能对银行盈利能力存在直接负面影响。在新兴经济体中，货币政策必须应对货币贬值对通胀和私人部门资产负债表的影响。适当的汇率弹性应被用于缓和贸易条件变化带来的冲击。

有充足的理由对国内的政策进行协调，某些情况下财政政策需要做更多的工作。虽然一些国家仍然面临高负债、主权利差扩大、公共部门储蓄低的困扰，需要实施财政整顿计划，但是，那些财政空间尚存的国家应致力于进一步放松财政政策，这不仅对它们有利，也能提振全球需求，加拿大就是这样一个利用财政政策的国家。这一举措也有助于促进全球经济再平衡，包括那些财政空间很小的国家在内，所有国家都可将更有利于增长的收支结构作为财政目标，尤其在某些国家增加基建支出，从而为经济增长做出贡献。

除了财政政策，还需要结构性改革以提高生产力和潜在产出。财政空间尚存的国家应该充分利用需求刺激政策和结构改革之间的协同效应，二者可以相辅相成。结构性改革与内生的财政刺激，比如降低劳动税、增加研发投入、推出积极的劳动力市场政策，能产生积极的短期影响。鉴于经济体结构的多样性，各国应将结构性改革列为优先举措，并根据不同经济发展阶段和制度力量加以开展。对大宗商品出口国和低收入发展中国家而言，推动经济多样化和结构转型的政策必不可少。

还需防止对过度阻碍金融服务可得性的去化风险，包括相应的银行关系。各国应采取进一步措施，以加快私人部门资产负债表的修复，避免长期的杠杆去化削弱货币政策的信贷渠道、抬升不确定性，并对冲经济周期的影响。至关重要的是，欧盟的银行业联盟将完成大厦构建的最后一步——共同存款担保机制，并共同致力于降低银行系统风险。持续实施并完善全球监管体制的改革进程仍需进一步推进，包括将影子银行部门转变为稳定的、以市场为基础的融资来源，以及提高市场流动性稳定程度等方面的政策。

各国都应承诺采取一系列政策行动——这取决于可用的政策空间，以为全球的一揽子改革添砖加瓦，从而提振本国和全球经济增长。货币、财政和结构性改革"三管齐下"可以成为良性的"三位一体"，相辅相成以降低稳定性风险。此为，还需要开展全球合作，比如强化调整和改善流动性的机制、促进全球贸易、解决腐败问题、推动监管改革议程等。

本文原题名为"The Managing Director's Spring Global Policy Agenda: Decisive Action, Durable Growth"。本文为 IMF 2016 年春季全球政策议程。本文于 2016 年 4 月刊于 IMF 网站。

区域战略挑战与东亚峰会

Dang Cam Tu/文   张文豪/编译

导读：南海地区的紧张局势吸引着世界的目光，也向我们揭示了如今东南亚地区大国战略利益冲突的复杂局面。如何在各方利益之间寻求平衡，建立一套能有效协调不同国家诉求的机制？作者认为，东亚峰会是我们拥有的最好的选择。编译如下：

在亚太和东亚地区，中美之间日益增加的纠纷已经成为了事关地区安全和稳定的重要议题。而地区安全论坛，尤其是东亚峰会（EAS），则可以帮助缓和日益紧张的战略冲突带来的负面影响。我们可以从三个角度分析这一作用：东盟的角度、整个亚太地区的角度，以及对中美两国的角度。

中美两国间日益紧张的气氛，对东盟而言意味着三大挑战：首先，如果中美关系滑向对抗的局面，东盟将被撕裂，并再度成为大国对峙的前沿。这将彻底毁掉东盟近半个世纪以来的外交努力。其次，如果东盟的内部凝聚力遭到破坏，那么它在地区合作和稳定中的作用就会被大大削弱。事实上，外界已经开始质疑，随着大国纷纷开始干涉东盟在地区多边事务中的决策，东盟是否还有能力加以适应和应对。最后，在这种情景下，东盟是否有能力处理好东亚峰会与会国相当分歧的诉求，并平衡诸方的既得利益，也值得怀疑。从战略高度来讲，对东盟而说最好的局面是使各国在东亚峰会的机制内，依照由东盟制定的规则进行角力，而非游离于东亚峰会机制之外。

这些挑战正在考验着东盟的活力,但也同时令各成员国意识到,它们必须携手使东盟保持团结,并始终处于东南亚事务的核心地位。东盟肇始于冷战时期东南亚国家对大国介入地区事务的排斥心态。这启示我们,来自外部环境的力量将促使东盟国家走向团结。东盟国家深知,作为边缘和地区小国,如果单打独斗地深陷大国角力的丛林当中会有怎样的下场。而通过建立东盟,它们如今已能够熟练地在大国竞争当中保持平衡。而去年12月成立的东盟共同体(ASEAN Community)则标志着,东盟国家如今已能够成熟而团结地在地区事务中发挥作用。基于如此高度的成就,东盟国家已经很难放弃这一高度成熟的地区体系。

如今的东南亚事务中,无论是美国、中国、俄罗斯,还是日本或印度,都无法发挥地区领袖国家的作用,这也更加要求东盟国家加强东盟机制的作用。换言之,东盟是大国角力和纷争的受益者。这么说来,大国竞争反而是加强了东盟国家的向心力。

东亚峰会可以从两个方面表达东盟国家对大国角力带来的挑战的看法。首先,东亚峰会被认为是东盟国家所达成的最为显著的一项外交成就,在这一由东盟国家建立的机制下,各国得以共同讨论立场及利益,这在东南亚地区还是独一无二的。因此,维系这一区域安全体系对于彰显东盟国家的团结统一而言是至关重要的。其次,东亚峰会机制所推行的规范、理性地协调国家间利益的原则,对于保护地区内小国不受强权践踏也有着重要的意义。

中美双方都在通过推行由它们所领导的地区双边和多边协定来争夺更大的影响力。然而,它们之间的战略竞争也使得地区的未来变得疑云密布。如今,各方对中国未来的发展和力量投射都有许多猜测,而对美国的能力和可信度也日益怀疑。中美间的战略互疑也在与日俱增,双方都在怀疑对方的远期企图。由于中美两国在这一地区的支配地位,以及各国的战略立场和对中美政策的认知各有不同，因此中美间的战略互疑也增加了地区内国家的互不信任情绪。

因此，这种国家间互相疑虑的情绪也迫使东南亚国家转向东盟机制，来重构相互间的信任。东亚峰会对于地区小国而言也因此变得更加重要，因为这些国家既不想看到中美双方在地区内展开争霸，也不想在双方之间选边站，因为这样会限制其战略选择的空间。实际上，它们更想看到的是一套以东盟为中心的，基于规则和程序的地区秩序。因此，东亚峰会实际上是世界上唯一能够实现这一愿望的体系，因为它涵盖了包括中美在内的所有国家，并且它们在这一点上有广泛共识。于印尼巴厘岛召开的第六届东亚峰会，就是这一雄心最好的见证。从某种意义上来说，东亚峰会为传统的美国和新兴的中国提供了交流和沟通的平台，并确保它们在东盟的协调下妥善磋商双方的利益安排。

即便是对于中美双方争夺战略利益和影响力的目的而言，东亚峰会的机制也非常重要。对华盛顿而言，永恒不变的战略目标当然是阻止中国威胁其支配地位。然而，美国完成这一目标的方式是竞争加合作，换言之，华盛顿通过邀请中国在美国支配的体系中发挥更大作用的方式，来达成阻止中国挑战的目的。东亚峰会恰恰提供了这一契机，为中美开展地区合作提供了可能。而对于中国来说，亚太和东南亚地区是其扩展战略影响力最先面对的障碍。因此，参与东亚峰会既可以避免其成为美国一家独大的体系，又可以最大限度地借此发挥中国的影响。因此，对于中美双方而言，东亚峰会都是一个难得而宝贵的平台。

总之，随着紧张情绪的蔓延，东南亚国家普遍有单边、双边和多边的利益诉求。而东亚峰会正是一个能够表达几乎所有国家需求的沟通机制。由于建立新沟通机制的交易成本，东亚国家逐渐发现继承和发展现有的东亚峰会体系才是最优的选择。当然，如何提高这一机制的运行效率，依然是一个有待解决的问题。

本文原题名为"Regional strategic challenges and East Asia Summit"。本文作者 Dang Cam Tu 是越南外交学院地区与外交政策研究中心主任。本文于2016年5月刊于 CSIS 官网。

欧盟创新的分化

REINHILDE VEUGELERS/文   李笑然/编译

导读：本文认为欧盟各个成员国之间创新分化严重，一方面源于企业研发投入较低，另一方面源于公共研发与私人部门不能共享。尽管政府采取了很多鼓励创新的政策，但并没有解决创新分化问题。作者建议应该提高创新政策的针对性。编译如下：

与世界其他主要经济体相比，欧盟的创新能力相对落后，且追赶速度非常缓慢。欧盟的整体创新能力与其各个成员国的创新分化有关。欧盟各个成员国之间的创新分化显著而又持久。在2008年之前，各个成员国创新能力趋同的速度就开始放缓，现在基本处于停滞状态。

欧盟创新的滞后主要源于企业研发投入过少。另外，欧盟各个成员国之间的公共研究体制悬殊较大。尽管公共研发具有集群效应，但公共研发如何与私人部门共享才更为重要，这有助于企业创新。就公共部门与私人部门的联系而言，欧盟各个成员国之间的这种联系不但没有加强，反而更加弱化，差距越来越大。

欧盟创新的分化并不是简单的东西方分化问题。爱沙尼亚和斯洛文尼亚要胜过其他中东欧国家。南北方分化一直非常显著。中欧和东欧国家的创新正在逐步赶上，尤其在公共研究体制方面，差距在慢慢缩小。但欧盟的南部国家创新很少进步，差距也没有缩小。

自金融危机之后，欧盟各个国家在研发公共支出占 GDP 的比例分化增加。创新引领的国家取得了长足的进展，但追随者一直未能跟上，导致这一缺口越来越大。在高财政整顿的国家这一缺口更加明显，但所有的高财政整顿国家这一缺口并不一致。

如果观察欧盟国家实施的有关创新的政策工具，会发现尽管各国创新分化，但采取的政策非常相似。大多数的欧盟国家会把资源贡献给企业来支持研发投入。那些创新引领型的国家还会大力支持公共部门和私人部门之间联系共享。但整体来看，这些鼓励创新的政策并没有解决创新分化的问题。证据表明政策的效果取决于一系列综合因素。其他因素包括政策的适用性，没有放之四海而皆准的方法，风险等因素。

我们建议还有一些辅助政策有利于减小欧盟各国的创新分化。就预算而言，成立结构性投资基金，弥补财政整顿国家的不足；把欧盟 2020 策略当作一个平台，各国分享交流鼓励创新的政策；事前深度分析创新政策，提高创新政策的适用性，增强创新政策与创新能力水平之间的联系；事后评估创新政策的效果。

本文原题名为 "The European Union's growing innovation divide"。本文作者 REINHILDE VEUGELERS 为 Bruegel 研究员。本文于 2016 年 4 月刊于 Bruegel 官网。

"巴拿马文件"泄露事件的启示

Pia Hüttl, Alvaro Leandro/文   张舜栋/编译

导读：巴拿马文件的泄露引起了关于国际金融监管和税基侵蚀的讨论。本文解释了海外避税的机理，并讨论了这些问题。编译如下：

Zucman 在他于 2013 年发表的文章中解释了通过离岸银行和空壳公司进行避税的运作机制。离岸金融中心的核心业务是帮助避税人投资海外资产，而银行则起到了中介作用。Zucman 利用瑞士的数据研究发现，通过在瑞士开设的账户，外国投资者确实控股了一部分美国资产，但更多的是卢森堡和爱尔兰的基金，这相当于投资了全球各地的资产。

对于一位来自法国的避税者而言，通过瑞士账户投资卢森堡的基金真是再好不过了：卢森堡并不对跨境投资征税，因而避税者可以获得全额的利润。而由于法国当局与瑞士银行并不交换信息，因此通过这种方式法国避税者又可以免除一大笔个人所得税。

瑞士银行拥有一种独特的，可以由代理人办理的存款账户机制，被称为委托存款。由于这种存款无法被用作交易中介，因而对于企业而言是没有意义的。而瑞士银行则在客户的委托下，使用委托存款在外汇市场进行投资。严格来说这种存款所有的利息都是由外国人支付给存款人的，而瑞士银行仅仅是中介而已，因

而也就不适用于瑞士国内35%的雇佣税范畴。

Zucman向我们证明，绝大多数瑞士的委托存款都是由设立于避税天堂（如巴拿马、列支敦士登和英属维京群岛）的空壳公司持有的。他认为，只要你明白了空壳公司的设立目的，你就明白其实瑞士银行开设的绝大多数委托存款账户都来自富裕国家，尤其是欧洲国家的公民。

Gillian Tett在文章中表示，如果说有什么议题是苹果的CEO蒂姆·库克会赞同唐纳德·特朗普的，那一定是企业税务。彭博社的一项调查显示，美国企业的海外现金流多达2.1万亿美元。而根据特朗普的税务方案，美国企业将得以把海外的利润以低得多的税率收回国内，只要这些钱"用于美国国内的建设"即可。

作者认为，曾经一度令人乏味的税务大辩论可能在明年就会结束。在理想的假设中，企业税率应该低到足以让流通在海外的资金回流的地步。然而在真实的世界里，哪怕只是收回10%的海外资金都能够大大改善一团乱麻的国际税务合作纠纷，以及美国国内的基础设施建设情况。

2003年，欧盟通过了《存款指令》，从此，包括瑞士银行在内的离岸银行不得不对欧洲公民名下的账户利息收入扣除应征税部分。Zucman指出，这一指令只对欧洲国家公民实名开具的账户有效，而使用空壳公司则可以轻易避开这一限制。他通过研究发现，欧洲国家公民名下的委托存款数量，与空壳公司名下的账户数量有明显的负相关关系。尤其是《存款指令》生效后，欧洲居民的反应尤为明显。当年瑞士的委托存款账户中，开具在欧洲国家公民名下的数量锐减10%，而空壳公司名下的则暴增8%。

正如《纽约时报》所指出的，巴拿马文件也向我们揭示了现代艺术品市场的秘密。NourielRoubini在2005年表示，艺术品市场在日常交易中存在大量内幕交易问题，其价格极易受到拍卖环节保证金的操纵，同时也极易通过在家族成员中传递的方式避税，因此亟须加强监管。他指出，艺术品市场在美国之所以如此扭曲，重要原因是优惠的税率政策。内幕交易的问题也需要加以矫正，因为同样的现象在其他市场中无疑是非法的。他也补充道，当今的艺术品市场如此不透明，而商品又难以被市场价格所衡量，因而市场有"繁荣、狂躁与泡沫"的倾向。

Daniel Hough 认为，巴拿马文件的泄露是我们改革早已漏洞百出的税务体系的绝佳时机。英国首相卡梅伦今年五月将在伦敦主持召开一次国际反腐峰会。作者表示，这次峰会可能会流于形式，但也有可能成为严格监管海外避税的绝佳平台。同时，这也将是一次切实落实避税法律的良好机会。巴拿马文件对于监管部门而言，完全可以被视作加强国际金融监管的警钟。

Zucman 补充说，打击滥用空壳公司最好的方法就是通过在美国推行综合登记制度，全面记录美国地产和金融资产的实际控制人。这对于推动金融透明，打击洗钱行为、恐怖主义活动融资和避税无疑是非常有效的方法。目前实行的登记制度仅针对房产和土地资产，我们也同样应当建立针对证券、债券、基金和衍生品的登记制度。《经济学人》也赞同税务机关建立一套针对全方位资产的综合登记制度。为了推行这一方案，政府可以先从起诉海外避税行为开始。

Richard Ray 认为，许多受益于离岸金融中心的人——包括成千上万领退休金的普通人，都没有意识到自己在国际金融中的重要角色。离岸金融中心促进了国际贸易、投资、经济增长和就业。而他引用 OECD 的调查报告显示，起码是对于英国而言，离岸金融中心的透明度都是不错的。Ray 还表示，英国离岸金融业务的吸引力恰恰来源于广受认同的英式法律、法庭和职业精神。正是这些制度安排使得投资者有充分的信心，将自己的资产存在这些地区。

而 Zucman 则反驳说，离岸金融的存在不仅减少了政府收入，而且损害了公共服务，它也同时导致了企业不容忽视的浪费现象。全世界每天都有成千上万的人为了规避所得税而进行大量的法务和行政工作，这无疑造成了巨大的浪费。与其让企业通过海外避税的方法增加有限的收益却降低政府税收，还不如政府主动降低法定税率让渡利益给企业。

本文原题名为"The implications of the Panama Papers"。本文作者 Pia Hüttl 和 Alvaro Leandro 为 Bruegel 研究所的资深学者。本文于 2016 年 4 月发布于 Bruegel 官网。

经济政策

美联储非常规货币政策未见成效

James A. Dorn/文 徐博立/编译

导读：2015年12月16日，美联储宣布加息，将联邦基准利率提高了25个基点。本文作者认为，尽管美联储的货币政策开始正常化，但美国仍应彻底反思过去七年里所实施的非常规货币政策，并考虑在未来进行货币体制改革。编译如下：

美联储长期坚持的非常规货币政策最近开始放松。近日，联邦公开市场委员会将基准利率提高了25个基点，这是七年来的首次调整。新的联邦基金利率目标范围从0%—0.25%调整到了0.25%—0.50%。

这一举动并未对金融市场造成剧烈冲击，美联储也向市场保证，未来若有潜加息措施必将逐步进行，并且会视经济状况而定。美联储主席耶伦指出，当下美国正经历适度的经济增长、较低的失业率、温和的通货膨胀，此次加息时机成熟。

联邦公开市场委员会在报告中声称，此次加息并不影响美联储继续采取宽松的货币政策。美联储会继续将其到期的机构债券和机构抵押贷款进行再投资，其4.5万亿美元的资产规模不会缩水。通过量化宽松、增发基础货币、抑制利率等政策，我们可以看出美联储一直在努力维持宽松的货币政策。但事实上，在过去的七年里，基础货币的快速增发并未能转化为货币总量或名义收入的强劲增长。货币乘数处于历史性的低谷，消费价格指数也一直疲软。与此同时，真实经济的增长情况却令人失望，本轮复苏实际上是大萧条以来最缓慢的一次复苏。

除此之外，美联储过去七年里的非常规政策还鼓励了风险行为，制造了资产泡沫，使得信贷错误配给，惩罚了储蓄者，加剧了贫富分化，抑制了私人投资，从不同的方面阻碍了经济的增长。然而，美联储的报告却对这些阴暗面避而不提。

不仅如此，美联储还承诺将在2016年提高通货膨胀率，向2%的目标迈进，似乎觉得经济增长所带来的低通缩是不好的。美联储将通过逆回购来暂时性地从银行体系中吸收储备金，对准备金支付的利率也从0.25%提高到0.50%。美联储每年支付的储备金利息大约为60亿美元，从此以后这个数字将会翻倍。但事实上，美联储的这一举措并不利于其将高能货币注入到经济系统中。银行可以通过持有准备金的方式从美联储获得无风险的回报，这会降低银行将货币注入到实体经济中的动机。关键在于，美联储的报告中对此事也避而不提。

因此，尽管美联储开始回到正轨，使利率正常化，我们仍不禁要问：为什么美联储的非常规货币政策未能带来稳健的经济增长？由于美联储自身的政策失误，货币政策的传导机制已经失效。正确的做法应该是，由市场来决定利率，与此同时，货币政策也应以降低经济不确定性作为目标，避免成为援助破产金融机构的工具。

正因为如此，我们需要重新审视货币政策，设立"世纪货币委员会"来评估美国当前的货币政策并评估其他潜在的货币体制（该提案已在美国国会获得通过）。正如弗里德曼所言，货币政策太重要了，以至于我们不能将它交给央行来决定。

本文原题名为"Unconventional Fed Policy Hasn't Paid Off"。本文作者为CATO高级研究员。本文于2015年12月17日刊于CATO网站。

中国关于清洁能源的承诺仍显模糊

Jan Zilinsky/文　　伊林甸甸/编译

导读：中国在巴黎气候大会上做出了控制气候变化的承诺，但前景如何依然备受世人关注。本文梳理了中国能源结构的现状，并从外贸的角度对中国未来的环保政策提出了建议。编译如下：

在第二十一届联合国气候变化大会的演讲中，习近平一开始就强调了中国经济发展中诸多讨人喜欢的数据，他表示："中国的可再生能源总量占世界总量的24%，新增可再生能源占世界增量的42%。"那么，这些数据是否准确地描绘了一个更加清洁的中国能源形象呢？

与其他大型新兴经济体相比，中国对清洁能源的投资确实很有意义。2014年，中国全年发电量中有15%来自可再生能源（见图1）。过去十年间，中国入网风电发电量增长了90倍，水电发电量增长近一倍（大型水电项目不进入图1的15%中）。初级能源消费（未被转换或转化的能源）中非化石燃料的消费相对稍低，大约为11%。

总体来说，与其他国家相比，中国看起来是一个"更绿色"的经济体，正如习近平的讲稿所描述的那样。与其他金砖国家——巴西、俄罗斯、印度和南非相比，中国可再生能源的发电量几乎是巴西全国的发电量，或相当于俄罗斯不可再生能源的发

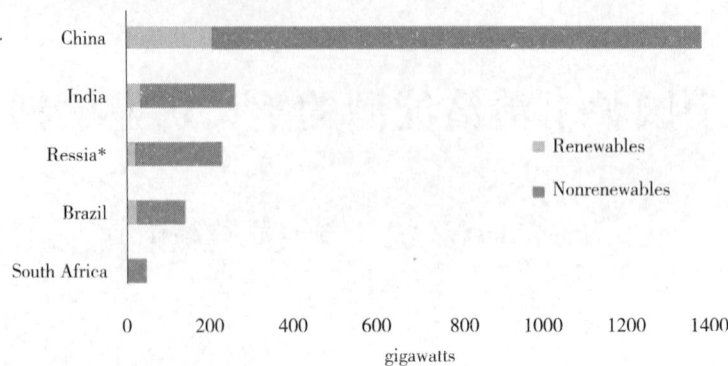

图1　2014年金砖国家发电能力比较

电量。中国的风电发电量超过了德国、西班牙和印度的总和。印度的总体发展程度在金砖国家当中都是最低的，因此不太可能在短期内转换能源结构。不过莫迪总理在《金融时报》上表示，"到2030年前，印度40%的发电量将来自非化石能源"。

中国低碳发展是否能转变为切实的行动？中国在巴黎峰会前上交联合国的减排承诺——《国家自主贡献预案》中称，将致力于改进现有的高碳排放经济，但其中不少目标还很含糊不清。中国依然在消耗大量煤炭，近期官方的修正数据还显示之前的煤炭消耗量被低估了。

不过一线希望是，中国国内的火电厂大多在半负荷运行。但未来的风险是，中国政府在国内进行的环保改革可能掩饰其在海外的影响。过去六年间，世界27个国家超过90%的新建火电厂都由中国国有企业承建。

就在巴黎峰会前几天，中国科技部发布了900页的《气候变化评估报告》，其中为政府提出了若干政策建议。这似乎表明，中国政府开始严肃地考虑细节问题。今天，中国国内一半以上的能源消费都受制于政府制定的强制能耗标准，基于可再生能源的生产份额也在提升中，包括放开价格管制在内的电力系统改革也将遏制高污染的生产。

  为了减少污染，提高效率，中国还可以受益于进口清洁能源。《国家自主贡献预案》模糊地提到，"加速城乡低碳社区建设，推进绿色建筑和建筑当中可再生能源应用的建设"。如果废除中国对国外环保产品和服务征收的关税，这一目标无疑可以更快地得到实现。中国正在参与环保商品协定的谈判，协定的所有参与国——包括美国等世界贸易组织的关键成员国都需要更重视这个问题。

  分析师们认为，巴黎协定的通过将会成为未来几年世界环境政策的重要里程碑。外贸之类的议题或许看上去并不那么引人注意，但如果各国要认真控制气候变化，这些问题就不容忽视。

  本文原题名为"China's Commitment to Clean Energy Remains a Little Hazy"。本文作者为 Jan Zilinsky。本文于 2015 年 12 月刊于 PIIE 官网。

危机后的亚洲生产率走势

Koji Nomura/文　　李笑然/编译

导读：虽然亚洲经济自 2010 年起一直保持稳定增长，但其经济表现已不如 21 世纪初的巅峰时期。本文探讨亚洲地区近期生产率趋势，并认为中国经济繁荣的结束是亚洲经济增速放缓的原因。亚洲国家必须采取跨地区的 TFP 等措施实现稳定增长。编译如下：

尽管欧洲已经逐渐走出全球经济危机的阴影，但其经济复苏进展依旧缓慢，2010—2013 年的年均增长率仅为 0.4%。相反，美国已经努力将其年均增长率提升到 2.0%，并逐步走上长期增长的道路。而亚洲经济已经摆脱了欧洲经济实现自主，甚至在全球经济危机时起到了维稳的作用，自 2010 年起已经保持了年均 5.4% 的经济增长率。然而，与 21 世纪初的增长率相比，这个数字仍旧减少了 1 个百分点。这主要应归咎于中国经济繁荣的结束。本文探讨了亚洲地区近来的生产率趋势，主要依据亚洲生产力组织 Asian Productivity Organization（APO）在 2015 年 9 月出版的 *APO Productivity Databook 2015*。

一　东亚的经济放缓

通过经济增长分析，中国经济增长从 21 世纪初的年均 10%

放缓到7%左右，主要原因是全要素生产率（TFP）的下降。中国在21世纪初的TFP年均增长率不低于4%，而这主要归因于中国经济约40%的经济增长率。如今，中国TFP增长率已降为2%，且约70%的经济增长来源于资本存量。中国经济正如日本经济在20世纪60年代至70年代经历的那样，全要素生产率已不如经济繁荣时期那么高，而当投资效率降低时，资本存量的作用越发突出。

中国台湾和韩国对中国经济的依赖很强，因此近期中国生产率的降低严重打击两地区经济。21世纪初，中国台湾和韩国各自实现了2.2%和2.5%的TFP年均增长率，这使得两地区各自的劳动力生产率达到3.9%和4.8%。然而，在2010—2013年两地区的TFP年均生产率仅为0.7%，而各自的劳动力生产率的增长仅为1.1%和2.2%。尤其是韩国，其资本回报率已降至日本在20世纪90年代初的水平。

在蒙古，2010年两大世界级的矿厂（煤炭和铜）开始投入生产，引发了一轮资源开采的热潮。该国资本投资占GDP的比重从2009年的30%提高到2011年的58%，使得2010—2013年均经济增长率达到12.9%。其中，6.1个百分点归因于全要素生产率的提高，但这只是资源开发引起的暂时性剧增。中国经济的放缓给蒙古经济来了个急刹车，蒙古于2014年11月组建的新政府正致力于重建本国经济。

与蒙古的繁荣景象相反，日本经济正在恢复中。2010—2013年日本TFP增长率为1.0%，最高时出现在日本长期经济停滞时期（所谓的"失去的二十年"）。实际上，在劳动力投入减少以及资本存量停滞不前的情况下，全要素生产率的增长成为过去20年日本经济的唯一动力。然而，劳动力生产率仅以年均0.8%的速度增长。长期经济停滞导致名义工资自上世纪90年代开始不断下降，但这个因素本身可以成为未来经济增长的一大动力。目前是安倍经济学能否发展生产和投资的关键时期。

二 生产率增长的重心转向东南亚

生产率增长的重心已经转向东盟（ASEAN）。东盟的 TFP 年均增长率由 21 世纪初的 1.3% 上升到 2010—2013 年的 2.1%。尤其是菲律宾，TFP 年均增长率达到 3.0% 之高。然而资本深化程度仍较低，菲律宾全要素生产率的增长直接提高了劳动力生产率（年均 3.7%）。自 20 世纪 90 年代初起，来自国外的收入（菲律宾海外公民向国内汇款）占 GDP 的比重不断升高，到 2013 年达到 32%。同时国内稳定的需求持续支持经济增长，劳动力生产率不断提高（主要在服务业）。然而，需求驱动的生产率提高也引发了一些担心。如何将方式转变为通过制造业扩张和改善投资环境来提高生产率成为最大的挑战。

泰国经济曾经严重受到全球经济危机的打击，2010—2013 年经济复苏，实现了 2.3% 的年均 TFP 增长率和 3.7% 的劳动力增长率。目前泰国正步入人口红利带来的经济顶峰，在供给和需求同时稳步增长的情况下，泰国经济平稳起步，该国第 11 个经济和社会发展规划（2012—2016）的 TFP 增长率目标为 3%。

同样地，越南在 2010—2013 年的 TFP 增长率和劳动力增长率分别为 1.1% 和 4.3%。尤其是 TFP，已由 21 世纪初的负增长转为正增长，实现了对越南经济增长 20% 的贡献，越南政府 2015—2020 年的目标是将这一数字提高到 35%。

三 南亚的发展空间巨大

印度的 GDP（按购买力平价调整后）在 2008 年超过了日本，该国的劳动力生产率自 21 世纪初开始增长迅速（年均 6.6%）。印度的人均 GDP 甚至不到中国的一半，该国面临的主要政治任务是提高就业率，这意味着要以牺牲劳动力生产率的增长为代价。

制造业的长期产量以每年6%的速度增长，但这对于就业率的提高影响甚微。政府关于"印度制造"的倡议就是为了更好的发展制造业，从而为21世纪30—40年代享受人口红利奠定基础。

巴基斯坦的TFP增长率为1.9%（2010—2013），趋势长期向好。该国的主要问题是资本存量的缩减。在印度，资本投入支持了60%的经济增长，而巴基斯坦却不到10%。需要指出的是，资本回报率已由5%提高到10%。巴基斯坦的首要任务是改善投资环境来实现资本深化，从而提高劳动生产率的增长速度，这一指标目前只有1.7%。

孟加拉国的TFP增长率自20世纪90年代起几乎停滞甚至出现负增长。孟加拉国TFP增长率中制造业的比重高于印度。然而，由于其中一半的制造业为纺织品和服装，所以生产率呈下降趋势。在21世纪10年代，孟加拉国的劳动力增长率达到2.8%，TFP增长率达到0.8%，实现由负转正。这几乎是孟加拉国长期水平的两倍。资本投资占GDP的比重由20世纪90年代中期的17%增长到30%（包括基础设施投资）。由于孟加拉国目前的投资率和人均GDP与印度在21世纪初的水平相似，该国的经济增长可能将会延续印度的轨迹。

四　将亚洲TFP增长率提高到2.0%

亚洲生产力组织（Asian Productivity Organisation）的目标是到2020年实现整个亚洲地区年均劳动生产率3.6%的增长。2010—2013年该地区TFP增长率和劳动增长率的平均水平分别为1.3%和3.0%。同一时段，包括中国在内的所有亚洲国家经历了1.7%的TFP增长和5.0%的劳动生产率增长。在经历了全球经济危机的一段复苏时期之后，亚洲地区必须采取行动来实现TFP1.5%—2.0%的稳定增长。

206 全球智库观点

表 1　　　　1970—2013 年产出增长和劳动力、资本、TFP 比重

	Output	Labor Input	Capital Input IT	Capital Input Non-IT	TFP		Output	Labor Input	Capital Input IT	Capital Input Non-IT	TFP
Bangladesh						**Cambodia**					
1970-1975	-2.0	-0.5 (27)	0.0 (-1)	0.4 (-21)	-1.9 (95)	1970-1975					
1975-1980	3.7	1.1 (29)	0.0 (1)	0.7 (20)	1.8 (50)	1975-1980					
1980-1985	3.7	1.9 (51)	0.0 (1)	1.5 (40)	0.3 (8)	1980-1985					
1985-1990	4.4	1.4 (31)	0.1 (2)	2.1 (49)	0.8 (19)	1985-1990					
1990-1995	5.0	1.4 (28)	0.1 (2)	2.2 (44)	1.3 (25)	1990-1995	7.6	1.6 (22)	0.1 (1)	1.0 (13)	4.9 (64)
1995-2000	5.1	1.7 (32)	0.1 (3)	2.9 (58)	0.4 (7)	1995-2000	7.0	2.5 (35)	0.1 (2)	2.3 (33)	2.1 (30)
2000-2005	5.0	3.6 (73)	0.1 (3)	3.0 (61)	-1.8 (-36)	2000-2005	9.0	4.2 (47)	0.1 (1)	2.4 (26)	2.3 (26)
2005-2010	5.9	2.5 (43)	0.1 (3)	3.1 (53)	0.1 (1)	2005-2010	6.5	1.5 (24)	0.2 (3)	2.3 (36)	2.5 (38)
2010-2013	6.1	2.1 (34)	0.2 (3)	3.0 (49)	0.8 (13)	2010-2013	7.1	1.1 (15)	0.2 (3)	2.5 (36)	3.3 (47)
1970-2013	4.0	1.7 (41)	0.1 (2)	2.1 (52)	0.2 (4)	1990-2013	7.5	2.4 (32)	0.1 (2)	2.2 (30)	2.7 (36)
China						**ROC (Taiwan)**					
1970-1975	5.8	1.0 (18)	0.0 (1)	4.2 (73)	0.5 (9)	1970-1975	9.3	2.0 (22)	0.5 (5)	6.5 (70)	0.2 (3)
1975-1980	6.3	1.0 (17)	0.0 (1)	4.0 (64)	1.2 (19)	1975-1980	10.6	2.0 (18)	0.4 (4)	5.1 (48)	3.2 (30)
1980-1985	10.2	2.4 (23)	0.0 (0)	3.4 (34)	4.3 (43)	1980-1985	6.9	1.1 (16)	0.4 (5)	3.8 (55)	1.6 (23)
1985-1990	7.6	2.2 (29)	0.1 (1)	4.4 (58)	0.9 (12)	1985-1990	8.9	1.2 (13)	0.3 (3)	3.1 (35)	4.3 (49)
1990-1995	11.6	0.6 (5)	0.1 (1)	3.7 (32)	7.1 (62)	1990-1995	7.2	1.0 (13)	0.3 (4)	3.5 (49)	2.4 (34)
1995-2000	8.3	0.7 (8)	0.2 (2)	4.2 (50)	3.2 (39)	1995-2000	5.8	0.3 (5)	0.7 (12)	3.3 (57)	1.5 (26)
2000-2005	9.4	0.4 (4)	0.7 (7)	4.4 (47)	4.0 (42)	2000-2005	4.0	0.2 (6)	0.6 (14)	2.3 (58)	0.9 (22)
2005-2010	10.7	0.2 (2)	0.6 (5)	5.7 (54)	4.2 (39)	2005-2010	4.2	0.2 (4)	0.1 (3)	1.7 (41)	2.2 (53)
2010-2013	7.9	0.2 (3)	0.4 (5)	5.1 (64)	2.2 (28)	2010-2013	2.7	0.8 (29)	0.1 (4)	1.1 (42)	0.7 (26)
1970-2013	8.7	1.0 (12)	0.2 (3)	4.3 (50)	3.1 (36)	1970-2013	6.8	1.0 (14)	0.4 (6)	3.5 (51)	1.9 (29)
Fiji						**Hong Kong**					
1970-1975	5.6	4.1 (73)	0.1 (2)	2.0 (35)	-0.5 (-10)	1970-1975	6.3	1.8 (29)	0.2 (3)	2.8 (44)	1.5 (24)
1975-1980	3.7	2.8 (76)	0.1 (2)	2.0 (53)	-1.1 (-31)	1975-1980	10.9	1.9 (17)	0.2 (2)	3.7 (34)	5.1 (47)
1980-1985	0.7	1.4 (205)	0.0 (6)	1.3 (182)	-2.1 (-292)	1980-1985	5.6	0.9 (16)	0.3 (5)	4.2 (76)	0.2 (3)
1985-1990	3.7	1.0 (27)	0.1 (3)	0.0 (1)	2.6 (69)	1985-1990	7.4	0.4 (6)	0.4 (6)	3.1 (42)	3.5 (47)
1990-1995	2.7	1.9 (70)	0.2 (7)	1.0 (38)	-0.4 (-15)	1990-1995	5.2	0.5 (9)	0.4 (9)	3.5 (67)	0.8 (16)
1995-2000	2.0	0.7 (32)	0.0 (-1)	0.7 (35)	0.7 (34)	1995-2000	2.6	1.3 (51)	0.7 (27)	2.9 (111)	-2.3 (-88)
2000-2005	2.0	0.3 (15)	0.1 (3)	0.4 (21)	1.2 (61)	2000-2005	4.1	0.6 (14)	0.5 (13)	1.4 (33)	1.7 (40)
2005-2010	0.7	0.4 (56)	0.1 (11)	0.1 (18)	0.1 (15)	2005-2010	3.8	0.4 (9)	0.3 (6)	1.2 (32)	1.9 (51)
2010-2013	3.1	0.8 (25)	-0.1 (-2)	0.0 (-2)	2.4 (78)	2010-2013	3.1	0.6 (19)	0.3 (9)	1.0 (32)	1.2 (40)
1970-2013	2.7	1.5 (57)	0.1 (3)	0.9 (33)	0.2 (8)	1970-2013	5.6	0.9 (17)	0.4 (7)	2.7 (49)	1.5 (28)
India						**Indonesia**					
1970-1975	2.8	2.0 (69)	0.1 (1)	1.6 (56)	-0.7 (-26)	1970-1975	8.3	2.1 (26)	0.0 (1)	3.8 (46)	2.4 (28)
1975-1980	3.1	2.3 (75)	0.0 (1)	1.8 (58)	-1.0 (-33)	1975-1980	7.8	1.7 (22)	0.1 (2)	4.6 (60)	1.3 (17)
1980-1985	5.0	1.5 (30)	0.0 (1)	1.6 (31)	1.9 (39)	1980-1985	4.7	2.2 (47)	0.1 (3)	4.2 (89)	-1.8 (-39)
1985-1990	5.8	1.7 (30)	0.1 (1)	1.7 (29)	2.4 (41)	1985-1990	7.5	2.8 (38)	0.1 (2)	2.5 (34)	2.0 (27)
1990-1995	5.7	1.6 (33)	0.1 (1)	1.9 (39)	1.3 (27)	1990-1995	7.5	-0.8 (11)	0.2 (3)	3.2 (42)	3.3 (44)
1995-2000	5.7	1.1 (20)	0.1 (2)	2.1 (36)	2.4 (42)	1995-2000	0.7	1.5 (209)	0.1 (20)	3.0 (416)	-4.0 (-545)
2000-2005	6.5	2.2 (33)	0.1 (2)	1.9 (30)	2.3 (35)	2000-2005	4.6	0.7 (15)	0.2 (3)	1.9 (40)	1.9 (41)
2005-2010	7.8	0.5 (6)	0.2 (3)	3.4 (44)	3.7 (47)	2005-2010	5.6	1.8 (33)	0.2 (4)	2.4 (43)	1.2 (21)
2010-2013	5.6	-0.2 (-4)	0.2 (4)	3.1 (56)	2.5 (45)	2010-2013	5.8	0.9 (15)	0.2 (4)	2.9 (50)	1.8 (30)
1970-2013	5.2	1.5 (28)	0.1 (2)	2.1 (39)	1.6 (30)	1970-2013	5.8	1.6 (28)	0.1 (3)	3.2 (55)	0.9 (15)
Iran						**Japan**					
1970-1975	9.5	0.9 (9)	0.1 (1)	4.6 (49)	3.9 (41)	1970-1975	4.3	-0.3 (-7)	0.4 (8)	5.0 (114)	-0.7 (-16)
1975-1980	-2.8	1.5 (-52)	0.1 (-2)	5.6 (-195)	-9.9 (349)	1975-1980	4.3	0.9 (22)	0.2 (5)	2.6 (60)	0.6 (13)
1980-1985	3.8	1.1 (30)	0.0 (1)	2.2 (57)	0.5 (13)	1980-1985	4.3	0.4 (8)	0.2 (5)	2.0 (46)	1.8 (41)
1985-1990	1.3	1.2 (87)	0.1 (6)	0.2 (13)	-0.1 (-4)	1985-1990	4.9	0.4 (7)	0.4 (9)	2.1 (43)	2.0 (40)
1990-1995	3.7	0.8 (22)	0.1 (2)	0.9 (24)	1.9 (53)	1990-1995	1.4	-0.4 (-24)	0.3 (22)	1.8 (128)	-0.4 (-26)
1995-2000	4.1	1.2 (28)	0.1 (2)	1.8 (43)	1.1 (26)	1995-2000	0.9	-0.6 (-72)	0.3 (35)	1.0 (112)	0.2 (25)
2000-2005	6.8	1.1 (16)	0.2 (3)	2.5 (36)	3.1 (45)	2000-2005	1.2	-0.3 (-26)	0.4 (32)	0.4 (31)	0.8 (63)
2005-2010	5.0	0.2 (4)	0.1 (3)	3.0 (60)	1.6 (33)	2005-2010	0.3	-0.4 (-138)	0.2 (56)	0.1 (40)	0.4 (142)
2010-2013	-1.9	0.4 (-20)	0.1 (-6)	1.7 (-89)	-4.1 (215)	2010-2013	0.9	0.1 (10)	0.0 (4)	-0.2 (-21)	1.0 (107)
1970-2013	3.5	0.9 (27)	0.1 (3)	2.4 (69)	0.0 (1)	1970-2013	2.6	0.0 (-1)	0.3 (11)	1.7 (67)	0.6 (24)
Korea						**Malaysia**					
1970-1975	9.4	2.3 (24)	0.2 (2)	6.0 (64)	0.9 (10)	1970-1975	7.7	1.8 (23)	0.1 (1)	4.8 (62)	1.1 (15)
1975-1980	7.5	1.8 (24)	0.4 (6)	6.7 (88)	-1.3 (-17)	1975-1980	8.2	1.7 (21)	0.1 (1)	4.9 (60)	1.5 (18)
1980-1985	8.9	1.4 (15)	0.3 (3)	3.9 (45)	3.2 (36)	1980-1985	5.1	1.3 (27)	0.1 (2)	6.0 (119)	-2.4 (-47)
1985-1990	9.8	1.9 (19)	0.6 (6)	4.2 (43)	3.1 (32)	1985-1990	6.9	1.9 (27)	0.2 (2)	3.0 (43)	1.9 (27)
1990-1995	8.1	1.1 (14)	0.4 (5)	4.4 (55)	2.1 (26)	1990-1995	9.3	1.4 (16)	0.3 (3)	5.8 (63)	1.7 (19)
1995-2000	5.3	0.0 (0)	0.6 (11)	3.1 (59)	1.6 (30)	1995-2000	4.9	1.7 (34)	0.5 (10)	5.1 (103)	-2.3 (-47)
2000-2005	4.7	0.3 (6)	0.6 (12)	2.2 (47)	1.7 (35)	2000-2005	5.2	0.6 (12)	0.7 (13)	2.3 (44)	1.6 (31)
2005-2010	4.2	-0.3 (-8)	0.2 (4)	1.9 (45)	2.5 (59)	2005-2010	4.4	1.2 (27)	0.6 (14)	2.0 (45)	0.6 (14)
2010-2013	2.9	0.4 (14)	0.1 (4)	1.8 (60)	0.7 (24)	2010-2013	5.1	1.2 (23)	0.4 (9)	2.3 (46)	1.2 (23)
1970-2013	6.9	1.0 (14)	0.4 (6)	3.9 (56)	1.7 (24)	1970-2013	6.4	1.4 (23)	0.3 (5)	4.1 (64)	0.5 (8)

	Output	Labor Input	Capital Input IT	Capital Input Non-IT	TFP		Output	Labor Input	Capital Input IT	Capital Input Non-IT	TFP
Mongolia						**Pakistan**					
1970-1975	6.5	0.6 (9)	0.1 (1)	4.7 (73)	1.2 (18)	1970-1975	3.6	1.6 (44)	0.0 (1)	2.0 (57)	0.0 (-1)
1975-1980	5.4	0.9 (17)	0.1 (2)	5.4 (100)	-1.0 (-19)	1975-1980	5.8	1.0 (18)	0.0 (0)	2.3 (40)	2.4 (42)
1980-1985	6.6	0.9 (13)	0.1 (2)	5.9 (89)	-0.3 (-5)	1980-1985	7.4	1.3 (17)	0.0 (0)	2.7 (36)	3.5 (47)
1985-1990	3.8	2.0 (53)	0.1 (3)	3.7 (98)	-2.1 (-55)	1985-1990	6.6	1.3 (21)	0.1 (1)	3.0 (45)	2.2 (33)
1990-1995	-2.8	-0.2 (6)	0.1 (-3)	0.9 (-31)	-3.5 (128)	1990-1995	5.5	0.8 (14)	0.1 (1)	2.7 (49)	2.0 (36)
1995-2000	2.7	0.4 (14)	0.1 (5)	0.2 (8)	2.0 (74)	1995-2000	4.0	1.9 (48)	0.0 (1)	1.3 (32)	0.8 (19)
2000-2005	6.3	1.5 (24)	0.2 (3)	0.2 (3)	4.3 (69)	2000-2005	5.9	1.9 (32)	0.1 (1)	0.7 (13)	3.2 (54)
2005-2010	6.4	0.4 (7)	0.1 (2)	3.0 (47)	2.6 (40)	2005-2010	3.7	2.6 (72)	0.1 (2)	0.8 (21)	0.2 (5)
2010-2013	12.9	0.9 (7)	0.3 (3)	5.6 (44)	6.1 (47)	2010-2013	3.5	1.3 (38)	0.0 (1)	0.2 (7)	1.9 (55)
1970-2013	5.0	0.8 (16)	0.2 (3)	3.2 (64)	0.8 (16)	1970-2013	5.2	1.5 (30)	0.0 (1)	1.8 (35)	1.8 (34)
Philippines						**Singapore**					
1970-1975	5.7	3.0 (53)	0.1 (2)	2.0 (36)	0.5 (9)	1970-1975	9.1	2.5 (28)	0.6 (6)	8.0 (88)	-2.0 (-22)
1975-1980	5.9	1.7 (28)	0.1 (2)	3.3 (55)	0.9 (15)	1975-1980	8.3	2.4 (29)	0.4 (5)	5.3 (64)	0.2 (3)
1980-1985	-1.4	1.8 (-132)	0.1 (-10)	2.7 (-200)	-6.0 (442)	1980-1985	6.6	1.4 (21)	0.6 (9)	5.8 (88)	-1.2 (-18)
1985-1990	5.3	0.9 (17)	0.1 (2)	0.7 (13)	3.6 (67)	1985-1990	8.3	2.2 (26)	0.8 (10)	3.0 (37)	2.3 (27)
1990-1995	2.8	1.1 (40)	0.1 (2)	1.8 (64)	-0.2 (-6)	1990-1995	8.3	2.1 (26)	0.9 (11)	3.4 (41)	1.8 (22)
1995-2000	3.9	0.6 (16)	0.4 (11)	2.6 (66)	0.3 (7)	1995-2000	5.5	1.1 (20)	0.7 (12)	4.1 (74)	-0.4 (-7)
2000-2005	4.5	1.2 (27)	0.6 (13)	1.8 (40)	0.9 (19)	2000-2005	4.8	0.5 (11)	0.6 (12)	2.2 (46)	1.5 (31)
2005-2010	4.8	0.9 (19)	0.2 (5)	1.6 (32)	2.1 (44)	2005-2010	6.5	2.5 (38)	0.6 (8)	2.2 (34)	1.3 (19)
2010-2013	5.7	1.0 (18)	0.1 (2)	1.6 (28)	3.0 (52)	2010-2013	4.6	1.3 (29)	0.5 (11)	2.4 (53)	0.3 (7)
1970-2013	4.1	1.4 (34)	0.2 (5)	2.0 (50)	0.4 (11)	1970-2013	7.0	1.8 (26)	0.6 (9)	4.1 (59)	0.4 (6)
Sri Lanka						**Thailand**					
1970-1975	4.2	2.0 (48)	0.0 (1)	1.9 (45)	0.3 (6)	1970-1975	5.5	-0.2 (-3)	0.1 (1)	2.2 (39)	3.5 (63)
1975-1980	5.6	1.4 (25)	0.0 (1)	2.0 (36)	2.1 (37)	1975-1980	7.5	3.8 (50)	0.2 (2)	2.0 (27)	1.5 (20)
1980-1985	5.0	2.0 (41)	0.1 (2)	2.8 (56)	0.1 (1)	1980-1985	5.3	1.0 (19)	0.2 (3)	1.9 (35)	2.3 (43)
1985-1990	3.3	0.2 (6)	0.0 (1)	1.1 (34)	1.9 (59)	1985-1990	9.8	2.8 (28)	0.3 (3)	2.3 (24)	4.4 (45)
1990-1995	5.3	0.6 (12)	0.1 (1)	0.3 (6)	4.3 (81)	1990-1995	8.1	0.2 (3)	0.5 (6)	4.8 (60)	2.5 (31)
1995-2000	4.9	2.1 (43)	0.2 (4)	0.8 (17)	1.8 (36)	1995-2000	0.7	0.2 (21)	0.3 (41)	2.6 (347)	-2.3 (-310)
2000-2005	4.0	1.4 (36)	0.2 (4)	1.6 (41)	0.7 (18)	2000-2005	5.3	1.0 (19)	0.2 (4)	0.6 (12)	3.4 (64)
2005-2010	6.2	0.6 (10)	0.3 (6)	1.9 (31)	3.4 (55)	2005-2010	3.7	0.7 (20)	0.4 (11)	1.2 (32)	1.4 (37)
2010-2013	7.1	1.4 (20)	0.1 (1)	2.6 (37)	2.9 (41)	2010-2013	3.8	0.0 (1)	0.3 (9)	1.2 (31)	2.3 (60)
1970-2013	5.0	1.3 (26)	0.1 (2)	1.6 (33)	1.9 (38)	1970-2013	5.6	1.1 (20)	0.3 (5)	2.1 (38)	2.1 (37)
Vietnam						**US**					
1970-1975	1.8	1.2 (70)	0.0 (0)	0.5 (25)	0.1 (4)	1970-1975	2.6	0.5 (18)	0.2 (8)	1.3 (49)	0.6 (24)
1975-1980	3.5	1.2 (35)	0.1 (2)	1.1 (30)	1.1 (32)	1975-1980	3.6	1.6 (44)	0.3 (7)	1.1 (31)	0.6 (17)
1980-1985	6.2	3.3 (53)	0.1 (1)	0.4 (6)	2.5 (40)	1980-1985	3.3	0.8 (25)	0.4 (13)	0.9 (29)	1.1 (34)
1985-1990	4.4	2.0 (46)	0.2 (4)	1.5 (33)	0.7 (16)	1985-1990	3.3	1.2 (37)	0.5 (15)	1.0 (29)	0.6 (19)
1990-1995	8.1	2.4 (30)	0.2 (2)	2.0 (24)	3.6 (44)	1990-1995	2.6	0.7 (26)	0.4 (16)	0.6 (24)	0.9 (34)
1995-2000	7.3	0.5 (7)	0.3 (4)	3.0 (42)	3.5 (48)	1995-2000	4.2	1.2 (27)	0.7 (17)	0.8 (19)	1.5 (36)
2000-2005	8.0	0.8 (10)	0.3 (4)	3.3 (41)	3.6 (45)	2000-2005	2.5	0.0 (-1)	0.6 (22)	0.9 (34)	1.1 (45)
2005-2010	6.2	2.1 (34)	0.5 (9)	4.3 (70)	-0.8 (-12)	2005-2010	0.8	-0.5 (-63)	0.3 (43)	0.7 (98)	0.2 (22)
2010-2013	5.6	0.7 (13)	0.4 (7)	3.3 (60)	1.1 (20)	2010-2013	2.0	1.0 (47)	0.2 (9)	0.3 (14)	0.6 (30)
1970-2013	5.7	1.6 (29)	0.2 (4)	2.1 (37)	1.8 (31)	1970-2013	2.8	0.7 (25)	0.4 (15)	0.9 (31)	0.8 (29)

Unit: Average annual growth rate (percentage), contribution share in parentheses.
Source: APO Productivity Database 2015.

本文原题名为"Productivity Trends in Asia After the Global Crisis"。本文作者 Koji Nomura 为日本庆应义塾大学副教授。本文于 2015 年 12 月刊于 VOX 官网。

美联储合理的加息步伐

Joseph E. Gagnon/文   谢晨月/编译

导读：美国利率正常化需要世界各国经济持续复苏。美联储正常的利率在3%左右而不是此前的4%，低利率主要是因为人口增长率的降低，以及当前发展中国家向美国和其他发达国家贷款而不是借款造成的。短期内这两个因素都不会改变。编译如下：

昨天美联储提高了短期目标利率0.25个百分点，这是美联储近10年来首次加息。这一举措本身并不会带来太大风险，但更大的问题是在接下来的一到两年里，美联储会提高多少利率？在较高的利率水平下，美国经济是否能够继续增长并创造就业？如果我们现在不提高利率，通胀是否会反弹并强迫美联储在更晚的时候采取紧缩政策？

这些问题困扰着美联储。美国现在5%的失业率已经接近充分就业，如果美国经济继续复苏，失业率会进一步下降。最大的不确定是有多少人并没有积极地找工作，这些人不能称为失业。如果答案是不多，那么美国经济不久就会过热。

另一方面，如果有大量的潜在工作者，提高利率不利于他们再次进入就业大军，这会让美国经济陷入衰退。目前来看，太快的紧缩政策更让人担心。

缓慢加息是明智的选择。但是，美联储必须关注劳动力市场，平衡好加息速度和失业率变化。如果新增工作速度太慢，就停止加息。此外，通胀风险也要时刻关注。

美元在过去一年快速升值，这是对就业最大的威胁。美国的贸易伙伴经济增长疲弱，加息会进一步推动美元升值。美元的强势不利于美国出口。美联储必须谨慎的控制加息步伐，以免美元升值过快。

美国利率正常化需要世界各国经济持续复苏。美联储正常的利率在3%左右而不是此前的4%，低利率主要是因为人口增长率的降低，以及当前发展中国家向美国和其他发达国家贷款而不是借款造成的。然而短期内这两个因素都不会改变。

本文原题名为"A Reasonable Rate Hike for Now"。本文作者Joseph E. Gagnon为PIIE研究所的研究员。本文于2015年12月刊于PIIE官网。

在 2015 年末反思全球经济

Angel Ubide/文   朱子阳/编译

导读：本文回顾了经济危机以来的各国经济及政策，认为现有的货币政策存在诸多弊端，尤其是欧洲的财政与货币政策是否有效，作者对此表示了怀疑。编译如下：

经济学正受到越来越多人的关注，一本 500 多页的法国的讲述全球不平等的著作，已经位居全世界畅销榜榜首。在危机的情形下，似乎人人都变成了业余的经济学家，等到经济好转时，是时候检验我们所学的东西了。

危机的狂潮产生了前所未见的情况，政府的救市措施也招致了很多批评。大多数的批评是不公平的或者基于意识形态的偏见（例如，批评零或负利率）。最重要的是，我们已经使用的方法在严重衰退的情况下工作得不是很好。现在看来，经济学家们花了太多时间研究的经济动态平静时期，并没有深入研究危机原因与结果。

我们仍习惯于接受经济发展是遵循一个围绕潜在增长趋势的商业周期的。货币政策负责调节周期，而财政政策应该只负责维持长期的可持续性。我们相信，货币政策不影响经济的增长潜力。并且认为使用限制性货币政策，延长经济衰退迫使结构性改革是正确的策略。我们认为中央银行的核心目标是在长期避免通胀和通缩风险，即使面临落入一个临时的通货紧缩的困境中。

但是，事实并非如此。越来越清楚的是，经济衰退，尤其是长期的衰退，对潜在增长有一个持久的负面影响。最近的一篇论文中，奥利维尔·布兰查德（Olivier Blanchard）经常和拉里·萨默斯（Larry Summers）争论经济体能否恢复至衰退前的增长潜力。

如果经济政策对经济衰退的反应不够积极，它运行的风险可能造成永久性的伤害。例如，在美国，经过数年的扩张，GDP水平仍较之前的潜在GDP低10%。在欧元区则更甚，低了近20%。在这些情况下，货币政策如果不积极放松，则有助于减少长期增长潜力。

央行可以产生通货膨胀。日本银行是最好的例子。虽然美联储和欧洲央行也在努力使两个市场和公众相信他们能够恢复通货膨胀，但是问题是严重的。不仅债务格局有所恶化，而且中央银行必须增加通货膨胀迅速降低实际利率提振经济、缓冲下一场衰退。2%的通胀目标太低，它只适应温和衰退，而无法提供足够的空间来管理深度衰退。我们的目标应当是3%—4%。

欧元区利率将继续在0利率徘徊，而财政政策将成为未来十年刺激需求的主要手段。但不幸的是，稳定和增长公约（SGP）是为恰恰相反的情况设计的，它并没有提供一个法律机制来管理财政扩张，迫使财政调整。如果一些国家决定采用过度限制性财政政策，将没有法律机制来纠正他们（例如德国）。欧元区必须创造一个新财政政策框架，必须尽快改革适应新的现实。

改革有两种选择，不是相互排斥的。一方面是SGP赤字规则的变化。例如，免除公共投资的赤字。另一方面是建立一个共同的财政政策，例如采用我最近提议的系统稳定债券改善欧元区债务的融资，允许更有效的和扩张性的反周期财政政策。

我们过去相信增加最低工资不利于创造就业。但最近更多的美国的研究结果却反对这一观点，他们的研究认为薪水更高的劳动者的工作效率更高。而国际货币基金组织则认为更平等的国家经济增长更好，即不平等并不影响经济增长。麻省理工学院的研究人员通过对印度的实验证明，无条件转移福利给贫困者，会降低他们寻找就业机会的动机这一观点是不正确的。总之，政府该做的事情是投资和鼓励创新。

我们必须审查和更新经济学教科书。广受诟病的凯恩斯主义比以往任何时候都更与目前的经济形势相关。保守主义基于开放经济部门，例如减税、市场休养生息等，这些措施用于目前经济形势是不够的。货币和财政政策需要协调加快增长。美国已经加息，而欧洲仍然维持低利率。未来，这是一个不同的世界。

本文原题名为"Economic Reflections at Year End 2015"。本文作者 Angel Ubide 为 Peterson 国际经济研究所高级研究员，中央银行、欧洲事务专家。本文于 2015 年 12 月刊于 PIIE 官网。

个人数据对网络平台、企业和消费者的经济价值

Cassandra Liem 和 Georgios Petropoulos/文　　王喆/编译

导读：数据资源常被誉为"21世纪的石油"。本文基于数字化市场的三大类主体，即网络平台及其用户、企业以及消费者的视角，探讨了个人数据的经济价值。编译如下：

欧盟《数据保护指令》将个人数据定义为一切与已识别或可识别的自然人或数据主体相关的信息。个人数据可以看作由个人身份及行为产生的经济资产，可用于换取更高质量的服务和产品。当前，个人数据存量正在迅速增长。

在双边市场机制下，网络平台已成为搜集消费者信息和提供企业广告版面的中介。通过分析消费者信息，网络平台能够为企业设计个性化的广告策略。理论上，个人数据的应用有利于消除信息不对称，提高网络交易的效率。

然而，对消费者数据滥用的担忧也不无道理。消费者并不清楚网络平台如何使用其个人信息，信息保护又是否充分，数据分析甚至可能引发用户歧视。

消费者缺乏对个人数据的自主决定权可能造成经济价值的不等价交换，从而导致其共享个人信息的意愿减弱。因此，政府应思考可能存在的个人数据滥用及相关的隐私问题。本文则将探讨双边市场机制带来的个人数据的经济价值。

一　网络平台

谷歌、脸书等网络平台都将所掌握的个人数据用于优化用户体验和提供个性化服务。此外，网络平台还允许企业向特定用户进行产品或服务营销，基于用户个人数据和用户群特征提供其感兴趣的针对性广告，降低不相关广告的干扰。这些平台并不向用户收取网站服务使用费，而是依靠与用户数量相关的广告费。近十年间，广告费在谷歌收入中的占比都超过了90%。

在美国，网络广告已经彻底改变了广告业的发展，其总收入也已超过了包括广播电视和有线电视在内的其他广告渠道。过去十年间，网络广告带来的年收入不断增长，2005—2014年，网络广告收入的年平均增长率达到了17%，2014年广告收入总金额达到了495亿美元。用户人均广告收入（ARPU）可用于衡量个人数据对于网络平台的价值。2014年第一季度，谷歌的ARPU达到45美元。

二　企业

企业不仅被动消费网络平台提供的数据，更在主动扩大用户数据库，定性分析需求走势。借此，企业能够设计出更符合消费者偏好的产品和服务，提高市场份额。这一过程的附加值很难定量测算，但预测表明，个人数据对私人和公共组织将更加重要。到2020年，基于个人数据开发的应用将带来一万亿英镑的收益，其中企业将获得近3300亿英镑的收益，从而为深陷萧条的欧洲公共和私人企业带来22%的年收入增长。

企业利用个人数据进行了大量革旧创新。例如，利用产品测评、见诸社交网站的评价及产品内传感器的使用数据等信息帮助公司定位研究方向。缩短开发周期已成趋势。

再比如，为识别和防止网络支付欺诈，贝宝公司开发了将支付与消费者个人数据相结合的支付系统，提高了用户对网络商业支付的信任度。

此外，企业还可依靠数据资源选择潜在雇员和客户，改进企业风险模型。比如，企业可以将诸如社会声誉，政府提供的公共领域信息等新变量作为基于客户信贷行为的传统模型的有益补充；个人数据还能帮助企业进行"流失检测"，定位更易流失的客户群，从而精准营销，提高客户忠诚度。

三 消费者

理论上，针对性的网络广告是消费者的重要信息来源，因为这些广告是根据其兴趣量身打造的。

消费者自愿共享数据资源有时会得到奖励和促销优惠，这类模式对主流模型中数据收集不存在货币收益形成了挑战，表明数据可以成为网络活动和交易的货币。

最近微软的一项调查表明，消费者很了解自身对数字设备和服务的需求，对于积极塑造定制化服务能力的渴望也日益强烈。然而，也有调查表明，用户态度的国别差异性较强，比如，大多数法国用户并不愿意分享其个人数据以换取个性化的产品或服务。还有调查发现，潜在的客源竞争将抬高个人数据的价格。

四 结论

理论上，网络平台、企业以及消费者将得益于个人数据带来的价值。个人数据能够消除信息不对称，提高交易效率。网络平台通过搜集消费者数据将能够吸引更多广告商；企业通过分享数据分析结果将开发出更加符合个人需求的高质量服务和产品，从而增加收入；与此同时，消费者也将看到更需要的广告。

不过，只有当网络平台和共享数据能够带给消费者安全感时，双边市场贸易机制的收益才能最大化。因此，必须通过立法和互联网企业的规范经营充分保护消费者的隐私。透明化个人数据搜集和处理的方式，普遍化对隐私规则的尊重，才能够支撑数字经济的高速增长。

本文原题名为"The Economic Value of Personal Data for Online Platforms, Firms and Consumers"。本文作者 Cassandra Liem 为 Bruegel 智库实习研究员，Georgios Petropoulos 为 Bruegel 智库访问学者。本文于 2016 年 1 月刊于 Bruegel 博客。

政策制定者对经济学模型的运用

Jérémie Cohen-setton/文　　程覃思/编译

导读：拉里·萨默斯、保罗·克鲁格曼和布拉德·德隆三位经济学家在博客中讨论了对美联储加息与经济学模型运用的看法。虽然他们一致认为美联储加息是一个错误的决定，但背后原因不同。编译如下：

马丁·桑杜认为，对于经济如何理论化和是否应当对政策产生影响这一问题，分歧的存在有着巨大意义。布拉德·德隆则对美联储的分析与现有模型是否一致表示怀疑。保罗·克鲁格曼断言，从传统模型看，美联储的决策绝对是错误的。另外，拉里·萨默斯认为，美联储的错误决策源于其按照菲利普斯曲线的标准模式思考。他非常乐意听取那些对市场有着"非理论"感受的人的观点。

克鲁格曼认为，美联储的想法与宏观经济学基础相悖，希克斯模型并不支持美联储对于提高利息的渴望。他称，他理解作为一个官员，被看起来知识渊博的男人（和部分女性）环绕时，通常会产生一种你和你的同事比教科书懂的还多的错觉。当实际经验起重要作用时，这一想法很可能是正确的。但在一个零利率下限的宏观经济环境中，只有日本经历这种环境长达三代人之久，历史和理论比市场悟性更重要。此前我以为美联储当局应该明白这一点，但从目前情况看来，他们显然没明白。

萨默斯认为，问题更多存在于供给侧而非需求侧。如果对5%左右的自然失业率和活跃劳动力市场对应通货膨胀率下垂直的长期菲利普斯曲线深信不疑，那么货币紧缩政策的出台就有了合理依据。但我并不确信菲利普斯曲线，并且考虑到通胀低于目标，我反对紧缩。时滞效应、滞涨的可能性和政策错误的非对称影响强化了我的反对观点。

萨默斯还认为，把美联储的行为归结于不理解基本宏观经济学是错误且没有意义的。市场中拥有丰富经验的人可能并不懂得这些经济学理论模型，但他们仍然能对经济形势做出有用的判断。

一 作为学科工具的经济学模型

克鲁格曼认为，2008年以来，我们已经多次看到决策者无视经济学模型基本面，仅凭本能来做判断。这些只凭本能做出的决策一次又一次被证明是错误的，而通过基本模型来做决策却有着极大优势。并不是说模型是神圣不可侵犯的，只是说在思维方面，模型提供的有条理的思考框架十分必要。

克鲁格曼还提到，现有模型常常能在决策者制定政策的过程中将其引向正确的选项。如果你不相信任何领域的标准模型，至少你应该提供一个能证明你直觉正确性的证据。毕竟我们还在讨论究竟什么是经济学模型，当然它们绝对不是真理，只是一种包含了一些合理的个人行为、让各种观点融合在一起的途径。德隆认为，模型是一种归档系统和发现机制。

二 博客世界仍然存在

桑杜认为，互联网已经实现的一件事就是向公众开放学术专家之间的讨论。克鲁格曼写道，这些讨论能够公之于众必须感谢互联网。要知道，把三个著名经济学家在同一时间放在同一个房间里进行实质性的讨论是一件非常困难的事情。实际上，网络已经在以一种虚拟的方式构建学术咖啡厅，而不需要我们真的在伦敦的某个咖啡厅喝着难喝的咖啡。

本文原题名为"The use of models by policymakers"。本文作者JÉRÉMIE COHEN-SETTON，是伯克利大学的经济学博士生和高盛全球经济研究所的暑期助理实习生。本文于2016年1月刊于BRUEGEL官网。

如何协调货币政策与汇率政策？

张明/文

导读：本文提出，作为一个事实上的经济大国，我们必须遵循大国的行为逻辑。当国内经济形势要求货币政策放松时，我们应该毫不迟疑地放松货币政策，而不要被汇率维稳束缚了手脚。为了提高宽松货币政策的效力以及防止汇率向下超调，我们应该坚决加强资本流动管制。编译如下：

一 "不可能三角"假说及其面临的挑战

在开放经济的条件下，一国央行必然会面临货币政策与资本流动的冲突问题。例如，当一国经济过热时，该国本应该实施从紧的货币政策。然而，国内利率的上升可能导致国际资本大举流入，从而使得该国经济因为流动性过剩而进一步过热。反之，当一国经济趋冷时，该国本应该实施宽松的货币政策。然而，国内利率的下降可能导致本国资本大举外流，从而使得该国经济由于流动性不足而进一步趋紧。

如果再加入汇率变动，问题将变得更加复杂。如果一国央行实施的是缺乏弹性的固定汇率制或准固定汇率制，那么上述货币政策与资本流动的冲突将依然存在，换言之，该国央行将会缺乏货币政策的独立性。而如果一国央行实施的是富有弹性的汇率制度，那么该国的货币政策独立性可以显著提高。例如，当经济过热而本国央行加息时，本币汇率一次性大幅升值一方面将会抑制国际资本持续流入，另一方面将会通过进出口渠道抑制总需求，从而达到总量收缩的目的。反之，当经济衰退而本国央行降息时，本币汇率一次性大幅贬值一方面将会抑制本国资本持续外流，另一方面将会通过进出口渠道刺激总需求，从而达到总量宽松的目的。

上述货币政策、汇率政策与资本流动三者之间的权衡关系被称之为三元悖论或不可能三角（Impossible Trinity），是由加拿大经济学家蒙代尔最早提出的。他指出，一国不可能同时拥有开放的资本账户、固定的汇率水平以及独立的货币政策，而是只能在三者之间择其二而弃其一。例如，美国拥有独立的货币政策与资本自由流动，从而不得不实施自由浮动的汇率制度。又如，香港完全开放了资本流动且长期实施盯住美元的联系汇率制度，这意味着香港只能被动输入美国的货币政策。

然而，不可能三角假说从提出之后迄今，一直饱受争议。

争议之一，是中国央行过去 10 余年所走的道路。根据央行官员自身的说法，中国经济是同时实现了部分的汇率弹性、部分的资本账户开放以及部分的货币政策独立性。央行副行长易纲先生及其合作者曾经在早年的一篇论文中指出，中国央行选择的不是不可能三角的"角点解"，而是选择了"中间解"。这看似的确也符合中国改革一直以来所走的渐进式折中道路。然而，选择这条道路并非没有成本。中国在 21 世纪前 10 年积累的大量外汇储备所面临的机会成本、汇率风险、冲销成本与国内流动性过剩引发的资产价格泡沫，就是相关成本的明证。

争议之二，是法国经济学家 Helene Rey 提出的不可能两难（Impossible）假说。她在美联储杰克逊霍尔的研讨会上指出，在资本自由流动的条件下，即使一国实施浮动汇率制度，该国也不能维持独立的长期利率。这意味着，一国央行事实上只能在资本流动管制与货币政策独立性之间二者择其一，也即不可能三角蜕化为不可能两难。这显然强调了资本流动管理的重要性,而弱化了弹性汇率制度的重要性。

二 不可能三角假说依然适用于当前的中国经济

尽管如上所述,不可能三角假说在近年来受到争议,然而,2015年8月以来中国经济面临的现状,充分地表明了不可能三角的适用性。

第一,随着中国资本账户的逐渐开放与人民币国际化的推进,跨境资本自由进出中国的程度已经显著加深。自2009年中国央行开始推进人民币国际化以来,至少在人民币跨境贸易与投资项下,本币计价的资本流动面临的障碍已经显著降低。自2012年中国央行表态要加快资本账户开放之后,各类资本流动面临的管制也显著下降。换言之,尽管迄今为止中国央行还未全面开放资本账户,但跨境资本流动已经显著加强。

第二,当前中国宏观经济所处的境况需要中国央行进一步放松货币政策。其一,尽管中国经济的潜在增速的确在下降,但若干证据表明,当前的宏观经济增速已经显著低于潜在经济增速,也即出现了为负的产出缺口。最重要的证据,就是无论GDP缩减指数还是PPI同比增速,已经出现了持续的负增长,这意味着出现了通货紧缩。要应对通货紧缩,意味着中国政府应该出台积极的需求管理政策。其二,受制于地方债高企、房地产市场收缩造成地方政府预算外收入显著下降,以及美国次贷危机后四万亿政策的副作用等因素,目前中国的财政政策并不太积极,这就使得中国央行面临更大的放松压力。目前中国一年期人民币存款基准利率仍有1.5%,大型金融机构法定存款准备金率仍有17.5%,这意味着无论降息还是降准都仍有空间,且降准的空间远大于降息。

第三，当前人民币兑美元汇率面临显著的贬值预期。市场上的人民币兑美元汇率贬值预期始于 2014 年第二季度，这表现为从 2014 年第二季度起，人民币兑美元汇率的市场价持续低于中间价。人民币兑美元贬值预期产生的原因，在于 2013 年至 2015 年期间，人民币跟随美元兑其他主要货币快速升值，这严重背离了中国经济的基本面。2015 年 8 月 11 日的人民币汇改非但没有纠正、反而加剧了市场上的人民币贬值预期。自 2015 年 11 月人民币被纳入 SDR 篮子之后，中国央行一度放松了对人民币汇率中间价的管理，导致人民币兑美元汇率中间价显著贬值，这进一步激发了市场上的人民币贬值预期。

把上述三方面的分析结合起来，就不难看出当前中国央行面临的困局。

如果央行不收紧对资本流动的控制，那么央行就会面临放松货币政策与维持人民币兑美元汇率稳定的两难。如果通过进一步降息与降准来刺激宏观经济，人民币兑美元汇率就会因为利差的缩小而继续贬值，且汇率贬值会与资本外流之间相互强化。而如果央行试图维持人民币兑美元汇率的稳定，那么央行就不得不推迟甚至放弃降准或者降息，进而中国经济的下行就可能变得难以抑制。

如果央行既想放松货币政策，又想维持人民币兑美元汇率的基本稳定，央行就必须加强对资本流动的管制，但这一方面可能导致人民币国际化的退步，另一方面可能遭致国际社会的非议。这是因为，正是中国央行承诺会继续开放资本账户，才使得人民币被纳入 SDR 货币篮。

当前中国央行是如何选择的呢？首先，鉴于目前中国高层官员已经多次重申人民币汇率不具备持续大幅贬值的基础，似乎中国央行已经不得不努力维持人民币兑美元汇率的稳定。（当然，如果中国官员强调维持的是人民币有效汇率的稳定，这可以创造一些人民币兑美元汇率温和贬值的空间）其次，目前中国央行事实上已经收紧了对外汇兑换与资本外流的控制。例如，投机者已经很难在香港离岸市场上借到人民币，离岸人民币拆借利率已经显著上升。又如，零散换汇并集中汇至海外特定账户的行为已经受到明显遏制等。再次，为了稳住汇率，目前央行已经多次对抗市场预期，推迟降息降准，而仅仅通过逆回购、SLF 与 MLF 等短期流动性调节措施来补充流动性。事实上，2016 年 1 月的股市大跌，尽管与人民币贬值预期、引入不成熟的熔断机制等高度相关，也与央行没有及时降息降准密切相关。

换言之，央行再度回到了不可能三角的中间道路上来，它被迫再度选择了较为稳定的人民币汇率与部分的资本账户管制，但代价是货币政策的独立性再度被削弱。

三　如何协调当前的货币政策与汇率政策？

笔者认为，作为全球第二大经济体，中国经济已经是一个不折不扣的大国经济。对大国经济而言，内部平衡的重要性要高于外部平衡。而要在开放条件下实现内部平衡，就必须维持货币政策的独立性。而要提高货币政策的独立性，就必须增强汇率制度的灵活性，并且维持必要的资本账户管制。

首先，为了消除负向产出缺口，中国政府实施积极的需求管理政策，其中积极的货币政策不可或缺。目前中国政府的政策重心似乎放在了"供给侧改革"。然而供给侧改革只能改变中长期的潜在增速，对提振短期经济增速没有太大帮助，甚至可能压低短期经济增速。更重要的是，如果不能维持短期经济增速的稳定，如果中国经济发生硬着陆，供给侧改革根本难以推动。因此，当前中国经济需要实施积极的需求管理政策，这包括积极的财政政策与积极的货币政策。而积极的货币政策，意味着降息与降准并举。考虑到当前的政策空间，未来中国央行应该把降准作为主要的货币政策工具。

其次，为了给宽松货币政策打开空间，必须增强人民币汇率形成机制的灵活性。这就意味着要降低央行对外汇市场的干预，让汇率在更大程度上由市场供求来决定。在当前形势下，央行放松对人民币汇率的干预，必然意味着人民币兑美元汇率在短期内会显著贬值。然而，只要贬值幅度不是过大（也即没有出现汇率超调），那么市场力量下的贬值是利大于弊的。这既有助于缓解有效汇率升值过快对出口造成的冲击，也有助于释放贬值压力、消除市场上持续的贬值预期。我们认为，建立人民币有效汇率的年度宽幅目标区机制，是当前人民币汇率形成机制的最佳选择（具体可参见余永定、张斌与张明在《财经》杂志上发表的文章）。

再次，为了控制人民币兑美元汇率的贬值幅度，以及提高宽松货币政策的有效性，中国央行应该保持适当的资本账户管制，而非继续开放资本账户。一方面，如果资本流动没有障碍，那么汇率贬值预期与资本外流之间可能形成相互强化的恶性循环，这可能导致汇率发生超调。另一方面，如前所述，如果资本流动没有障碍，那么宽松货币政策将会导致资本外流，由此可能造成流动性不松反紧，这会削弱货币政策的有效性。从这两方面出发，维持必要的资本账户管制都是中国央行的必然选择。这又意味着，其一，中国央行短期内不应出台进一步放松资本外流的措施，例如QDII2等；其二，中国央行应该加强现有资本账户框架下资本管制的有效性，例如加大对虚假贸易、贸易项下转移定价以及地下钱庄的打击等。此外必须指出的是，加强资本管制的有效性，并不意味着违背市场的规律进行蛮干。例如，为了维持人民币兑美元汇率的稳定，人为地提高离岸人民币市场的利率以及人为地压缩离岸人民币的供给，这并不是适宜的管制做法，而且这样做会显著削弱央行的信誉，并最终扼杀人民币离岸市场。

总之，作为一个事实上的经济大国，我们必须遵循大国的行为逻辑。当国内经济形势要求货币政策放松时，我们应该毫不迟疑地放松货币政策，而不要被汇率维稳束缚了手脚。为了提高宽松货币政策的效力以及防止汇率向下超调，我们应该坚决加强资本流动管制。资本流动管制应该采用市场各方能够接受的方式，避免过于简单粗暴的做法。

本文作者张明为中国社科院世经政所国际投资室主任、研究员。

预算紧缩时期，最大限度地公共研发支出

Reinhilde Veugelers/文　　黄杨荔/编译

导读：本文回顾了关于公共研发支出影响的研究。文章首先考察了从微观层面分析的公共干预对私人研发创新的影响，重点关注最新的跨国微观研究结论。为探究公共研发对经济增长的影响，作者认为还需补充其对私人研发投资影响的微观结论，为此文章采用欧盟政策分析中最常用的应用宏观模型，以考察公共研发如何影响GDP增长和就业。最后，文章针对公共研发项目的规划设计提出了政策建议。编译如下：

欧洲低增长与高负债并存的局面要求公共投资更具智慧，即在促进长期增长的同时最小化对公共财政与经济活动的短期负面影响，而研发是明智的公共投资典范之一，本文将从以下几个角度加以阐释。

一　对公共研发支出的理论支持

市场失灵理论是公共研发支出的依据基础：受知识作为公共品的非排他性、无形特质和研发风险的影响，市场无法为私人研发投资提供充足的激励；此外，公共研发需满足公共利益的某些需求，而市场本身无法提供这些公共品。除了知识的外溢性，研

发结果的高风险与不确定性是另一项市场失灵的原因。总体来看，研发投资中存在一系列市场失灵，为政府干预私人研发投资以趋于社会最优水平提供了理论依据。

二 私人回报与社会回报之间的差异

许多研究估测了私人回报率。然而，公共干预研发活动的动机不在于私人回报，而在于研发投资的社会回报。不同国家的社会回报率可能相差甚远，取决于创新体系的分配能力、对知识外溢的利用能力。

私人与社会研发投资的回报差异源于知识的外溢，因而可以直接考察知识外溢的情形。其中有一大挑战，就是潜在传导渠道的多样性，对其的衡量也因此成为难题。知识外溢与研究者迁移和产品、服务、投资的流动相关。Belderbos 和 Mohnen（2013）回顾了衡量外溢性的多种方法，基于贸易的指标最为常用，然而他们的研究表明，基于专利的指标能够更好地描述知识外溢。

三 政府对研发的支持

尽管关于社会回报超过私人回报以及知识外溢性的证据可以为公共干预辩护，然而，这对公共研发投资并不适用。这个问题上还需考虑潜在的政府失灵，比如公共干预的无效性。

许多原因都可能导致政府对研发投资的干预无效。其一，政府研发投资可能对私人研发投资存在直接的替代效应；其二，政府研发投资增加了对研发投入品的需求，抬高了研发成本，可能对私人研发投资存在间接的挤出效应，尤其在研发投入品供给弹性较小的情况下；其三，理论上政府会按照社会回报率从高到低来安排研发项目的实施顺序，这要求政府对每个项目的社会回报率了如指掌，事前要做到这点非常困难；其四，存在"政治俘房"的问题，可能选择错误的研发项目。

政府应在何种时机支持研发活动呢？政府干预的潜在好处能否抵销干预的成本与失败风险，是实证研究的关注点之一。许多对研发项目的估值研究并不基于微观技术，而是定性的案例研究、采访与调查。这些研究可能存在"幸存者偏差"，即研究的项目都是更为成功的项目，基于随机试验或自然实验的研究少之又少。以下，我们将探讨基于时间序列和截面数据的经济学研究结论，关注对企业的研发补贴和税收抵免。

（一）研发税收抵免

税收抵免可为私人研发活动提供资金，从而产生社会最优的研发水平。相较研发补贴而言，税收抵免的一大好处在于允许企业自主选择项目，而且更可预期，因为所有符合条件的企业都适用抵免政策。研发税收抵免的方式多样，包括总量抵免、增量抵免、仅对研发雇佣成本抵免等。

要评估财政激励对私人研发活动的有效性，主要通过税收价格弹性或单位税收抵免导致的研发投资增量来衡量。关于税收价格弹性的研究存在较强异质性。Hall 和 Van Reenen（2000）的计量研究表明，1美元税收抵免导致的新增研发投资约为1美元。同时，增量抵免下的税收价格弹性高于总量抵免，意味着税收抵免的好处在于激励新的研发项目和企业，而非对现存项目的支持。此外，税收抵免的部分好处被研发人员工资的增长抵消了。

（二）私人研发补贴

一支新兴的研究文献着眼于评估研发补贴对私人研发开支的影响，其中大部分实证研究关注一个问题：公共研发投资对私人研发投资是否多余，是否会替代从而挤出私人研发。Capron 和 Van Pottelsberghe de la Potterie（1997）发现，尽管实证模型存在异质性，然而在某些产业或国家中，政府研发是私人研发的替代品。David, Hall 和 Toole（2000）的研究则表明，尽管平均而言，更多证据支持政府干预的正面效果，但总体结论比较模糊。Garcia-Quevedo（2004）指出，在他们回顾的研究中，17/74 报告了替代性的结论。与产业、国家层面的研究相比，政府补贴的替代性在企业层面的研究中更为主流。

四 政府研发投资是明智的财政整顿方式

研发投资能够带来可观的好处：由于存在外溢效应，研发投资的社会回报率远超私人回报率，但存在市场失灵问题。公共研发投资在激励研发、促使其向社会最优水平靠近上的效率如何呢？一个重要的政策问题在于，当前，基于不同政策有效性的反事实评估研究尚处于空白，而从个例研究很难得出一般性的结论。然而，现有结论表明，研发补贴和税收抵免的积极作用仍有提高的潜在空间，尤其在国际合作层面上，但这种情况仅仅发生在那些由于研发被中途打断，而且社会回报率显著高于私人回报率的企业。这对政府辨别、选择项目的能力提出了很高挑战。对此，现有研究提出，政府应尽量遵循市场化原则，按照私人回报率来选择项目或许较为可行。

此外，现有研究还发现，私营企业申请政府公共研发投资的比例很低。低申请率将严重阻碍政府投资的有效性，尤其当那些所开发项目的社会回报率最高的企业没有申请政府扶持。低申请率可能源于申请成本高昂。为了吸引更多企业来申请，公共研发投资应保证申请程序清晰、简单且透明，以最小化申请成本。然而，现有研究还发现，企业不申请政府扶持也可能源于缺乏好的项目，以至于即便有扶持也难以产生足够高的私人回报率。或许，要吸引更多企业的申请，最好的政策路径就是提高企业研发投资的私人回报率，这要求政府提供辅助性的政策，为创新创造良好的环境。

总体而言，公共研发投资能否作为明智的财政整顿典范，目前对这个问题的肯定回答还不敢肯定。公共研发投资当然有潜力，但我们对其的实际效用所知甚少，还需要更多适当的微观、宏观评估来帮助最终方案的形成。

本文原题名为"Getting the Most from Public R&D Spending in Times of Budgetary Austerity"。本文作者 Reinhilde Veugelers 为 Bruegel 高级研究员。本文于 2016 年 2 月刊于 Bruegel 网站。

欧央行 QE 风险在增加

Boysen-Hogrefe，Fiedler，Jannsen，Kooths 和 Reitz/文
郭子睿/编译

导读：欧央行将原定于 2016 年 9 月结束的 QE 延长到 2017 年 3 月，并改变了资产购买的标准和限制。本文认为，欧央行的 QE 计划很难达到政策目标，还会带来一系列风险：欧央行的政治独立和信誉遭受挑战，不利于政策改革和财政协调，并将面对系统性金融风险、资本错配以及外汇市场潜在的扭曲和混乱。编译如下：

2015 年 12 月，欧洲中央银行宣布进一步施行量化宽松政策，而且将原计划的结束时间 2016 年 9 月至少延长到 2017 年 3 月。考虑到欧元区证券市场的特点，欧洲中央银行已经改变了量化宽松政策购买证券的标准和限制，比如将存款利率降低到 -0.3%、到期证券进一步展期、央行可以购买区域性政府或地方政府的债务工具。这会增加 QE 带来的风险，而且让人质疑这些限制和标准是否过于武断。

欧央行采取通胀目标制，希望在 2017 年通胀能够接近 2% 的目标值。当前的通胀水平还在 0 附近徘徊，显然低于欧央行的预期，这也是欧央行大规模采取货币政策的重要原因。但研究发现，欧洲较低的通胀水平来源于不断下降的石油价格，剔除石油价格的核心通胀水平在 1% 附近。货币政策并不能应对石油价格

的下降，如果经济不能复苏而通胀较高，则容易导致金融危机。

根据之前的 QE 经历，我们怀疑当前环境下欧央行采取 QE 是否有效。大量研究表明，货币政策在金融危机刚开始的时候是有效的，有助于降低不确定性，恢复市场信心；但在金融危机之后的复苏时期，货币政策效果非常有限。此外，考虑到下列因素，欧央行的 QE 计划很难达到美联储和英格兰银行 QE 的效果：第一，QE 通过购买证券资产来操作，而欧洲的金融体制以银行业为主导，对 QE 反应并不强烈；第二，欧元区的政治和结构性问题会弱化货币政策的刺激效果；第三，欧元区不同国家的经济问题不一样，统一的货币政策很难同时发挥作用。

尽管 QE 会通过汇率渠道对经济产生一些正面影响，但整个欧洲经济都面临巨大的风险。这些风险带来的经济问题并不是货币层面的，如各国的结构性差异、劳动力市场僵化、高债务等。因此，我们很难期待货币政策来解决这些问题。另外，QE 计划被进一步拓展，将会增加 QE 的风险，与 QE 相关的风险包括欧央行的政治独立和信誉、不利于政策改革和财政协调、系统性金融风险、资本错配以及外汇市场潜在的扭曲和混乱。

本文原题名为"Risks of Quantitative Easing are Increasing"。本文作者皆为世界经济 Kiel 研究所的研究员。本文于 2016 年 2 月刊于 Kiel 官网。

打破房地产周期与银行危机及经济衰退间的联系

Avinash D. Persaud/文   程覃思/编译

导读：本文主要讲述了房地产周期与银行危机及经济衰退之间的钩稽关系，分析了房价变动对银行贷款的影响，与经济衰退之间的联系。编译如下：

房地产市场是全世界银行业危机的一大中心。伴随这些银行业危机的，通常是比普通经济衰退更为严重和持久的衰退。持续攀升的高房价和不断增长的失业率是导致社会不平等的一个主要来源。

更多的资本可以使银行在面对经济周期变动时变得更加安全，但这并不能完全切断房地产周期与经济周期间的关系。资本结构良好的银行不会一直等待着资本结构恶劣的银行来取消抵押品赎回权。此外，证券化抵押贷款的流动性会增加银行对经济的信心而不会认为房地产会崩溃。

某些类型的抵押贷款可以减少住房经济周期的敏感性，从而对银行系统起到保护作用。该抵押贷款可以有效地在经济衰退期间利用本金和利息，起到减少家庭支出并预防房屋止赎的作用。然而银行不能提供这些类型的抵押贷款，因为这样做会增加既存的经济危机顺周期性循环（事实上银行资金的流动性和资产价值增减与经济周期是正相关的）。

一些机构有稳定能力提供抵押贷款，比如说人寿保险公司和养老基金，这为有房者提供了一定的资金灵活度，可以有效地对抗经济周期循环并使这些有房者实现投资目标。随着时间的推移，在当前银行无法实现更好监管的情况下，人寿保险公司和养老基金在对抗经济周期方面的能力可以在风险的流动性中被更为广泛地传播。

银行、房地产及经济这三者之间的关系并不仅仅体现在2008年的次贷危机中。近十年来最大的经济危机背后是房地产行业的兴衰。从2006年到2009年，经济合作与发展组织（OECD）国家遭受了最大的家庭支出下降（丹麦、爱尔兰、挪威、葡萄牙、西班牙、英国和美国），这些国家都是属于前十年中家庭债务增长速度最快的国家，而其中大部分的债务抵押方式是抵押房产。当房价崩溃时，这些房产抵押者和相关的银行紧随其后开始崩溃，银行信贷额度减少，家庭消费下降，随后只能贱卖资产。

那么，是什么使得抵押贷款如此危险？答案是房价的急剧下滑削弱了家庭财富和银行的资产负债表。银行不得不停止放贷，而家庭不得不开始减少消费，经济活动下降使得企业开始解雇工人，失业率随之上升。其结果是更多不良抵押贷款的产生和房价的持续走弱。此外房地产和经济之间的另一个基础联系体现在不良抵押贷款止赎上，这体现在有房者对丧失抵押品赎回权的恐惧以及银行因规避风险转型而带来的资产流动性降低的风险。

银行、房地产及经济三者之间的关系更加强化了抵押贷款债务比例与家庭财富和银行资产负债表之间的关系。房地产与经济的关系不仅仅表现在丧失抵押品赎回权风险上，也表现在银行的风险规避上。金融危机的出现往往是因为资产监管机构、评级机构和投资者对市场预期同时转坏的情况。上述三者对市场预期不看好的强烈信念会突然打翻此前的市场价值预期，造成银行和其他机构对风险规避的强烈倾斜。为什么银行不能提供可以实现自我调整的抵押贷款、更加温和的共同责任的抵押贷款或类似的金融产品呢？从单个银行的角度来看，他们的资产负债表也已经与经济周期相关性太高了，提供上述抵押贷款会使该相关性更高，触发这些可以自我调整的抵押贷款会使得银行其他资产价值的下降。由此银行客户透支贷款，他们会赎回货币市场基金并撤回其他资金。如此银行将更加缺乏资金流动性。

本文原题名为"Breaking the Link between Housing Cycles, Banking Crises, and Recession"。本文作者 Avinash D. Persaud 自 2014 年 7 月开始任彼得森国际经济研究所高级研究员，同时任格雷沙姆大学名誉教授，主要致力于政策经济学、经济市场等方面的研究。本文于 2016 年 3 月刊于 PIIE 官网。

中国"走出去"战略的再审视

Wang Hongying/文   朱子阳/编译

导读：面对中国日益扩大的国际经济活动，作者重新审视了中国的"走出去"战略和一带一路战略，认为目前的主流观点低估了所存在的风险，作者认为这一战略存在较大不确定性，建议从国内、国际两个角度去审视。编译如下：

近年，随着"走出去"战略的实施，中国企业大量在海外投资。经历了三十多年的投资净流入后，中国成为了投资输出国。中国的许多政策都是围绕对外投资的，例如2013年提出的"一带一路"战略。此外，从2009年开始，中国开始其人民币国际化征程。

有许多研究分析了中国"走出去"战略的动因及影响。部分研究把"走出去"视为中国在国际领域的雄心和改变国际秩序的诉求。事实上，原因远非如此，中国的国内政治经济议题在塑造中国对外政策上具有很大影响。近期CIGI的研讨会上，我们就这一问题展开了探讨。

一 国内政治经济环境及中国"走出去"战略

中国的"走出去"战略无疑是中国最为主动的对外政策。但是国内动力是其主要动因。具体来说，旧发展模式带来的问题，政府、国企、银行三者的关系，公众对于政府处理外汇储备方式的不满，都导致了 OFDI 和对外援助。而同时，OFDI 过程中的某些问题就类似于中国国内情况，例如：与中国的外援和出口捆绑，资源导向的投资，缺乏社会责任等。

国内政治也深刻影响中国国际资金的使用。控制信贷一向是中国中央政府控制地方和大企业的基石。为了尽可能减少对人民币国际化的威胁，中国加强了控制，可能将人民币离岸中心设在香港。并且，"一带一路"也成为中国控制人民币的另一渠道。

那么，中国国内经济增长的放缓会怎样影响国际投资、援助以及人民币国际化进程呢？

推动中国对外投资走出去的一个重要原因在于中国巨额的外汇储备。由于长期投资美国国债，外储的收益较低，一直受到国内一些群体的批评。而 2008 年金融危机后，更多人认识由于美国的经济状况和宏观政策，可能使得中国外储受损，因此，中国应该优化外储资产，从而援助和 FDI 在近年增长较快。

但是，在过去几年，经济放缓使得未来变得不那么乐观。跨国公司在重新选择投资地点、金融投资者看空人民币、富人正向海外转移资产。而中国央行则为了汇率稳定付出外储的代价。2015 年，中国外储由 4 万亿下降为 3.3 万亿，而 2016 年 1 月又下降 100 多亿。如果这种趋势继续的话，援助和 FDI 可能有所减少。

经济放缓和金融市场波动也有损人民币国际化步伐。人民币国际化此前发展迅速，2015 年即成为世界第二大贸易结算货币和第四大支付货币。去年，IMF 也把人民币纳入 SDR，但是人民币还远未成为世界储备货币。因此，中国需要进一步自由化其金融市场。

但是这一目标又和当前中国高层的意图相左，因为领导者希望保持 6.5% 以上的高增速和金融稳定。国内反对资本项目自由化的声音和力量都很强大，甚至中国央行的改革派们也把深入金融市场改革和人民币国际化的目标优先级降低了。

二　中国"走出去"战略的风险与挑战

中国高速扩张的援助和 FDI，所提出的"一带一路"战略，都表明了中国对于世界的关注和热情。中国总是把"走出去"战略描述成双赢战略，帮助发展中国家发展经济，又为中国开拓了市场和资源。而另一些观察家则说，中国的投资是为了扩大中国对亚洲和非洲的影响力，并削弱了美国的地位。双方的观点都有失偏颇，原因在于他们低估了中国走出去战略的风险。

最重要的在于中国所提供的基础设施建设真的符合别国的需要吗？中国的投资能否满足别国的需求呢？

第一，这一需求差距远超中国企业和其多边开发银行的预计。全球基础设施建设达到 1 万亿美元，而丝路基金仅有 400 亿美元、亚投行仅有 1000 亿美元。一些中国政府官员倡导说引入私人资本，但是在项目缺乏回报和可持续性的时候，私人会进入吗？很难想象这种 PPP 会变成什么样。

第二，中国的海外基建面临潜在政治和安全风险。但进行交通基建时，中国将不得不参与耗时耗力的谈判中以协调各方利益。况且，在"一带一路"沿线国家，地缘冲突、腐败、政治不稳定问题严重。

第三，虽然中国"走出去"战略和"一带一路"受到了部分国家欢迎，还有些国家则不热情。同一国家的不同群体间也有不同的利益诉求。更值得担忧的是，亚洲邻国对于中国日益强大的政治力量和野心十分担心，他们势必在经济利益和安全利益上寻求平衡，对于"一带一路"也将比较犹豫。

三 小结

概括来说，中国"走出去"战略是复杂的国内国际因素塑造的结果，必须从国内、国际两方面去审视。目前有种趋势低估了一带一路的国内、国际阻力，甚至导致盲目的乐观。

本文原题名为"A Deeper Look at China's 'Going out' Policy"。本文作者 Wang Hongying 为 CIGI 高级研究员。本文于 2016 年 3 月刊于 CIGI 官网。

对欧元区财政联盟的可行性建议

Agnès Bénassy-Quéré，Xavier Ragot 和 Guntram B. Wolff/文
申劭婧/编译

导读：在目前政治经济一体化水平的背景下，在欧元区建立大额联邦预算是不切实际的。针对经济周期背景下国家财政政策的稳定化和长期的可持续性，作者们提出了三个建议。他们同时建议推动针对"大"冲击的欧洲失业保险计划，以及建立一套最低的劳动力市场统一协调标准。编译如下：

一　亮点

·基于相对庞大的预算，成熟的联合分配财政政策的稳定，很大程度上要归功于联邦层面。在欧元区当前的政治和社会一体化水平下，建立一个大的联邦预算是不现实的，并且财政稳定将继续主要依赖于国家政策。

·考虑到经济周期，要使得总体财政政策在更加稳定的同时实现长期可持续发展，有必要：（1）避免通过主权债务重组使得危机国家的财政政策调整弄巧成拙（包括加强银行业和扩大欧洲稳定机制的范围）；（2）让计划独立于政府的欧洲财政委员会清晰界定财政合作高于货币合作的特殊时期；（3）根据国家调整账户，允许增量投资和失业支出从经济不景气时期向繁荣时期转移，从而使国家财政政策更稳定。

·我们还建议推动针对"大"冲击的欧洲的失业率（重新）保险计划，以及一套最低的劳动力市场统一协调标准。这在任何情况下对货币联盟的运作都是可取的。

二　摘要

欧元区的建立使得财政联盟的问题被搁置，但是危机使得关于这一话题的辩论重启。

在财政联盟的三个经典功能——公共产品的提供，再分配和稳定化政策中，只有最后一个提供了在欧元区层面的对于财政政策的清晰界定。一个成员国的不可持续的财政政策可使整个欧元区受到动荡冲击。并且，国家政策也可以对地区通货膨胀产生直接和间接的需求冲击。"人人为己"不是一个选择，但是合作很困难，因为这牵扯到19个国家预算决策和共同的中央银行。

实务中，欧元区以及其他地方的财政政策经常加强而非减弱经济周期效果。成熟的联邦因为有相对大的预算，很大程度上将财政政策归于联邦层面。在欧元区，大的联邦预算在现有政治经济一体化程度下是不现实的，财政稳定将继续主要依赖于国家政策。

针对经济周期，同时考虑到长期的可持续性，我们提供了意在促使国家财政政策趋向稳定的三点建议。第一，欧元区应该避免对危机国家施加不利于其发展的财政政策调整。为达到这一目标，应该通过加强银行业和扩展欧洲稳定机制的职责来推动主权债务的结构调整。第二，在经济非常景气或者疲软时期，财政政策应该由计划独立于政府的欧洲财政委员会来指导。而在平常时期《稳定与增长公约》（SGP）应严格发挥作用。当然，财政合作在非常时期尤其有用，尤其是欧洲中央银行不能再独自维护欧元区稳定。第三，《稳定与增长公约》应该能够在国家调整账户的基础上，通过将增长投资和失业开支从萧条时期转移到经济景气时期。而非通过没有被清晰定义的自主决断措施，也就是现在的状况。第三点建议将加强在危机时期曾被削弱的自动稳定器。

另外，我们建议推动在非常时期的"联邦"保险。这将给予自动稳定器，且在启动后不应该牵扯情境因素。最好的选择大概是非常时期的欧洲失业（再）保险计划。所有遵从最低劳动力市场统一协调标准的国家将被要求参与进来，而他们对该计划的应付款基于客观标准，劳动力市场协调也对于货币联盟的正常运行有促进作用，并且将受惠于再保险计划。

三　正文

（一）为何讨论货币联盟？

各国一般在中央层面有丰富的财政资源，而地方政府花费一般不超过总政府开销的50%。在联邦国家，地区花费的比例更大，加拿大的比例达到76%。如果将欧盟视为一个联邦，它将是一个完全的"异常值"。地区（也就是成员国）预算在总花销中占比98%。至于欧元区，除了ESM的外借能力（2016年达到5000亿欧元，相当于欧盟成员国加起来预算的10%）之外，没有任何预算。

（二）欧元区的财政稳定

财政稳定是运用财政政策，通过在经济低迷时期更高的花费或更低的税收，以及在繁荣时期消除预算赤字来支持经济发展。财政政策在国家层面对于迎合特定国家的冲击，以及联邦层面上当货币政策不如往常有效时非常重要。然而财政政策不是联邦国家中维护宏观经济稳定的唯一工具。

（三）国家财政政策

·关键的挑战在于重建每个国家预算在国家层面上的稳定，

以及在需要时合力推动宏观经济稳定的能力。这包括：

・在正常和经济繁荣时期减少债务率以便在经济萧条时维护财政稳定的压力。

・可能的债务重组来防止过于严峻的紧缩，使得规则更加可信。

・在萧条时期 SGP 规则的灵活性。

・协调财政立场的可能性，特别是当货币政策不再足够有效的时候。

（四）欧洲失业保险和劳动力市场的会聚

尽管短期内没有除了依赖国家财政政策以外的其他选择，这实际上是个脆弱的解决方案，因为财政合作在国家命令下对政策制定者来说不是自然而然的。而且实行"灵活"财政规定也已经被证明是困难的。长期来看，在非常时期将至少一部分财政稳定从国家层面转移到欧元区层面是明智的选择。

本文原题名为"Which Fiscal Union for The Euro Area?"。本文作者 Agnès Bénassy-Quéré 为索邦大学经济中心的教授，Xavier Ragot 为法国经济观察社的主席，Guntram B. Wolff 是布鲁盖尔经济智库的主席。本文于 2016 年 2 月刊于 Bruegel 官网。

宏观经济政策再思考：
有进步还是更令人困惑

Olivier Blanchard/文　　张舜栋/编译

导读：去年，IMF召开了两年一度的"反思宏观经济政策"系列研讨会。作为会议组织者之一，本文作者回顾了当时与会者的意见，并且分析了这些政策意见的实践效果。编译如下：

去年4月15和16号，IMF举行了第三届"反思宏观经济政策"研讨会。我起先为这次研讨会定的标题是"第三届反思宏观经济政策研讨会：匍匐在战壕中"。第一次召集这次会议时，我认为其意义在于标志着先前政策的普遍失效，第二次在于指明了宏观方向，而这次则是对初步进展的总结。

而我为这次会议拟定的副标题被另一名会议的组织者Larry Summers驳回了。他认为我有点过于乐观，实际上我们离明确的宏观经济走向还远得很。我争论不过他，于是只好改为一个更为折中的副标题："是有进步还是更令人困惑？"

那么，如今我如何看待我们的进展呢？我认为Larry和我都是正确的。我这么说并不是因为客气，而是因为我们确实是在战壕中匍匐前进，但最终这条战壕会通向何方还有待观察。以下，我将分宏观审慎政策、货币政策和财政政策三个部分解释我的观点。

首先我想谈谈宏观审慎政策。这次大危机令大多数人达成了共识：面对这样的危机，我们必须掌握一定的工具手段。迄今为止，无论是研究还是政策，我们都已做了不少工作。而我们也已经更加注意监控系统性风险的程度，并兼顾对应的调控手段。仅近期一份由美国财政研究局进行的调查就发现了31种从不同维度识别系统性风险的工具，而这些工具毫无疑问还有更多。在实践上，一些国家将这些工具应用于央行之中，比如英国；也有一些国家在央行体系之外使用这一工具，比如美国。而更多国家也已经尝试用贷款比率等工具影响房价和房市需求。

但是，这些措施最终会带领我们去往何方呢？我们不知道未来的金融体系是什么样子。是会基于政府机关？还是基于央行或以市场为中心？当然，对于其他领域，比如高科技领域的进步，我们也同样无法预知。但是，金融部门不会仅仅坐视变化的发生，任何监管政策的变化都可能对市场产生重大影响。借用Paul Tucker的演讲，我将未来的监管原则定义为"动态调整的金融监管"。就拿基本跨境流动来说，我们需要好好研究一下多种跨境资本流动的宏观经济效果，以及不同资本管制和汇率操控措施的实际效率。会上的许多发言都表明，不少形式的资本流动都是有破坏性的。那么，我们金融开放的程度究竟应该是多少？我们是否应该永久性禁止一些类型的资本流动？这些问题还有待我们研究。

其次是货币政策的问题。我们已经从学界的研究和央行的实践中发现，零利率条件不仅可以达到，而且很难摆脱；金融资产确实是不完美的替代品；量化宽松政策可以永久性地影响金融周期；以及银行挤兑同样可以发生在非银行部门。我们在过去曾经做过一系列政策尝试，但最终这些政策将引向何处，我们还不是非常清楚。

就拿美联储资产负债表的规模和成分来说，目前，其资产负债表总规模大约是4.5万亿美元，是危机前的五倍左右。而危机前占到美联储负债25%的短期国债如今已完全不在资产负债表上了。那么，未来美联储的资产结构应该是怎样的呢？是应该回归到危机前较小的水平，还是应该沿现有方向变得更为庞大？依我看来，各方对增加资产负债表规模的异议不大，但目前还缺乏相关的讨论。

最后我再简短讨论一下财政政策。通过近年的一系列实践我们发现，财政政策的刺激作用非常明显；经济衰退时公共债务的增长可能非常迅猛；财政整顿的效果促使学界加紧对乘数效应的研究——例如财政整顿的效果是否会被信心的作用所抵消？如果是的话，会抵消多少。另外，无可否认的是，目前并没有人关心长期来看借贷比多高才是最优的，因为各方都普遍认同现在借贷比就已经足够高了。不过即使是这样，一些人（如Brad DeLong）依然坚持认为这一比例还是过低。毫无疑问，我们应该针对不同国家进行研究，分别制定正确的政策目标。

简单地讲，尽管一直在努力前进，我们仍然不知道目前的政策方向将通往何处。很明显，我们两年后还需要继续开会，届时进一步讨论这一议题。

本文原题名为"Rethinking Macro Policy: Progress or Confusion?"。本文作者Olivier Blanchard是彼得森国际经济研究所高级研究员。本文于2016年5月刊于PIIE官网。

美联储落后于形势了吗？

Julien Acalin 和 Jan Zilinsky/文　　安婧宜/编译

导读：基于一季度的宏观经济数据，市场非常关注美联储是否会在今年内二次加息。本文作者认为，尽管美联储官员多次表示考虑在年内加息，但市场对此却倾向于不相信的态度。编译如下：

或许如今美国经济并没有在全速前进，但事情或许并没有最近的经济指标看起来那么糟糕。近期以来关于美国经济的悲观言论通常是由几个缺乏支撑力的因素，比如中国经济增长放缓，所武断地推论出的。而在最近的表态中，美联储已经明确排除了外部经济冲击因素，因此，现如今国内经济活动才是经济政策制定的决定因素。有以下三个原因说明了为何美国经济要比看上去更好一些：

首先，当前的 GDP 数据未必意味着整体经济增长的缓慢。因为即使是经过季度调整后，一季度的 GDP 增速也通常会比全年其余时间的平均增速低。如图 1 所示，近 25 年来，美国一季度的 GDP 增速通常都相对偏低。

另外，我们还可以再重新研究一下被认为是衰退期的 2014 年。美国经济研究局在 2015 年 3 月对 2014 年一季度 GDP 增速的估计是 -2.1%，但实际上宏观经济远远没有那么大的波动。如今，它们对这一数据重新估计的数值是 -0.9%，与先前相比有了明显的上调。因此，这也意味着我们在估计今年的一季度增速

经济政策 249

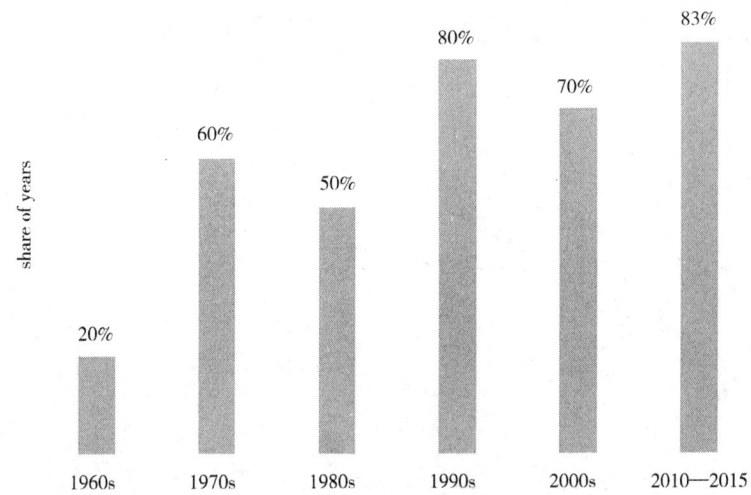

图1 历史上一季度GDP增速低于全年平均增速的年份所占比例示意
注：数据来自于Bureau of Economic Analysis（BEA）。

时也要留出一定的上调空间。

第二，由石油市场带来的利好可能很快就会惠及美国国内市场。今年三月，由于油价和股价的暴跌、减产协议的失败和美元的强势，美联储不得不谨慎放缓了加息速度。而今天的情况看起来要乐观得多。美元的贬值带来的出口利好、油价和股价的回升对于经济复苏而言都是好消息。

然而，由于原油业高度发达的生产能力和效率，供给侧压力正在显著提高。根据高盛的数据，过去几年间美国生产的页岩油已经大幅改变了全球石油市场（如图2所示）。有两件事值得我们注意：曲线的右移不仅意味着生产能力的提升，也意味着效率的改善。也就是说，除非短期内需求显著上升，否则油价的上升将会遇到天花板。这对于美国经济来说意味着利好：更低的油价将通过提升消费者实际收入来刺激消费，而如果油价相对稳定，也同样会刺激投资。不过，低迷的原油价格也可能通过拉低通胀预期而使得美联储的工作更为艰辛。

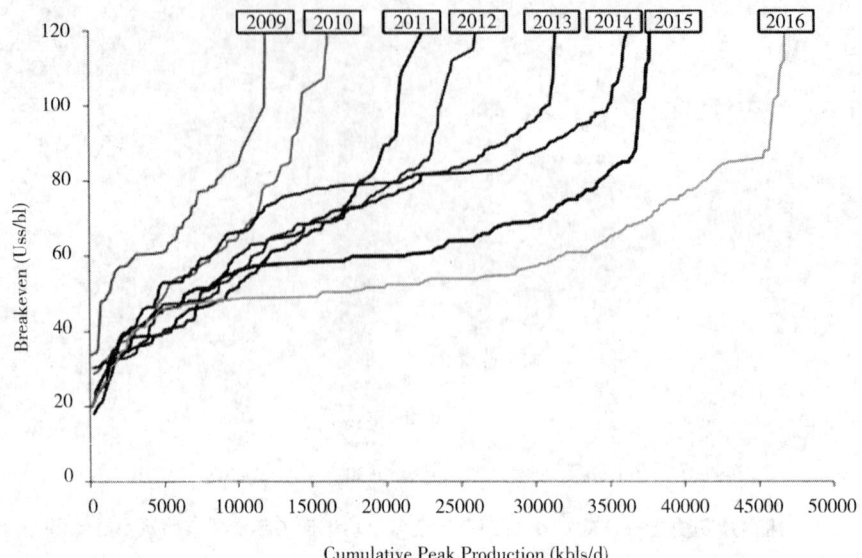

图2 原油成本曲线

注：数据来自于高盛全球投资研究部。

第三，通胀的回归可能会比我们预计的更早。美国经济目前正在以缓慢但稳定的速度增长，同时生产率也有一些提升。有人认为目前的生产率被低估了，也有人认为过去的生产率高增长是反常现象，我们应该适应生产率缓慢增长的"新常态"。如果生产率真的持续稳步增长，而经济增长继续进行，那我们将会看到失业率的大幅降低。根据德意志银行的报告（见图3），今年年底之前，失业率就会降到自然失业率水平，甚至有望在2018年前进一步下降到3%以下。如此一来，根据菲利普斯曲线（指出失业率与通胀水平负相关关系的曲线），我们可以预计通胀水平的迅速上升，那也就意味着美联储完全落后于形势，甚至不得不匆匆加大加息力度。

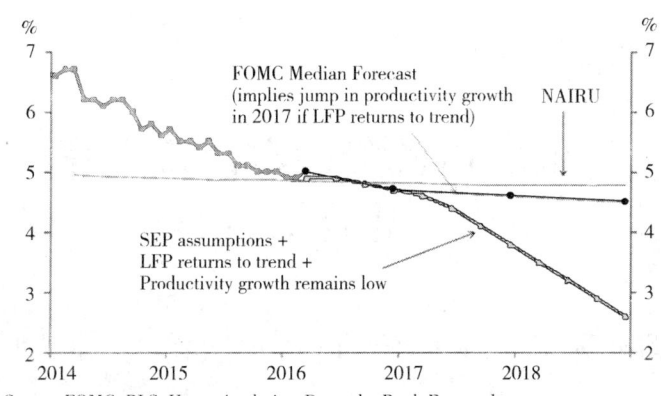

图 3　FOMC 对失业率的预计

注：数据来自于 FOMC 和德意志银行研究部。

那么，美联储是否会在六月英国退出欧盟公投前继续加息呢？尽管旧金山联储主席 John Williams 明确表示支持，但市场给出的概率仅仅是 10% 左右。至于联储是否会在七月或九月加息，虽然联储成员也表示完全有可能，但市场通常倾向于否定态度，85% 左右的人都认为本年度只会有一次加息。联储与市场的意见分歧也可能增加接下来几个月内的不确定性。近期的日本就是一个例子：日本央行近期突然推迟了刺激计划，直接导致了日元贬值和股市下跌。

总之，尽管美国经济近期表现良好，但市场依旧希望美联储放缓加息的步伐。政策制定者们则试图找出平衡点，来确保在通知要继续加息的同时，尽可能提前的向市场发出预警——哪怕这么做会冒失信的风险。

本文原题名为 "Is the Fed Behind the Curve?"。本文作者 Julien Acalin 和 Jan Zilinsky 为 PIIE 高级研究员。本文于 2016 年 5 月刊于 PIIE 官网。

重新审视美国财政部汇率监督报告

C. Fred Bergsten, and Joseph E. Gagnon/文　　朱子阳/编译

导读：美国国会通过的"2015 年贸易便捷及贸易执法"法案，美国财政部出台了相应的政策和报告。作者认为整体方向虽然正确，但仍然存在一些问题。编译如下：

美国财政部发布了一个新报告。报告中，财政部没有将任何国家视作"贸易操作国"，这一点是正确的。但是其仍然发表了一份监测名单，将五个国家和地区（中国、日本、韩国、德国、台湾）纳入其中，这在未来可能演变为"操纵国"名单，并进一步演化为更密切的监控。

在美国 2016 年 2 月份刚刚通过的"2015 年贸易便捷及贸易执法"要求之下，财政部采取了另一举措。在这一法案第七章"货币汇率及经济政策"中，财政部同意了一系列贸易促进委员会去年夏季制定的政策，并表示应当由总统和财长对新汇率政策进行授权。在这一法案之下，财政部于 4 月 29 日发布了新的政策性草案，草案中表示"将增强与贸易伙伴业已签署的双边协定"。这一政策规定满足以下三个标准的贸易伙伴将在一年内受到反制。

三大标准：1. 与美国达到 550 亿美元及以上规模的贸易额（这也是定义重要贸易伙伴的标准）；2. 与美国签署有重大双边

贸易协议（在过去 12 个月中涉及贸易额为 200 亿美元）；3. 在全球价值链中扮演重要地位，即 GDP 所占世界比重超过 3%。且通过持续的外国资产购买压低本国货币，这一标准为这一类型交易占其国家 GDP 的 2%。

　　这一法案的授权，要求财长确认符合标准的国家，这些国家一旦被认为有采取有阻止其货币升值的措施，美国即可将其公开定义为"操纵国"。但财政部认为，美国不可能决定别国的意愿，例如在 2003—2013 年中与中国的汇率争端。显然，财政部的这一论调被美国国会所否定，并已通过有关方案。

　　但是，国会不太可能关注到所有美国签署的双边贸易盈余。例如，如今的生产分散在全球，一国 X 可能从美国进口原材料，加工后出售给国家 Y，而国家 Y 则在组装后运往美国。国家 X 可能与美国有贸易逆差，而国家 Y 与美国产生了贸易盈余。但其实两者都可能操纵汇率，扭曲了美国的经常项目和经济形势。

　　这三个标准有很强的操作意义，过去的几个涉嫌操纵的国家、地区被排除在外，例如香港、新加坡等。这些国家过去一直与美国有贸易逆差，但在未来仍有可能达到这些标准。因此，我们建议国会一开始就避免这种情形。

　　就算应用了这三个标准，财政部发现没有一个国家可能达到标准。虽然过去 15 年中，美国一直指责中国是最大汇率操纵国，以及韩国、马来西亚等国也涉嫌汇率操纵。但是，上文提及的五个国家、地区仅仅达到了三个标准中的两个。

　　我们必须强调，财政部应当坚持贸易盈余占 GDP3% 的标准。我们在彼特森经济研究所强调"基础均衡汇率"，认为占 GDP3% 以上的贸易盈余或逆差是不可持续的。而 IMF 认为中国、日本应当彻底消除顺差。目前有一些讨论认为应当订立更高的标准，例如 4%。而在 2010 年韩国的 G20 峰会上，各国认为可接受的贸易盈余应该不超过 GDP 的 3%。

　　最近，中国和日本其实都已经停止操纵汇率贬值。中国在过去一年中购入了至少5000亿美元的人民币资产以保证人民币不会过快贬值。而日本自2012年安倍政府以来，口头承诺不会操纵汇率。但美国仍将他们保留在监测名单中，是因为仍在扩大的盈余、巨额的美元储备以及可能回归此前操作的可能性。

我们对这一政策主要的批评在于财政部将这一标准定得过高，导致仅有12个国家成为所谓"重要贸易伙伴"，而例如越南、香港、马来西亚、泰国等被排除在外。虽然相对中国，他们不那么重要，但是我们的研究显示，这些国家也涉及操纵了汇率，甚至比中国尤甚。财政部应该放宽标准，例如降低到300亿美元的贸易额，以囊括至少前25位贸易伙伴。

另一个问题在于财政部以GDP的2%来定义操纵是否过于"慷慨"。这一标准下，意味着中国每年可以购入2000亿美元资产，而日本也可以购入1000亿美元而不会受到美国的指控。此外，财政部还缺乏对于各国GDP数据的真实估计。

本文原题名为"The New US Currency Policy"。本文作者C. Fred Bergsten & Joseph E. Gagnon为彼特森国际经济研究所高级研究员。本文于2016年4月刊于PIIE官网。

如何改革欧盟的财政规则

GRÉGORY CLAEYS 和 ZSOLT DARVAS/文　　张文豪/编译

导读：欧盟委员会对于各成员国的财政政策有着统一的规则体系，但近期这一体系的效果备受质疑。本文分析了现行制度的利弊，并且给出了一套全新的改革方案。编译如下：

2010年以来，许多欧盟国家采取的紧缩政策使得欧盟经济雪上加霜，这也令人日益怀疑，欧盟的预算规则为何没能起到促进经济稳定、确保政府债务可持续两大效果。

理论上讲，这套规则应能起作用，但实践证明其面临诸多重大障碍。这套规则使用的关键指标之一是结构预算平衡情况，指调整过商业周期效应和一次性支出（如用于救市的支出）后的政府收支平衡表。如果这一数值过高，该国就应该调整其预算情况，反之则不需要采取紧缩政策。理论上，当萧条袭来时，由于税收下降，失业补助增加，预算赤字将恶化。然而，我们使用的结构预算平衡考虑并调整了这些效应，因而不会轻易地触发紧缩政策。

但在实践中，结构预算平衡的确切数值较难计算。这一指标的计算依赖于不确定的经济周期及其对政府支出的影响。因此，对其的调整可能高达GDP的0.5%，这一变动已经超出了规则本身所需的尺度。毫不令人意外，近期八个欧元区国家财长都表达了对这一测算机制的疑虑。

经济预测是另一大偏误来源。目前，财政规则依赖于欧盟委员会对增速和通胀率的估计，而这一估计常常被证明是错误的。近年来，欧盟委员会一而再、再而三地预测经济增速将上升，而通胀率将下降至2%，但这一预测至今还没有成真过。因此，基于这些不准确的预测做出的政策建议常常起到反效果。诚然，准确地进行预测对于欧盟委员会而言非常困难，但其他诸如 IMF、OECD 和一些私人智库做出的预测并不比委员会好到哪儿去。因此，如果我们的财政规则更少依赖于经济预测，将会收到更好的效果。

欧盟财政规则框架的另一大问题是交织的不透明条款。这导致各成员国与欧委会之间无休止地讨价还价，也在不知不觉中消解了彼此的信任。迄今为止，已有多国政要表示对这一规则框架的质疑甚至是公开反对，其他遵守这一框架的政要则担忧其他国家是否也同样遵守了这些规定。

因此，保留现有框架非常不明智，我们有必要进行一系列改革，确保这一机制合理有效。

最好的选择就是将现行财政规则框架全盘推倒重来。方法之一是，完全不再考虑欧元救市的可能性，而是建立起一套由市场发挥作用的规则，确保各成员国的财政独立性，并且设计一套政策工具起到反周期调节的作用，例如欧洲的失业保险计划。

然而，这样一套全盘重来的计划恐怕太过于书生意气。因此，我们建议采用次优方案：取消所有基于经济预测的规定，并且去除诸如银行救市的一次性开支项目。在这一方案下，公共支出增速将依据所在国潜在 GDP 增速和央行通胀目标而加以限制。因此，在经济情况糟糕时，这将限制政府削减支出的动机，就算政府收入下降，政府依然可以推动经济增长。而在经济状况好的时候，这套方案将限制政府过度增加支出的能力，从而抑制泡沫积累。这一方案也考虑了公共债务问题。负债相对较多的国家，公共支出增速将受到更多限制，从而增加长期债务稳定性。

经济政策 257

同时，我们也考虑到了条例不透明的问题。我们将这套规则的执行情况交由各国财政委员会及新设立的欧盟财政委员会监督，后者将为来自前者的各委员提供具有广泛代表性的席位，并将负责评定哪些特殊情形下各成员国有权暂时违反上述规定。

可见，与旧的规则体系相比，这套新的体系更加简洁、透明，并且更易于监督。最终，各成员国将会自觉自愿地在这套体系下行事，因为他们都认同这套制度最好地代表了促进增长、抑制衰退的目标。

本文原题名为 "How to reform EU fiscal rules"。本文作者 GRÉGORY CLAEYS 和 ZSOLT DARVAS 为 Bruegel 高级研究员。本文于 2016 年 4 月刊于 Bruegel 官网。

IMF：结构性改革面临政治障碍

IMF/文　　伊林甸甸/编译

导读：2016年IMF世界银行春季全球政策议程在华盛顿特区举行，会议期间一个研讨小组就结构性改革面临的政治障碍进行了讨论，小组成员对于实施艰难改革以创造就业和促进经济增长的严苛性发表了看法。从改革内容、时间、执行方式等方面分析了结构性改革面临的种种挑战。编译如下：

由于既得利益者的反对，民粹主义的兴起，以及关于改革内容、时间、执行方式的种种争议，以增强生产力、促进长期经济发展为目标的一国经济结构性改革目前看来面临着重重的阻力。

结构性改革主要解决经济供给侧的问题。产品市场的改革目的在促进企业间竞争，为创业提供便利，以及为能源、交通产业解除限制等。劳动市场的改革目的在于使雇佣和解雇员工更方便，允许失业津贴和就业税方面的变动等。

在全球经济增长低缓，物价下跌，货币政策渐失活力，政府现金储备不足的背景下，许多政府开始着手调整陈旧的规定，开始研究如何使经济更有活力。

国际货币基金组织（IMF）总裁克里斯蒂娜·拉加德（Christine Lagarde）上周在德国法兰克福发表演讲，她呼吁各国尽快着手结构性改革，作为"三管齐下"改革的一部分，另外包括财政和货币政策改革。

IMF 副总裁朱民表示,"我们需要将结构性改革和需求侧结合起来,尤其是财政政策,以帮助抵消供给侧改革的成本"。

首先着手艰难改革

2016 年 IMF 世界银行春季全球政策议程在华盛顿特区举行,会议期间一个研讨小组就结构性改革面临的政治障碍进行了讨论,小组成员对于实施艰难改革以创造就业和促进经济增长的严苛性发表了看法。

哥伦比亚财长毛里西奥·卡纳德斯（Mauricio Cárdenas）表示需要尽快着手于结构性改革,"2012 年哥伦比亚削减了一半工资税,结果令人惊奇:就业方面增加了 80 万个工作岗位"。卡纳德斯表示,在当前标准的教科书式改革并不管用的情况下,国家需要进行结构性改革。哥伦比亚下一波改革浪潮将包括更新税法令其更加有效,以及弥补油价下跌引起的税收损失。

欧洲政治家同样面临经济和金融问题,亟须结构性改革使国家经济回归正轨。

西班牙财长金多斯（Luis de Guindos）表示,"我们在国营部门和私营部门都债务累累,低生产率和低通胀并存。唯一的出路就是进行结构性改革以增强生产力,提高国家税收以偿还债务"。

在最新《世界经济展望报告》中,IMF 表示改革的顺序对于改革成功与否至关重要。

金多斯同样认识到了时间安排和改革顺序的重要性。他表示,"实施结构性改革越早越好,而且最重要的改革应该最先实施"。对西班牙来说,最重要的改革是在 2012 年进行的劳动市场改革,包括退休金改革。专业服务业的改革遭到既定利益的反对,这股势力非常强大。

民粹主义兴起

世界各地的政府都面临民众对经济改革的强烈抗议。

金多斯说，"民粹主义的兴起是渗透性的，它是结构性改革最大的挑战和敌人。政府实施改革将失去选民支持的说法是有失偏颇的"。

政治家们需要就改革目标和成本与选民们进行沟通，选民们在通常情况下可以说是成熟而理智的，而且他们知道改革意味着交易。

朱民表示，"社会和选民是成熟的；人民认识到结构性改革是必需的，而且他们也理解短期成本与长期利益的平衡"。

政府管理

群众对政府的信念、透明度和责任感对改革的成功极为关键。改革经常引起短期付出，但从长期来看回报是更巨大的。

摩根大通研究所首席执行官戴安娜·法雷尔（Diana Farrell）表示，在全球性经济危机顶峰时的美国，全社会一个月内失去70万工作岗位，全国经济低迷。对汽车制造商通用公司的结构调整几乎没有什么公众支持。法雷尔表示，"使利益相关者把经济低迷当做改革动力实际上是最大的挑战。这方面总统的思路非常清晰：共同牺牲。工会、投资者、经理人，每一个人都承担痛苦但最终结果将会好过我们所期望的"。

面对不安的选民日益上升的担忧，政府需要展示出强大的领导力。

突尼斯国会议员，政府财政委员会成员谢里夫（Olfa Soukri Cherif）表示，"为了加强民主，我们需要实现经济成功。你不能过于急功近利，毕竟这些改革是着眼于更长远的经济发展"。

朱民表示，全球经济危机之后，各国都采取了相应措施。低收入国家可以将重点放在农业、税收、价格自由化改革。新兴市场国家可以将重点放在银行业改革、电信业、交通业和劳动力改革。发达国家可以将重点放在研发部门、劳动力市场改革以及基础设施建设。

会议小组成员一致同意结构性改革是各国从危机中恢复和推动国家经济发展的前进道路。

本文原题名为"Structural Reforms Necessary, Politically Difficult"。本文为IMF 2016年春季全球政策议程。本文于2016年4月刊于IMF官网。

中国影子银行的前因后果

Kaiji Chen、Jue Ren 和 Tao Zha/文　　郭子睿/编译

导读：全球金融危机过后，影子银行在中国的兴起有助于稳定中国的产出增长。本文关注中国影子银行的一个独特的现象——委托贷款。在危机过后、紧缩性货币政策的时期，委托贷款获得了迅速发展，银行在其中扮演了重要角色；大部分的影子贷款通过非国有银行流入高风险行业。如果缺乏适当的管制，这样的金融扭曲将最终阻碍由投资导向型增长向平衡增长的转型。编译如下：

中国在全球金融危机时期实行了大规模刺激政策之后，在2010—2013年间开始实行紧缩性货币政策。由此导致银行贷款和存款减少，同时伴随着"影子银行"的快速增长。影子银行在一定程度上抵消了银行贷款减少的影响，对稳定产出增长似乎起到积极作用（图1和图2）。

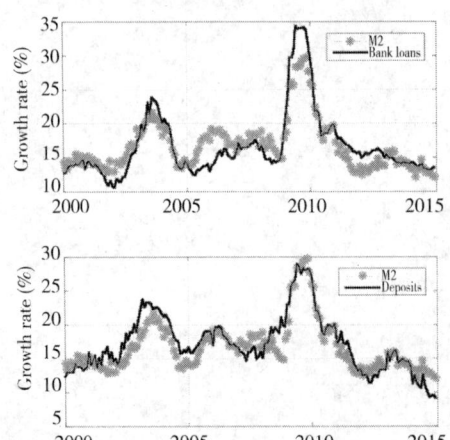

图1　货币总量增长率（同比）、银行贷款和银行存款
　　资料来源：PBC（中国人民银行）和CEIC（亚洲经济数据库）。

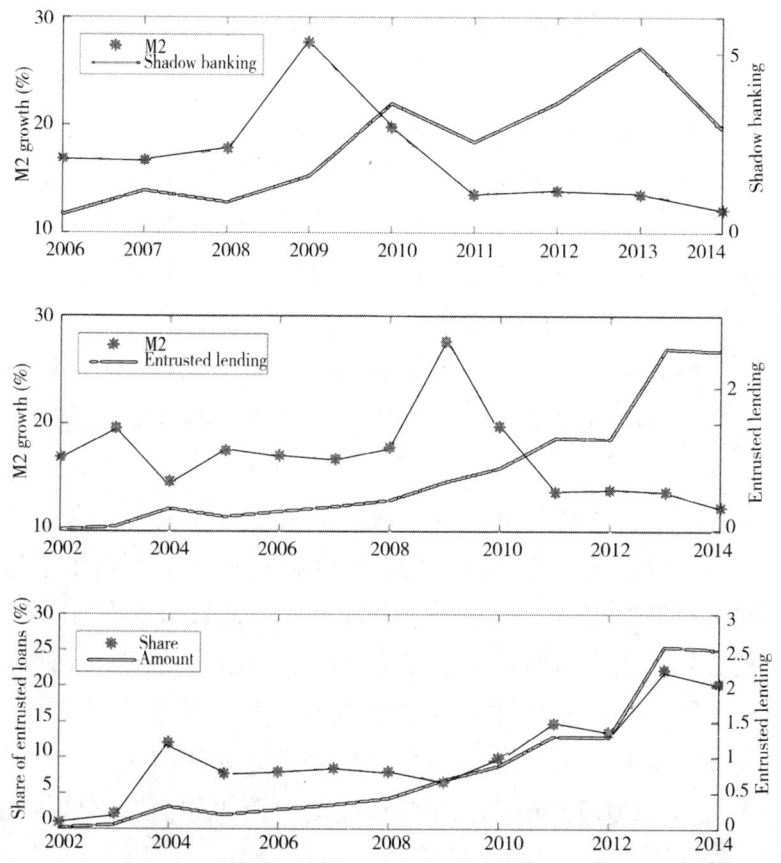

图2 M2增长、影子银行增长和委托贷款增长（亿人民币）

注：委托贷款是影子银行主要组成部分。影子银行和委托贷款都是新增贷款。委托贷款比例指的是委托贷款占委托贷款和银行贷款总和的比例，其中银行贷款指的是新增银行贷款。

资料来源：PBC（中国人民银行）和CEIC（亚洲经济数据库）。

但问题是：中国影子贷款的增长对中国的银行系统甚至中国的实体经济造成了怎样的影响？

在影子贷款中，银行起到了怎样的作用？

中国的影子贷款主要包括三个部分：信托贷款、银行承兑汇票和委托贷款。

委托贷款是中国影子银行的独特现象，因此成为本文分析的焦点。

委托贷款是非金融企业将商业银行或非银行金融机构作为委托人（中间商），互相之间的借款行为。2000年中国人民银行规定，两个非金融公司之间的借款行为必须通过金融机构完成，其目的是鼓励金融机构通过专业的监测和筛查技术来帮助减少不良或高风险贷款，金融机构只能收取服务费用。

新增委托贷款在2013年达到最高峰，占影子银行总量的49%左右。从那时起委托贷款已经成为仅次于银行贷款的第二大融资来源。

从账面上看，这并不包括在银行的资产负债表中，似乎创建了一个不由银行提供的金融市场。因此，现有文献都集中于这种替代的融资渠道有何具体特征。Qian & Li（2013）提供了一个分析委托贷款方法，当借款企业和贷款企业有附属关系时（两家企业都属于同一集团）将委托贷款作为替代银行贷款的融资方式。Allen et al（2015）探讨了哪种类型的贷款企业倾向于使用委托贷款。He et al（2015）研究一个贷款交易的公告如何影响借款和贷款企业的股票价格。

然而，这些研究都没有讨论委托贷款的增长对银行系统或实体经济产生怎样的影响。而这一重要问题已经开始在媒体上被谈及（如Yap, 2015）。在我们最近的一篇论文（Chen et al, 2016），我们提供了一个深入且规范的分析。

我们认为在紧缩性货币政策时期，银行在委托贷款的快速增长中扮演了重要角色

为了论证这一观点，我们首先整理了2007—2013年的微观交易数据，进行稳健性实证分析。我们的计算表明，M2货币供应量增长每下降1%，通过银行的委托贷款量增加4.2%。反之，

没有证据表明紧缩性货币政策对非银行机构的委托贷款产生影响。在商业银行中，我们发现非国有银行比国有银行的作用更大。特别是，M2货币供应量增长每下降1%，通过非国有银行的委托贷款量增加5%，而国有银行只有2.7%。

中国两项监管政策和制度的不对称

在无数的银行监管政策中，我们确定了两个对非国有银行委托贷款起到积极作用的具体法规。

第一项法规是在紧缩性货币政策时期由中国银行业监督管理委员会（银监会）颁布的低风险贷款（safe-loan）法律，旨在防止银行向高风险行业发放贷款。工业和信息化部将房地产业和18个产能过剩行业（如钢铁、基础设施和石油行业）认定为高风险行业。在2010年紧缩性货币政策开始实施时，银监会采取了一系列具体的措施限制银行对高风险行业放贷。

第二项法规是中国人民银行在1994年规定的银行贷存比不超过75%。这项政策直到货币紧缩时期才开始实施。2009年末，M2增速开始减缓，银行更容易受到紧缩性货币政策引起的存取款风险的影响。国有大型银行的分支机构几乎遍布中国的各个角落，为了达到贷存比的要求，国有银行利用这一优势以较低的成本大量吸收国有非金融企业的存款。相比之下，非国有银行主要和小企业打交道，其存款客户缺乏广泛性和稳定性。因此，每逢存款监管时间临近，非国有银行就不得不以更高的融资成本增加存款，银监会将这一现象称为"冲时点"。

监管套利和银行的冒险行为

为了克服这些监管成本带来的不足，非国有银行试图寻找高风险投资，因为它们不会出现在贷款账项上。自1997年以来，中国政府的战略计划一直是推动重工业的发展。由于政府对重工业的隐性担保，发展重工业的计划一方面引发了投资热潮，另一方面导致了经济增长的不可持续性（Chang et al. 2015年）。非国有银行急于盈利来弥补监管成本，又深谙政府的隐性担保，因此愿意增加风险行业（大部分属于重工业）的贷款。

委托贷款可以完美的绕过以上两个法规，因为银行可以购买委托贷款的收益权（简称"委托收益权"）。与美国的抵押贷款支持证券类似，委托收益权使得银行可以成为高风险贷款的最终放款人。反过来，非国有银行将委托收益权放在应收账款投资项目中（ARI）。ARI在银行的资产负债表中属于资产而非贷款（Yap 2015），因此不受这两个法规的限制。

非国有银行通过高风险委托贷款可以一石二鸟，即同时绕开了低风险贷款（safe-loan）的法律和75%的贷存比限制。由于委托收益权不属于银行放贷，非国有银行可以以此套利，在银行放贷监管风险和影子贷款的违约风险之间权衡，从而形成独特的中国制度特征（图3）。

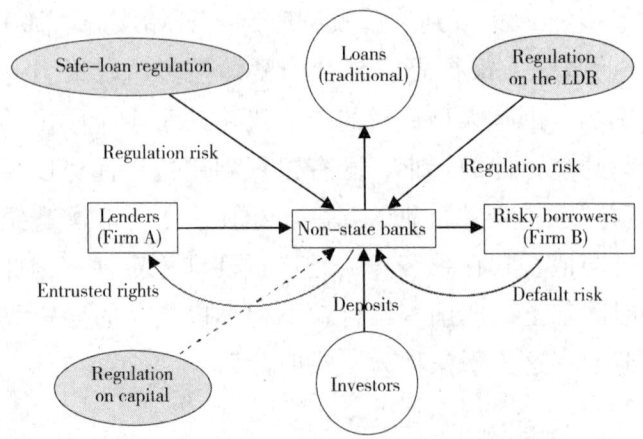

图3 中国的委托贷款制度：非国有银行的委托贷款和相关风险

注："委托收益权"指购买委托贷款收益权利的投资行为，这项投资不会出现在资产负债表的贷款中。"低风险贷款（Safe-loan）监管"是指2010—2013年间出台的严格控制商业银行向高风险行业放贷的一系列法律。虚线表示资本充足率监管的约束力还远远不够。

我们的实证结果支持前面的分析。通过我们的微观数据可知，2007—2013年间超过60%的委托贷款流向了高风险行业，在这些高风险行业委托贷款中，77%是由银行推动的。特别的，M2增长率每下降1%，非国有银行的高风险委托贷款增加7.6%。更重要的是，2010—2013年间，非国有银行推动的高风险委托贷款和应收账款投资ARIX（不包括中央银行票据）之间有很强的相关性。相反，国有银行的相关系数不显著。由于这种相关性，非国有银行的ARIX在紧缩性货币政策时期和委托贷款增长的同时以惊人的速度增长，而国有银行的ARIX基本不变（图4）。

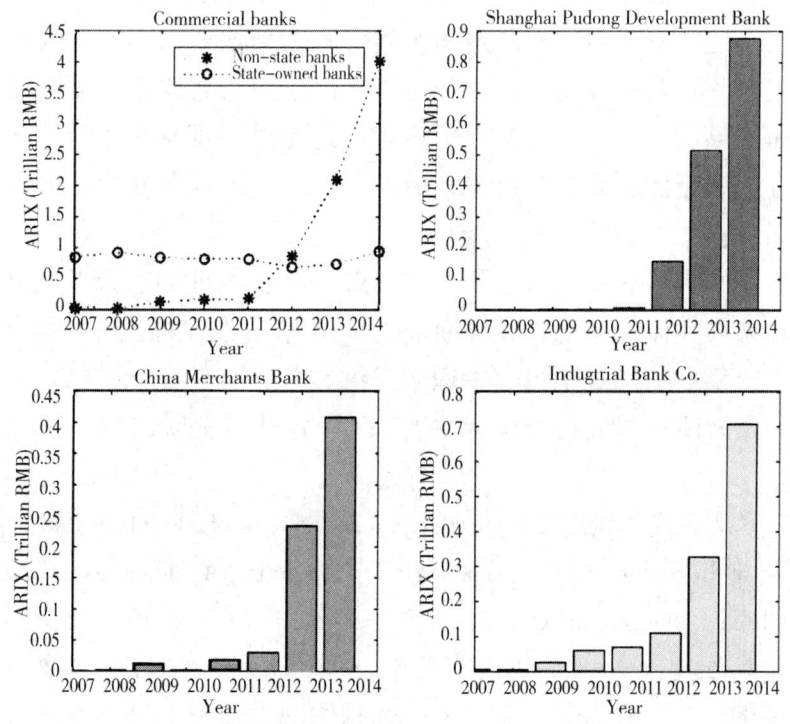

图4 商业银行的ARIX（亿人民币）

注：国有银行指的是四大商业银行和交通银行。非国有银行包括12家全国性股份制银行和其他地方商业银行，如上海浦东发展银行、招商银行和兴业银行等。"ARIX"是应收账款投资，除去中央银行票据和中央政府债券。

资料来源：WIND，微观数据来自Chen, Ren, and Zha (2016)。

展 望

2010—2013年的紧缩性货币政策导致大量的影子贷款通过非国有银行流入高风险行业，这种制度上的套利使得风险无法在银行资产负债表上体现。这一现象的源头是中国政府实行的以重工业促进投资，进而推动整体经济发展的长期战略。伴随着不断增加的企业和地方债，这种金融扭曲将最终阻碍由投资驱动向均衡增长的经济转型。

这一问题给中国的政策制定者敲响了警钟。2014年以来，中国政府已有所行动，如制定和实施一系列新法规来弥补本文提到的银行监管漏洞。其中几项新法规在阻止银行冒险发放委托贷款方面效果显著，无论是资产负债表内还是外，都禁止银行为了弥补存款不足而提高存款价格，最终将延续数十年的贷存比政策一并撤除。

在这些新法规推出之际，了解影子银行的前因后果及其对银行体系和实体经济的影响无疑将为世界第二大经济体——中国构建一个稳健的宏观审慎政策框架提供参考。

作者注：本文仅为作者观点，不一定代表美联储的意见。

本文原题名为"Unintended consequences of monetary and regulatory policies on banks' risk-taking behaviour: A closer examination of China's shadow banking"。本文作者 Kaiji Chen 为埃默里大学经济学副教授，Jue Ren 埃默里大学经济学博士，Tao Zha 埃默里大学经济学，同时也是亚特兰大联邦储备银行数量经济研究中心主任。本文于2016年3月刊于 VOX 官网。

中美贸易不为人知的事实

Alan Reynolds/文   伊林甸甸/编译

导读：最近，美国国内贸易保护主义重新抬头，相关讨论甚嚣尘上。然而，这些保护主义言论是否站得住脚？主张保护主义的经济学家又忽略了哪些问题？本文对一篇保护主义评论进行了批评。编译如下：

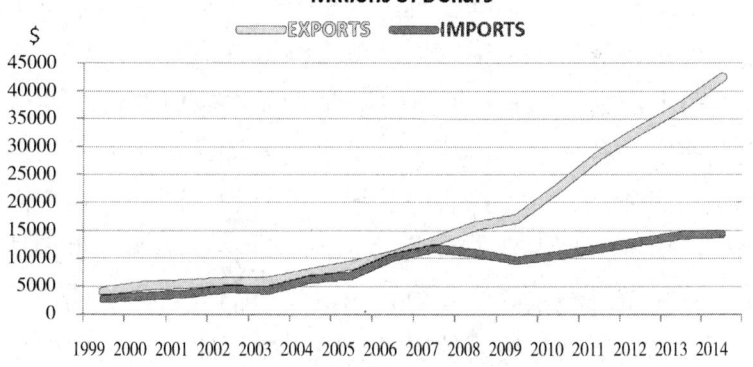

图1 中美服务业贸易总量变化情况

William Galston 在华尔街日报的专栏文章《为何针对贸易的批评声音获得追捧？》中问，为什么美国的制造业就业人数从 2000 年的 1720 万人滑落到去年的 1230 万人。他提出，"美国失业人口高达 20% 的主要原因是中国的贸易入侵，而非墨西哥"。

然而，20%这个数字的解释力很弱，况且这个数字是从David Autor等人的一篇工作论文的估计值的上限而来的。在这篇论文中，作者认为，如果1999年之后进口竞争程度再无提高，到2011年美国将多出最多10%的制造业就业人数。在这种假说中，"直接的进口竞争导致了10%的美国1999—2011年间的失业"。然而，作者也发现，自2007年以来，在全球金融危机之前，进口扩张的速度又有了明显的放缓，并进一步影响了全球的贸易增长。

2007年以来制造业失业率的上升，并非由进口导致，而是由严重的衰退和疲软的复苏进程导致的。事实上，在衰退时期进口是一定会下滑的。这篇论文的作者们强调，消费品（服装和家具，占到美国总进口的47.7%）属于工业制成品，而资本货物才是扩大美国生产至关重要的投入要素。这也在很大程度上解释了为何美国工业陷入停滞时，其进口却增加了。

即便事实如Galston所言，2007年以来美国20%的制造业部门失业都是由于来自中国的进口造成的，那也不意味着美国总的就业人数下滑了。Galston写道："并没有证据表明，来自中国越来越多的进口导致了美国国内其他参与国际竞争行业就业人数的上升。"但正如论文作者所犯的错误一样，他们都将总的就业效应限制在了"货物贸易"上，而武断地排除了服务贸易，诸如财务和法律服务、会计、广告、旅游、电信和保险业。在美国的出口当中，服务贸易占到32%之多，而美国在这一领域也保持着对中国可观的贸易顺差。被外国公司以出口的方式赚走的美元，很大一部分都用于购买美国的服务，或者是用于投资美国的地产和金融资产，而这些行为无疑都会促进美国的就业。从这个角度看来，好莱坞、麦迪逊大道和华尔街都应该被视为巨型的美国出口商。

而将就业冲击限制在货物出口上的做法，也忽视了美国通过运输、批发和零售中国商品所创造的工作岗位（如沃尔玛、亚马逊等），美国向中国及香港地区出口物资也是如此。顺便提一句，美国去年保持了对香港305亿美元的贸易顺差，而这部分顺差也未被计入中美贸易顺差核算当中。

Galston承认，"劳动产出的提升"也部分解释了美国制造业工作岗位的变迁。事实上，这一因素可以完全解释1987—2007年间的所有故事，在这一时间段内，美国的制造业产出几乎翻倍。因此，大衰退和缓慢的复苏才能解释过去十年的失业增加，而不是国际贸易。

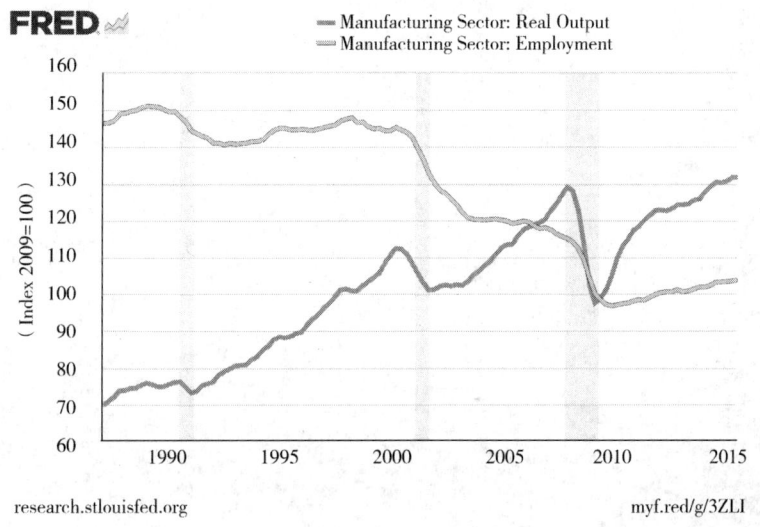

图2　美国制造业产出与就业指数

本文原题名为"Little-Known Facts About U. S. Trade With China"。本文作者Alan Reynolds为卡托研究所资深研究员。本文于2016年3月刊于卡托研究所官网。

聚焦中国

"中国制造"如何影响我们对全球市场份额的理解

Konstantins Benkovskis 和 Julia Woerz/文　　沈仲凯/编译

导读：全球价值链的引入，使得经济分析越发复杂。本文将探讨全球价值链在多大程度上改变了我们理解这个世界的方式，并认为在多数情况下全球市场份额不再是决定竞争力的充分条件。可以说，"中国制造"在其中起到了极其重要的作用。编译如下：

全球生产网络日益紧密，生产外包的行为一定程度上减少了一国的出口，这种现象无疑加大了经济研究的难度（Linden et al.，2009）。因此，总出口不足以决定一国在全球市场中的地位，传统对于竞争力的测度应当有所改变。

最近的研究（Benkovskis and Wörz, 2015）表明，全球市场份额不再是决定一国竞争力的充分条件，除非将其在生产链中的地位也纳入考虑。尽管将视线从总出口量转向增加值并没有改变总的图景，但是对于全球市场份额变化的解释，其背后的逻辑不尽相同。

我们的数据主要有两大来源。其一是联合国商品贸易统计数据库中双边贸易（超过5000种商品）和国际供给的数据；其二是世界投入产出数据库中的表格（Timmer et al.，2015）。这些数据使得我们剥离了出口市场份额变化的价格性和非价格性因素，以及出口中本国增加值的份额。

一 全球市场份额的度量

我们关注的是最终产品中增加值的市场份额,即一国在全球所有出口的最终产品中其贡献的增加值占比。我们的测度基于"出口量中的增加值"这一概念(Koopman et al. 2010),并追溯了各个生产国。可以看到,当一国的增加值同时存在于中间品和最终品时,利用增加值占总出口(不同于最终品的出口量)比重存在重复计算的问题。我们认为,如果只分析最终品,那么这一问题基本被解决。由此,利用上述数据,我们可以计算出 A 国在 B 国的出口品 C 中的市场份额。

二 老故事:全球市场份额的变化

当然,引入上述的测度方式并不会改变大局——金砖四国的市场份额在上升,而 G7 国家则在下降。同时,这种变化在总出口量和增加值的维度上基本一致(见图1)。

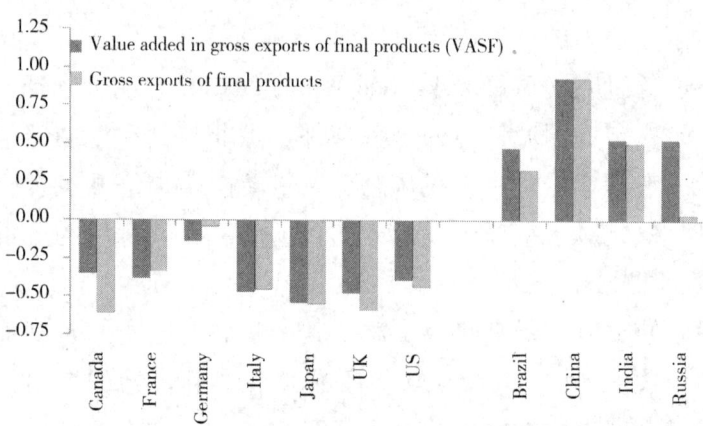

图1 G7 国家和金砖四国全球市场份额的变化(1996年与2011年)

唯一略显"另类"的是俄罗斯，这主要是由于矿产品算作了中间品。至于其他国家，二者差别不大。因此，可以说利用总出口量得到的市场份额还是一个好数据。

三 新故事：对全球市场份额变化的分解

利用 Benkovskis and Wörz 的方法（2015），我们对全球市场份额的变化作了进一步的分解，如下所示。

· 生产链的变化

在整个生产链中，一国的增加值贡献越多，其全球市场份额的增加值占比也会上升。这一方面可以通过增加本国出口的最终品来达到，另一方面也可以增加国外最终品中自身的增加值贡献。

· 价值因素

这一部分可与实际有效汇率的变化作类比（符号相反）。然而，我们只能观测到最终品的出口价格，因此我们只能假设价格变化在每一生产环节是一样的。

· 非价格因素残差

这一部分与产品相对质量和消费者偏好有关。尽管这些是数据所不能显示的，但可以通过非加总水平下的残差来计算。

· 其他因素

这一部分主要解释最终品市场中竞争者的变化、对新市场探索的贡献和全球需求结构的转变。

四 金砖四国出口商品质量提升，源于 G7 国家的外包行为

图 2a 中，我们展示了 G7 以及金砖四国的增加值占最终品出口总量比重的分解部分。作为比较，图 2b 则展示了最终品出口总量占比变化的分解部分。

278　全球智库观点

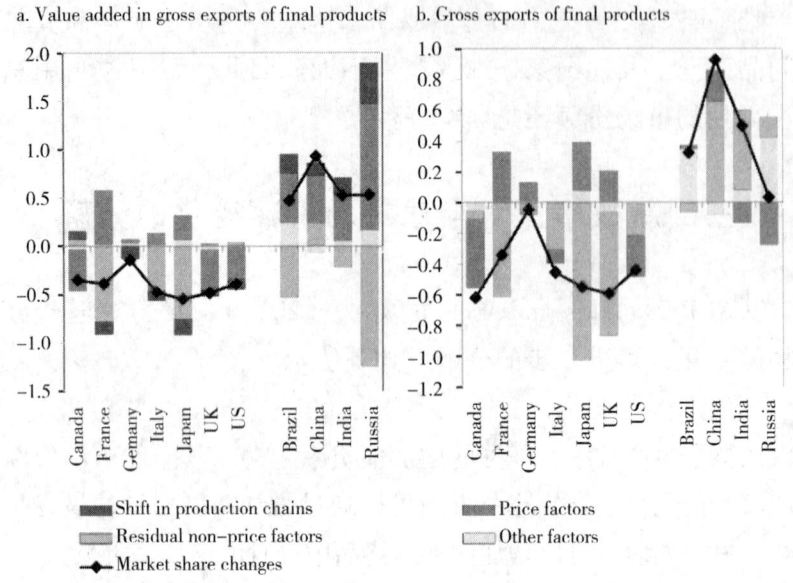

图2　1996与2011间G7国家和金砖四国全球市场份额变化的分解

从图2a中，不难看出全球生产有向发展中国家发展的趋势，也因此外包对这些国家的增加值有正向贡献。同时，外包也轻视了这些G7国家的市场份额。这种现象在广播电视等通信设备、办公室机器及电脑上显得尤为明显。

而从图2a与图2b的对比中，我们看到，前者计算下的非价格性因素残差（由相对产品质量作为代理变量）较小。G7国家依然是高质量中间品的重要供应者，但是这些中间品同时作为出口的一部分出现在发展中国家的装配线上。例如，加拿大、德国、英国和美国拥有相对高质量的生产品。但是，我们看到，巴西、俄罗斯和印度出口商品的质量在稳步提升，这主要是来源于高质量中间品的内包，而非他们本身生产水平的提高。

最后，我们观察到，比用总出口量计算的市场份额，越发激烈的价格竞争对于上述估算金砖四国的市场份额更为重要。这意味着全球生产网络确保了当地可用资源的有效利用。

五 结论

"中国制造"这一现象是重要的。当我们将视线从总出口量转向增加值，我们既高估了在质量上的收益，也低估了价格竞争的影响力（尤其对中国而言）。另外，外包直接使生产从发达国家转向发展中国家，从而改变了市场份额。

本文原题名为"'Made in China': How Does It Affect Our Understanding of Global Market Shares?"。本文作者 Konstantins Benkovskis 为拉脱维亚银行货币政策部顾问、里加斯德哥尔摩经济学院教授，Julia Woerz 为奥地利国家银行中欧、东欧与东南欧研究室主任。本文于 2016 年 1 月刊于 VOX 官网。

全球市场对中国再次反应过度

Nicholas R. Lardy/文   张舜栋/编译

导读：中国股市 2016 年刚刚开盘便遭受重挫，这无疑反映着全球投资者对中国市场的信心缺乏。然而，投资者对中国市场的担忧是否全面，又是否过度重视了制造业的疲弱表现，而忽视了服务业的迅猛发展？作者对这一问题做出了分析。编译如下：

中国股市 2016 年初刚刚开盘便遭遇重挫。上证指数暴跌 7 个百分点，并引发了全球股市新的一轮抛售热潮，这再次反映着投资者对世界第二大经济体健康的忧虑。忧虑的催化剂，是投资者们对中国日益萎缩的制造业的持续关注。但对中国制造业的过度关注，只是投资者们目光短浅的表现。

一方面，市场的过度反应忽视了相对稳健的服务业表现。中国的服务业在过去三年中一直是经济增长的主要推动力量，其占 GDP 的比重已超过 50%，而相比之下制造业仅占大约三分之一。在最近的抛售潮中，市场的评论者们高度关注国家统计局公布的中国制造业采购经理人指数（PMI）连续五个月低于 50% 的事实，同时也注意到了由《财新》统计的类似数据，却忽视了统计局公布的服务业 PMI 达到 54.4%，乃至 2014 年 10 月以来的最高值的事实。要知道，制造业 PMI 其实没有告诉我们太多有用的信息——过去 19 个季度当中，制造业增长已经连续 18 个季度放缓了。简而言之，市场对其实已经是旧闻的事实做出了过度反应。

外国投资者同时也对中国2015年夏季中期的股市调整做出了过度反应。这一调整虽然使得上证指数由2015年6月12日的峰值大幅下挫43%，却对中国的实体经济没有造成多大影响——第三季度的GDP增速仅比上半年降低了0.1个百分点。然而，服务业却由于更强劲的私人消费支出获得了增强。而私人消费支出，则受到可支配收入的增长和中国依然奇高无比的家庭储蓄率的影响。

中国仅有6%的家庭直接参与了股市交易。可以预见的是，私人消费支出的财富效应还没有完全显现出来。如果股市继续在新的一年当中调整，这一情况也很可能继续延续下去。

本文原题名为"Global Markets Overreact Once Again"。本文作者为Nicholas R. Lardy。本文于2016年1月刊于彼得森国际经济研究所（PIIE）官网。

理解这一轮人民币汇率贬值预期

肖立晟/文

导读：本文提出，央行持续干预外汇市场延缓了外汇市场出清的速度。私人部门的跨境资本流出逐渐脱离经济基本面。尽管人民币对美元贬值预期不断发酵，但是，从基本面来看，人民币汇率并没有持续贬值的基础。编译如下：

与股市不同，过去市场对汇市的关注度并不高，特别是普通民众对汇率问题并不了解。"8·11"汇改后，突然连家庭妇女都开始关心起每年的换汇额度和投资渠道。显然，市场情绪出现了非理性波动。如何理解这一轮人民币汇率的贬值预期，对防范金融风险，推动金融市场改革有重要意义。

2015年8月11日，央行公布对中间价报价机制的改革。做市商在每日银行间外汇市场开盘前，参考上日银行间外汇市场收盘汇率，综合考虑外汇供求情况以及国际主要货币汇率变化向中国外汇交易中心提供中间价报价。

消息公布后，人民币汇率连续三日贬值，幅度接近3%，创20年来最大跌幅。随后，人民币汇率贬值预期逐渐开始发酵。离岸人民币汇率（CNH）与在岸人民币汇率（CNY）的汇差一度达到1500个基点。针对市场陡然增加的人民币贬值压力，央行加强了对汇市的干预，并且在12月推出了CFETS人民币汇率指数，强调人民币汇率形成机制会更重视一篮子货币。然而，迄今为渐发酵时，一部分境外银行开始持币观望，导致境外投资者将美元流动性抽回。第三个阶段汇率预期重新恢复稳定，国内和国外投资者都重新增加信贷。

"8·11"汇改至今，跨境资本也出现了大幅流出，但是流出的势头并没有得到有效遏制，反而呈现愈演愈烈之势，第二阶段持续时间过长。特别是在2015年11月，在PMI数据逐步反弹时，跨境资本依然出现大幅流出。这表明跨境资本流出已经脱离了基本面，投资者对人民币看空的情绪有些过度悲观。

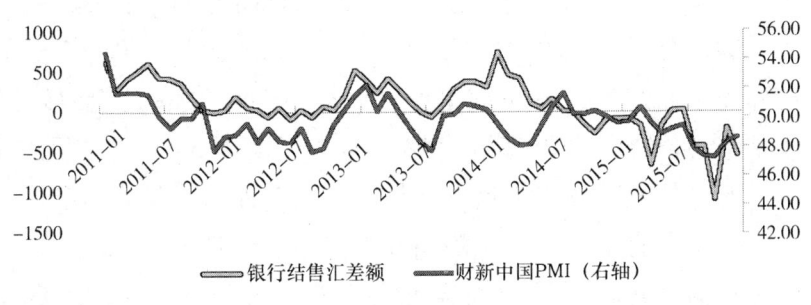

图2　在岸人民币汇率没有持续贬值基础

尽管人民币对美元贬值预期不断发酵，但是，从基本面来看，人民币汇率并没有持续贬值的基础。

第一，宏观经济基本面不支持人民币进入贬值趋势。2015年，我国经常增长仍然保持在7%左右的高位，经常账户余额接近3500亿美元，占GDP比重约3%。至少在短期内，中国的经济驱动力在全球经济中仍然处于前列，有助于支持人民币币值的稳定。

第二，汇市杠杆率不高，人民币汇率不会形成螺旋式下跌。与中国股市相比，中国外汇市场的杠杆压力远远低于股票市场。中国外汇市场交易是一个相对封闭的圈子，主要的参与者是各大银行，市场交易主要是银行之间进行结售汇头寸平补，银行本身并不会持有太多净敞口，更不会运用外汇衍生品进行杠杆操作。

所以外汇市场不会出现股票市场"配资强平"这类不可控做空力量。在这种环境下，央行稳定市场的能力毋庸置疑。

第三，企业的外汇敞口有限，并不会对人民币汇率形成持续性的卖盘压力。真正影响人民币汇率的市场主体，是外贸企业。2015年上半年，面对坚挺的人民币汇率，很多境内外贸公司大量增持外币债务，特别是港币债务。人民币汇率贬值会增加这些外贸企业的汇率风险，对人民币汇率形成下行压力。然而，企业外债虽然增长迅速，总体规模依然较小。截至2015年第3季度，我国外债余额是1.52万亿美元，其中，短期外债余额是1万亿美元，约占外债余额的67%，人民币外债余额是7101亿美元，约占外债余额的47%。也就是说，外债中70%左右是短期外债，50%是本币债券，真正有风险的短期外债仅为5300亿美元。我国3.3万亿外汇储备完全足以应付这些短期外债形成的卖盘。

值得注意的是，宏观经济面相对稳定，只能支撑人民币实际有效汇率的稳定，人民币对美元的双边汇率并不一定平稳；而且，在时间维度上，也只能反映人民币汇率中长期走势。在汇率制度的调整过程中，短期汇率一般都会出现超调，这也是外汇市场必须承受的阵痛。例如，瑞士法郎脱钩欧元，哈萨克斯坦货币脱钩美元。现在中国央行并不打算承受汇率超调的代价，在改革过程中过早实施了外汇市场干预。这实际上破坏了央行的市场信誉，改变了市场对货币锚的信心。因为短期内汇率调整未达预期，投资者对汇率走势越来越悲观。境外离岸市场的看空行为进一步加剧了人民币汇率的贬值预期。

二 失去在岸市场"货币锚"的指引，离岸市场人民币汇率出现剧烈波动

"8·11"汇改之前，离岸汇率基本是跟着在岸汇率走。汇改之后，游戏规则发生了一些变化，离岸汇率对在岸汇率的影响力

开始上升，甚至在最近一段时间内成为人民币汇率的主导力量。

离岸市场自身缺乏一个稳定的货币锚。离岸市场的交易员或者银行的从业人员，对汇率和利率定价的时候，大多数时候是参考在岸市场的交易。在岸外汇市场日均交易量是 200 亿—500 亿美元，离岸市场已经接近 1000 亿—2000 亿美元的交易量。离岸市场巨大的交易量，却很难影响在岸市场的汇率。这是因为离岸市场没有实体经济的需求背景，离岸市场的外汇交易，大多数是用于对冲资产价格风险或者套利套汇，没有真实的贸易需求。交易员无法对未来的价格有准确的预期，只能依靠在岸市场的汇率变化间接定价。在这种情况下，离岸市场参与者并不是有效的价格发现者。

在正常的市场环境下，当在岸市场的货币锚在起作用时，离岸市场的汇率定价都是跟着在岸市场走。然而，一旦在岸市场的市场主体都看不清未来市场走势，离岸市场的金融机构将会无法对未来汇率做出准确定价，CNH 的波动就会急剧放大，由于交易量过大，反而会影响到在岸市场的 CNY 的汇率定价。这正是"8·11"汇改后一段时间出现的现象。

"8·11"汇改后，央行从经济基本面出发，认为一次性贬值 2% 以后，汇率应该会双向波动，基本保持稳定。然而，境外资本与央行对人民币汇率未来走势判断并不一致。海外投资者对中国经济总是倾向于接受盲目悲观的消息，一旦有风吹草动，就会降低对人民币资产的需求，导致离岸汇率贬值。当中国经济出现坏消息时，离岸人民币汇率的贬值幅度一般要高于在岸人民币汇率。离岸市场投资者对人民币汇率贬值预期与央行的判断并不完全一致。

汇改后，离岸市场对美元负敞口的平仓需求触发了离岸人民币汇率的第一波贬值。离岸市场人民币流动性的主要来源并非 2 万亿离岸人民币存款，而是通过银行间外汇掉期交易获得。外汇掉期市场日均交易量可超过 200 亿美元，基本可以满足离岸市场人民币流动性需求。这种外汇掉期交易主要是用美元对人民币进行掉期操作，相当于以美元为抵押获取人民币的融资方式，投资者先以较低融资成本借入美元，然后通过掉期交易获得人民币。在人民币有升值预期时，掉期价格会下降。有贬值预期时，掉期价格会随之上升。

在汇改之前，投资者普遍预期人民币汇率会维持稳定，一个月的美元对人民币掉期价格保持在150个基点左右的低位。汇改当天，一个月的掉期价格跳升至220个基点，随后一路飙升，直至8月26日达到600个点的历史高点。这反映投资者市场参与者前期为了获得人民币流动性，积累了大量的美元负债，导致汇改后美元买盘需求强烈，从而引发了人民币贬值。汇率的动荡让某些机构开始看空人民币，通过借入离岸人民币来做空，人民币贬值预期继续上升，让其他投资者平美元头寸的压力更大，导致人民币掉期价格一路飙升。

套利盘进一步恶化了人民币贬值预期，触发了第二波贬值。当离岸人民币和在岸人民币的汇差从86激增至500个基点以上时，境内外套利盘闻风而动。在合法途径下，大多数跨境企业都会在内地购汇，香港结汇，或者在内地远期售汇。在灰色途径下，则会利用香港设立的贸易账户或者人民币NRA账户进行虚假贸易。这些套利交易恶化了人民币的贬值预期。然而，由于央行不再使用中间价干预，每天的CNY汇率基本是连续的，套利盘不再局限于日度套利，套利成本大幅下降，对第二天的贬值预期也越来越强烈。

为了应对离岸市场人民币汇率的波动，中国人民银行采取了应对举措。第一，直接对在岸和离岸市场进行数量型干预，降低汇差水平，压缩套利空间。第二，加强对远期合约的管理，征收远期售汇20%准备金，增加套利成本和难度。第三，加强资本流动管理，对贸易真实程度和人民币NRA账户进行严格审查，减少套利渠道。第四，宣布中间价定价机制着重参考一篮子货币指数。第五，向境外人民币业务参加行存放境内代理行人民币存款收取存款准备金。这几项措施在一定程度上打击了跨境套利的投资者，但是却无法完全消除贬值预期。

三 "CFETS汇率指数"能否成为新的货币锚？

如果央行不希望承担"汇率超调"的损失，中间价的定价规则就需要做新的调整。2016年1月11日，央行马骏发文明确表示央行将形成以稳定一篮子汇率为主要目标、同时适当限制单日人民币对美元汇率波动的汇率调节机制。应该说，建立一个比较透明的、有市场公信力的一篮子汇率机制，的确有助于稳定市场预期，减轻人民币贬值压力。

市场形成的汇率并不一定就是汇率的合理水平，央行的引导需要遵守规则。从当前资本外流的主体和速度来看，市场对于人民币汇率看空情绪有些失控。这主要缘于市场不相信货币当局采取既定行动方针的承诺，贬值预期和资本流出形成恶性循环。**货币当局有必要实施承诺可信，并且可操作的汇率制度，使市场主体确信货币当局宁愿牺牲其他经济变量来换取货币政策的信誉。此时，货币当局才能轻松达到短期的汇率目标**。

根据最近的表态，央行希望把参考篮子汇率作为中间价主要定价规则。参考篮子汇率的优势是引导投资者从主要关注美元汇率，转变到参考一篮子货币。双边汇率的概念被弱化，汇率规则的概念则被强化。如果央行始终以稳定一篮子汇率为主要目标，并且容忍利率、通胀等其他变量随之变化。此时，市场参与者会相信新的汇率政策，市场预期也会随之稳定。然而，现在实施的参考一篮子货币汇率政策还只是一个雏形，有很多问题尚没有解决。

第一，如何确定汇率指数的波动区间。假如央行是以CFETS汇率指数作为篮子汇率，那么肯定需要提供一个指数的波动区间。因为央行已经公布 CFETS 汇率指数权重，如果让汇率指数盯住一个常数（例如，100），那投资者可以轻易根据权重计算出双边汇率未来走势，形成套利空间。可以预计，在未来一段时间，要么央行主动提供一个波动区间，要么投资者反复试探央行汇率指数波幅底线。

第二，如何保证货币政策的独立性。尽管中国央行宣称下一步即将实施爬行的盯住一篮子货币汇率制度，但是这并不能保证央行有独立的货币政策。新加坡实施的也是爬行的盯住一篮子货币汇率制度（从 2000 年至今，新加坡的实际有效汇率升值了 24%），但是，新加坡并没有独立的货币政策，短期利率都是跟随美联储利率变化。正如前文所述，央行越严格遵守篮子汇率规则，越容易稳定市场预期。但是，此时也失去了主动调整汇率的权利，削弱了货币政策独立性。然而，如果央行频繁自主调整中间价，市场完全有可能认为篮子货币中双边汇率的波动不足以反映汇率预期。在这种情况下，境内外投资者很可能重新发起对人民币的短期投机冲击。因此，央行如何在相机抉择和规则中取得平衡，是保证货币政策独立性的关键。

四 继续推进汇率形成机制改革的政策建议

"8·11"汇改的出发点是完善人民币汇率形成机制，触及了汇率改革的核心内容，是政府向市场转让汇率定价权的重要举措。但是，我们现在又恢复了过去的汇率维稳政策。8 月 11 日只是新形势下汇改的一次试水。未来还需要为汇改的再次起步，做好准备。根据前文的分析，我们提出以下三点建议。

第一，在当前的国内外经济形势下，货币当局应该继续参考一篮子汇率，退出常规性外汇市场干预。现在虽然已经确定稳定一篮子汇率是央行制定中间价的主要原则，但是，究竟是窄幅稳定还是宽幅稳定仍然有待进一步说明。如果是窄幅稳定，央行可以很快获得市场信任，代价是牺牲一部分货币政策独立性。如果是宽幅稳定，则还需要和市场做进一步的试探和沟通。从短期稳定金融市场的角度出发，窄幅波动是相对保守但是风险较低的选择，配合资本管制，央行也能够保持一定的货币政策独立性。从中长期的视角出发，还是需要实施宽幅波动，逐渐过渡到清洁浮动汇率制度。

第二，同时实施资本管制措施，避免跨境资本流动造成汇率过度波动。从此次汇改也可以发现，尽管人民币并没有持续贬值的基础，但是由于跨境资本流动波动越来越剧烈，人民币汇率出现超调的概率也越来越高。而且，由于离岸市场外汇交易更活跃，在遇到重大事件冲击时，离岸市场的力量反而比在岸市场更强。建议央行加强对跨境资本流动的管制措施，降低短期资本流动对汇率的冲击，增强货币政策独立性，为汇率形成机制改革提供缓冲垫。

第三，做好详细的危机预案，和市场保持畅通的沟通渠道，引导市场预期。央行过去推出汇改措施时，事前都会让市场形成较长时间的预期，例如将汇率日波幅从0.05%逐步扩大至2%的过程。而此次汇改完全出乎市场意料之外，这也是引发超出央行预期波动幅度的原因。建议央行在推出新的汇改措施之前，形成完备的预案措施，并充分咨询市场各界的意见，做好政策铺垫。

本文作者肖立晟为中国社会科学院世界经济与政治研究所国际金融室副主任。

中国的增长前景分析

Robert Barro/文   刘天培/编译

导读：中国逐渐衰弱的经济前景似乎影响着所有人。本文研究了相关国际经验和证据，认为从现在开始中国的经济增长会大幅减慢。也许未来中国最大的挑战是如何协调美好的经济增长预期与实际情况之间的落差。编译如下：

预测经济前景非常困难，目前看来，回顾国际经验是最好的预测手段。国际经验指出：首先，任何国家的长期经济增长率约为每年2%（人均真实GDP）；其次，经济增长率总是会向这个数字靠拢；最后，每个国家的增长路径与它本身的政策和特质有关系。

将这个分析框架应用于中国的经济预测中，可以发现从20世纪60年代到80年代的某个节点之间，中国的经济增长率要远远低于预测值。当时中国年均增长率为2.5%，而预测值为4.9%。当时的中国极度贫穷，所以应该有一个更高的增长率。背后原因可能与中国的当时的政策目标相关。那个时候中国政府对经济增长并不关心。转变发生于1990年左右，从那时到2014年，年均增长率约7.5%，而预测值只有4.6%。尽管中国经济数据的真实性受到怀疑，但经济增长是确切发生的。利用2014年之前的数据，可预测2015—2030年的增长率是3.5%。因为中国人已经比较富有，增长空间较低，所以预测值会下降。而中国最近一个五年计划制定的经济增长率是 5.6%，比笔者的预测值高出 2 个百分点。笔者的模型也许并不准确，因为它对 1990—2014 年的预测与实际情况并不相符。但是国际经验显示经济增长不可能大幅偏离"收敛路径"。

中国进入了中等收入国家行列，其经济发展是成功的。笔者试图把中国的成功经验应用于预测其他国家的经济前景，于是挑出了 1990 年以后人均 GDP 翻倍的国家，定义其中在 2014 年人均 GDP 超过 10000 美元的为中等收入国家，超过 20000 美元的为高收入国家。中等收入国家包括中国、哥斯达黎加、印尼、秘鲁、泰国、乌拉圭。高收入国家或地区包括智利、中国香港、爱尔兰、马来西亚、波兰、新加坡、韩国、中国台湾。这些证据说明所谓"中等收入陷阱"的观点是错误的。从低收入到中等收入的国家数量和从中等收入到高收入国家数量相差不多，所以可以认为两个过程同样困难。

当前中国内外普遍存在着对于中国经济过于乐观的情绪，这是一个很大的挑战。中国政府应该想办法减少这些乐观的预期，否则未来将产生较大的心理落差，形势将更加紧张，经济数据将变得不可靠。

本文原题名为"China's Growth Prospects"。本文作者 Robert Barro 为哈佛大学教授。本文于 2016 年 2 月刊于 VOX 官网。

中国继续关注增长而非改革

Alicia Garcia-herrero/文   黄杨荔/编译

导读：3月5日，中国政府将召开全国人民代表大会。所有信号都指向更多的货币和财政刺激措施，尤其G20会议于上海召开以来，这一迹象更为明确。当前的关键在于，如何有效地使用财政刺激政策。编译如下：

考虑到2008—2009年大规模财政刺激的痛苦经历，全国人大需要对任何刺激措施的声明和实施保持谨慎。对于这些额外的刺激措施，社会最担忧的是它们只会"养肥"国有企业的过剩产能，这就是为什么我希望在全国人大声明中看到一个强有力的、表示刺激计划将排除"僵尸企业"的警告。

一 人大会议室中的"大象"：过剩产能

已有一系列官方发言人证实，中央政府决心解决产能过剩。显然，全国人大也将需要提到这个问题，甚至可能宣布具体措施，如在产能过剩行业重组"僵尸企业"，包括钢铁、水泥、煤炭、平板玻璃、造纸、造船行业。有传言称，至少有1500亿元人民币（相当于230亿美元）将用于帮助企业在3年内裁员五百万至六百万名员工，并重新培训他们。

然而，考虑到中国的产能过剩以及未来财政和货币政策将更为宽松，上述策略将很难解决问题，积累额外过剩产能的激励依然存在，这就是为什么寻找外部需求对于中国仍然非常重要。除了更多的政治和战略考虑，这解释了习近平主席强力推动"一带一路"的动机。因此，我们可以预见全国人大或许会宣布一系列政策以促进"一带一路"沿线的投资项目。

在国内，减少过剩产能的方式之一可以是推动城市化。2015年10月党的十八大第五次会议曾提出，未来五年内约有1亿中国人将实现城市化，我们预计这一过程将重复甚至得到加强。毫无疑问，这一过程将增加对城市基础设施的需求，从而关系到产能过剩行业的发展。

同样，政府也可以通过财政手段补贴购房，从而加速城市化进程，这应有助于支持中国的房地产市场，特别是二线城市。中国领导层对房地产市场相对于经济规模太大的担忧似乎已得到缓解，保持较高经济增速已成为唯一目标。

二 财政政策扩张

中国央行估计，2016年财政支出可达2.9万亿元人民币，对比2015年的1.6万亿元人民币增长超过80%，相当于2016年GDP的4%。

根据央行的假设，这样的财政政策或在未来10年内持续，将债务从2015年的53%提高到2025年的70%。中国政府可能觉得做到这一点还有空间，因为这一债务水平与发达国家相比还很低，后者的政府债务占GDP比重可达90%以上。

三 货币政策扩张

中国央行回来了，准备竭力支持经济增长。我们注意到，1月下旬以来，央行开展如此大规模的公开市场操作无法持续地为市场注入流动性，央行于上周一下调了银行存款准备金率。这以一种更为结构化的方式为更宽松的货币政策打开了大门。在此背景下，市场传闻全国人大会议将要宣布2016年CPI 3%的目标，暗示着未来更为宽松的货币政策。

我们预计，央行今年至少削减存款准备金率两次。最重要的是，全国人大同时宣布了一个非常宽松的M2增速目标，即便与名义经济增速目标相比也非常宽松（如果3%的通胀目标被证实，名义增速将有9.5%）。如果这还不够，政府渴望获得来自世界其他地区的流动性和资本流入，而非资本净流出。许多吸引资本流入的公告已经发布了。然而，全国人大很可能对这些公告展开进一步阐述，中国债券和货币市场对外国投资者的开放被认为是资本账户开放的里程碑。

关键的信号是，经济增长目标没有下调，而货币和财政扩张已经宣布。房间里的"大象"（指显而易见却被人忽视的事实）——国有企业改革以减少过剩产能，将无法得到完全解决。

然而，连同全国人大会议公报将不得不提到的"僵尸企业"处理，以及这些企业重组的资金可得性，越来越成为投资者争论的焦点。虽然这受到欢迎，但显然不够。因此，我认为中国将继续关注经济整体增长，而非改革。

本文原题名为"China Continues to Focus on Growth Not Reform"。本文作者Alicia Garcia-herrero为Bruegel研究员。本文于2016年3月刊于Bruegel网站。

世界能跟上中国的"新常态"吗

Douglas Rediker/文   刘天培/编译

导读：中国在过去几十年中取得的经济成果为其赢得了相当的政治影响力。当中国经济开始停滞，进入转型，其他国家做好准备了吗？中国的地缘政治影响力也因其经济形态改变而发生改变。编译如下：

过去几十年中国经济腾飞是一个奇迹，经济高速发展也带来了相应的地缘政治影响力。自2015年起，对中国经济前景的担忧越来越多。对于那些越来越依赖中国经济的国家，这种经济上的紧密联系会成为优势还是负担？经济前景的不明朗会改变其地缘政治影响力吗？

一 变化中的中国经济

在2015年IMF年会前几周，报纸头条不断担忧中国可能向外传递经济风险。来自政府的可疑的经济预测数据、难以预测的汇率波动、股票市场暴跌以及随之而来的难以捉摸的应对政策是当时最大的全球经济风险。中国正逐渐从过去的"经济溢出效应接受者"转变为"制造者"。当经济政策出现错误时，中国要承受巨大的外部压力。当前中国正经历从投资驱动向消费驱动型经济的转型，那些依赖中国基础建设的上游经济体因此受到相当大的威胁。

二 溢出效应

要了解中国经济的未来和对外部的影响还为时尚早。IMF 提出的一个经验法则是中国经济每少增长 1 个百分点，整个亚洲经济少增长 0.3 个百分点；东盟国家为 0.6，东亚国家则达到 0.7。当中国进行转型时，那些原来依赖中国经济的国家则难以找到出路。金融市场方面，虽然中国股市相对封闭，但是它已经能够影响国际市场，比如美国投资者已经开始响应中国市场。未来中国经济的不确定性已经导致私人资本外流，中国投资者向外寻求安全系数更高的投资机会，造成了人民币贬值压力。为了缓解贬值压力，中国央行不得不动用外汇储备，即便如此，人民币下行压力仍然强大。汇率变动直接或间接影响着区域贸易伙伴经济情况及国民财富。中国的政策制定者从来没有让他们自己置身于这样的位置，成为冲击和风险的溢出国。他们专注于制定使得国内经济与金融部门受惠的政策，却没有想到这些政策有如此强大的溢出效应。这是一个新的领域，需要进行大量的探索与研究，以供中国的政策制定者参考。

三 中国地缘政治影响力将如何改变？

增长强劲的中国经济使得其他国家受惠；当中国经济萎靡不能带动其他国家时，中国饱受指责。当中国经济转型，最受中国影响的国家也将不同。例如，中国转型之前，一些国家的商品出口极度依赖中国。当中国开始转型，这些国家会重新思考自己的经济、金融与政治政策，以正确地处理和中国的新贸易关系。同时，当中国开始更为注重内部经济增长驱动力而非外部驱动时，其他国家需要重新考虑贸易多边协定的优先级别。目前对于中国在经济转型后，中国是否会采取一个更为强硬的国际经济立场存在许多争论。既然外部需求减弱,中国自然会主张更大的经济主权与话语权。当然,目前这一问题并没有定论,尤其考虑到中国对于多边贸易协定(如TPP)仍然表现出浓厚的兴趣。

四 经济治理

过去几十年中国经济力量产生了强大的影响力,也使得中国政府可以通过建立大型机构来达成更为广泛的策略目标。最明显的证据在国际投资领域,通过亚投行、金砖银行和一路一带计划进行筹资与建设。有些人认为在调整过程中的中国经济反而更能够帮助执行计划。当国内基础设施投资疲弱,中国就有多余的产能承接出口服务。通过多边机构进行海外基础投资产生的摩擦要小于双边摩擦,基于此,中国的机构能够更可靠和透明地为外部提供国内的产能。然而,如果外部投资计划的速度与范围不够理想,客户也有可能因为这会损害其本国工业而退出,这使得中国依靠对外投资来消耗国内产能的前景并不明朗。

五 不断增长的国际影响

毋需置疑,中国通过持续的经济增长已经聚集了强大的对外影响力,这种影响力在经济转型的过程中将被体现得更加淋漓尽致,具体表现为中国的增长放缓、结构性改革都将对上游经济体产生重要影响。中国国内的货币与财政以及对金融市场政策将是新的未知数,这些原本仅仅对国内起作用的政策也因为中国的影响力而对国际经济产生重大影响。中国逐渐进入世界经济中心将带来新的挑战与机遇。唯一确定的事情是:中国不再是外部政策的接受者,中国已经慢慢转变为一个政策制定者。政府如何对待这一事实将决定中国在国际舞台上的位置。

本文原题名为"Reconciling Hayek's and Keynes' Views of Recessions"。本文作者 Douglas Rediker 为 PIIE 访问学者。本文于 2016 年 2 月刊于 PIIE 官网。

为什么决策者需要清楚中国正在发生的事情

KEVIN CARMICHAEL/文   张舜栋/编译

导读：今年4月召开的IMF—世界银行春季会议上，中国经济问题的剖析和前景的展望再度成为会议热点。如何看待中国在世界经济中的地位，针对其前景我们又该做如何的预测？编译如下：

想为全球贸易低迷找一个简明的理论解释吗？这是IMF最新一期世界经济展望给出的结论：中国作为世界最大的贸易国家之一，与全球占到总GDP80%的超过100个国家有紧密的外贸联系。如今，中国已经不再像前几年那样进口商品了，对于这一点几乎所有人都有切身感受。

在于华盛顿召开的IMF—世行年会之前，IMF公布了其出版的世界经济展望。展望指出，死气沉沉的全球商品市场是导致经济持续低迷的诸多因素之一。IMF预测今年的全球GDP增速将为3.2%，比之前预期的3.4%低出了0.2个百分点。

本期的世界经济展望向我们展示了一组令人失望的疲软数据。新兴市场的经济状况因为商品价格的断崖式下跌而疲软不已。美国国内的就业人数尽管令人欣慰，但其工资水平依旧低迷，而其出口量也随着美元汇率的波动而出现下跌。IMF的首席经济学家Maurice Obstfeld表示，他手下的经济学家们可能还不太理解低迷的日用品价格和消费之间的关系。暴跌的油价并没有促使美国国内的消费者增加开支，这也意味着消费并没有对因日用品价格暴跌而投资下降的国家提供足够的补偿效应。财政政策依然没有起到足够的刺激作用，而货币政策恐怕也早已过了其全盛时期。而包括叙利亚难民和中东恐怖袭击在内的"非经济"因素，也在威胁着全球经济的稳定性。

当然，令人迷惑的中国因素更是我们不能忽略的。之所以说令人困惑，是因为政策制定者们甚至不能判断中国的经济信号到底是正面还是负面的。其证券市场的巨幅波动，或是国内债务的快速积累，都令人们的信心难以提振。《金融时报》的编辑和专栏作家 Gillian Tett 预测，中国的企业会面临与日本在 80 年代的债务刺激性繁荣一样的失败结局。这种论调有不少人都赞同，这也解释了为什么全球市场被中国的波动搞得如此心神不宁：大家都在等着看中国这个大块头何时走下坡路。

IMF 预测中国的 GDP 本年度将以 6.5% 的速度增长。这与 2015 年的 7.0% 相比是一大明显退步，但与 IMF 之前预测的 6.3% 相比还是有所提高。世界经济展望认为中国的国内需求富有弹性，而服务业的稳健增长也弥补了制造业的低迷。对于这个水平的经济增速而言，稳定是一大利好。加拿大银行的研究者测算，中国能够在未来 15 年左右都维持其经济增速在 6% 的水平，哪怕中国决定将精力从出口更多地投入到国内市场也是如此。要知道中国的人均收入还只是美国的五分之一而已，这意味着中国还有足够的增长空间。在这种情景下，中国将继续保持其世界经济发动机的地位，而其 GDP 也会在未来十年内翻倍。

加拿大银行高级副行长 Carolyn Wilkins 在本月 5 日于温哥华发表的一次演讲中表示："在长期来看，中国具有健康持续发展的潜力，但其经济转型将会需要时间，而这一潜力是否能够被完全激发也有待观察。毕竟，中国仍有可能经历一系列经济和金融上的波动。"

去年就是这样一段波动的时期。根据国际金融研究所（IIF）

的测算，去年中国净资本流出总额高达 6750 亿美元。毋庸置疑，这是一个令人触目惊心的数字，但如果我们仔细分析可能会稍稍好看一点——在资本流出中，对外直接投资占到了 60%，大约为 1530 亿美元。

中国资本流动方向发生重大转变的原因包括其国内居民向海外转移资产，以及国内市场的热钱出逃，这二者都反映了市场对人民币稳定性的担忧。Wilkins 在温哥华表示，中国经济对投资的过度倚重是不可持续的，发达国家当中投资占比普遍仅为 20%，新兴市场国家为 25%，而中国在 2014 年则高达 46%。她强调到："中国强力的投资政策只会导致越来越多的过剩产能和无效资本，这在短期可能可以刺激经济，但长期来看只会增加痛苦的经济转型的概率。"

当然，如果仅仅因为这个数字就过于担忧那也是不合理的。IIF 在其最近的资本流动报告中指出，中国投资者增加海外投资是理所当然的，他们在过去的几年中一直在这么做，而近期的增长也与过去的趋势是一致的。同时，许多中国企业最近都在清偿其在海外的美元债务，这么做的原因之一可能是出自于对人民币贬值的担忧。当然，如果中国企业普遍开始清偿债务，那也就意味着对中国长期经济稳定性的贡献。

IIF 预测中国净资本流出在今年将减少至 5300 亿美元。这一数字与去年相比有所降低。在本周于华盛顿召开的会议上，包括中国人在内的所有政策制定者都可以为世界经济帮一个大忙——那就是讲清楚中国经济到底出了什么问题。对于许多人来讲，对这一话题的第一反应就是悲观的。如果会议能够给出一个比债务问题更好的解释思路的话，那将会大大提振市场的信心。

本文原题名为 "Why Policy Makers Need to Get to the Bottom of What's Happening in China"。本文作者 KEVIN CARMICHAEL 为 CIGI 高级研究员。本文于 2016 年 4 月刊于 CIGI 官网。

中国经济放缓与全球金融市场波动：世界增长随风而逝？

Paul Cashin、Kamiar Mohaddes 和 Mehdi Raissi/文   郭子睿/编译

导读：本文使用 GVAR 模型定量研究了中国经济下滑以及全球金融市场波动增加的负面溢出效应，结果发现：(i) 中国 GDP 增速每下降一个百分点，短期内全球经济增速下降 0.23 个百分点；(ii) 全球金融市场波动的突然增加会导致全球经济增长下降 0.29 个百分点，以及长期利率和石油价格的下跌。编译如下：

当前中国经济正在实现再平衡，消费占 GDP 的比重不断提高，投资占比持续下降，但中国的实际 GDP 增速不断放缓。在最近几十年，中国是驱动全球经济增长的重要力量，其 GDP 增速放缓以及 GDP 构成的变化会给周边国家尤其是其贸易伙伴带来显著的溢出效应。本文实证研究了中国 GDP 增长放缓对全球经济的影响，以及中国双边贸易形式的变化使得中国的经济周期对亚洲国家具有重要影响。

在中国经济向新增长模式转变的过程中，如果金融部门发生了危机，可能带来更大的全球溢出效应。考虑到这种可能性，我们还检验了由于全球金融一体化，全球金融市场波动带来的溢出效应。我们假设全球金融市场的波动源于中国宏观—金融发展的混乱以及美联储的紧缩加息政策。

为了定量研究中国经济下滑以及全球金融市场波动的全球影

响，我们采用动态的多国框架 GVAR 进行实证分析。模型变量包含实体经济和金融市场变量，实际 GDP，通货膨胀，证券价格，实际汇率，短期和长期利率，以及石油价格。此外，我们加入了金融压力指数（FSI）作为全球共同因素分析全球金融市场波动的溢出效应。数据区间是 1981 年第一季度到 2013 年第一季度。

结　论

中国的经济下滑对世界各国具有显著的负面溢出效应，但这种溢出效应具有异质性。与中国贸易联系越紧密的国家，负面的溢出效应越严重。（1）东盟五国（菲律宾例外）遭受的负面影响最大，增长率下降 0.23%—0.35%；（2）亚洲——太平洋地区的增长率也显著下降 0.06%—0.17%；（3）欧元区、英国和美国增长率分别下降 0.12%、0.04% 和 0.07%。整体来看，中国 GDP 每下降一个百分点，短期内全球增长下降 0.23 个百分点。而且，石油价格下降 2.8%。

此外，我们发现，随着中国在全球经济和大宗商品市场中的地位越来越高，中国经济放缓的负面溢出效应越来越大。而且，全球金融市场波动的突然增加会导致：（i）短期内全球经济增长下降 0.29 个百分点；（ii）证券价格、长期利率和石油价格都会下滑；（iii）对新兴市场经济体有显著的负面效应。

本文原题名为 "China's Slowdown and Global Financial Market Volatility: Is World Growth Losing Out"。本文作者 Paul Cashin 为 IMF 经济学家，Kamiar Mohaddes 为剑桥大学教授，Mehdi Raissi 为 IMF 经济学家。本文于 2016 年 3 月刊于 IMF 官网。

习近平主席的"一带一路"倡议

Christopher K. Johnson/文　　李笑然/编译

导读：本文认为，"一带一路"倡议是习近平主席的代表性战略规划。其在实施的过程，尤其是操作层面，会遇到很多困难和风险，但一旦成功，将会成为未来十年很重要的力量。编译如下：

在 2013 年秋，习近平主席提出了"丝绸之路经济带"和"21 世纪海上丝绸之路"的战略构想，被简称为"一带一路"。一带一路的倡议是综合性的，有重点的。随着习近平政治权利的稳定，他开始努力加强巩固中国的外交。

如果不了解中国共产党外交政策的演变，就很难理解中国领导人对"一带一路"的看法。在很多方面，"一带一路"意味着中国将采取"走出去"的发展战略，标志着中国经济发展方式的转变。"一带一路"不仅代表着中国新的增长模式，而且可以扩大中国的海外影响力，并和中国过去的投资主导的增长方式相协调。毋庸置疑，习近平主席把一带一路作为他任职期间的标志性的外交政策，是实现中华民族伟大复兴"中国梦"的实践。

尽管"一带一路"肯定有地缘政治的成分，但这部分被外国观察家过度夸大，尤其是美国的观察家。与实现中国的经济目标相比，"一带一路"的地缘政治色彩在北京眼中实在不值一提。"一带一路"号称可以帮助经济落后的地区发展经济，并吸收中国大量的过剩产能。同样的,"一带一路"的项目可以帮助负债累累的大型国有企业从银行获得新鲜的长期资本。最后,"一带一路"有助于大型国有企业成为全球有竞争力的企业。

尽管"一带一路"政策具有多重目标,但最重要的目标是强化中国在全球的地位和影响力。毋庸置疑,中国持续的经济下滑已经在考验中国共产党的能力。但是,美国和其他西方国家应该意识到中国可以为了最重要的目标永久性地中断"一带一路"的项目。

但是,"一带一路"的成功并不是一帆风顺的。分析家,学者甚至一些中国的官员都认为该倡议太宽泛,太雄心勃勃,并没有为未预期到的困难做准备。例如,在操作层面,很难协调参与其中但有不同利益诉求的机构。另外,为项目融资的金融机构需要评估相应的信贷风险。建筑企业也需要评估当地的建设环境以及政治要求。不能适宜的评估外部风险也许意味着中央政府为这些项目做出的努力要白费了。尤其是考虑到一带一路更多的是多重目标集合而非实践操作的蓝图。目前来看,这一战略还没有达成任何大规模的基础设施协议。

近期,一个问题是对于"一带一路"的抱负是否会遭受中国经济增长下滑(这将降低中国在区域贸易和投资中的吸引力)的影响?北京在亚洲积极的经济外交已经受到中国经济力量以及政策行动的束缚。即便中国奇迹般的增长提高了中国的吸引力,但它也引起了中国周边国家对其竞争力的忧虑。

尽管有很多困难和风险,但不能否认亚洲对高质量基础设施的需求有助于"一带一路"的成功。显然,华盛顿对此反应较慢:丝绸之路项目正在与亚投行倡议以及金砖开发银行形成复杂的联系结构,这会重塑欧洲的经济蓝图并对全球商业产生影响。如果习近平主席的倡议能够成功,这将会成为未来十年很重要的力量,2017年美国的新政府需要重新思考这一问题。

本文原题名为"President Xi Jinping's 'Belt and Road' Initiative"。本文作者 Christopher K. Johnson 是 CSIS 弗里德曼讲席研究员。本文于 2016 年 3 月刊于 CSIS 官网。

中国需要财政政策改革

David A. Lipton/文   郭子睿/编译

导读：本文认为为了使中国的经济增长更加具有可持续性，中国需要财政政策改革。改革有四重目标分别是，平衡财政预算，纠正价格扭曲，高效使用国有资产和再平衡。然后针对这四重目标提出具体的改革路径。编译如下：

过去三十多年，中国的经济发展取得了瞩目的成就。但中国的增长主要采用投资和出口导向型的增长方式，这带来了宏观金融风险以及不可持续的环境成本。现在中国需要转向消费导向型的增长方式，这种增长方式更加具有包容性和可持续性。中国政府采取的财政政策既是中国往日成就的基础，也是未来面临的挑战。

改革的目标

财政政策改革有四重目标：第一，平衡财政预算。放缓高速增长的债务水平，阻止经济的大幅度下滑。第二，纠正价格扭曲。妥善处理资源使用的负面影响，尤其是能源使用。降低对国有企业的补贴。第三，高效使用国有资产。通过硬化地方政府和国有企业的预算约束，提高国有资产使用的有效性。第四，帮助经济从过度储蓄和无效投资向更高的家庭收入和消费再平衡。提高私人部门的高效投资，尤其是服务业部门。

中国的财政政策和改革在中国发展的过程中发挥了重要作用。随着人均收入的提高，中国对公共产品和服务的需求也日益增加。这些年来，包括税收政策，收入管理和支出政策以及国债管理在内的财政政策改革已经大大帮助中国公共部门处理这些日益上升的需求。公共财政管理改革大大提高了财政支出的效率。

尽管中国进行了这些改革，但最近金融体系出现的脆弱性会威胁长期增长的可持续性。日益严重的宏观失衡，财政和金融风险，日益加剧的收入不平等都值得注意。金融危机之后，中国采取了大规模的刺激计划，基础设施投资和房地产投资占GDP的11%。刺激计划支撑了中国的快速增长，也大大提振了全球需求。但它也带来一系列问题：财政失衡和政府债务飙升。而且，刺激计划的大部分项目都是当地政府执行的，通过预算外融资，这进一步加剧人们对地方政府公共财政可持续性的担忧。

中国的快速增长带来了严重的环境问题。在2012年，中国二氧化碳排放占全球的四分之一，是世界上二氧化碳排放最多的经济体。根据世界卫生组织，在2010年户外的空气污染造成140万人过早死亡。交通堵塞也越来越严重：北京是世界上最拥挤的城市之一，据估计，其拥挤带来的成本超过北京GDP的4%。中国的化石燃料补贴，直接补贴或者口头的隐性补贴，相当于2013年GDP的17.3%。

转型路径

鉴于上述挑战，财政政策改革对于中国转向更加平衡，更加包容性和更加绿色的增长方式有着重大意义。

平衡预算。为了降低财政赤字和公共债务，中国开始实施关键的税收，支出和价格等改革措施。中国从当前的五年计划体制转向中期的预算体制，考虑地方政府的公共财政以及增大财政的透明度。未来的税收改革应该在降低收入不平等的同时，扩大税收收入。在支出方面，加强可持续性增长的社会保障体系来解决社会不平等还有很大提升空间，尤其是要巩固抚恤金体制，促进抚恤金计划的流动性。

消除价格扭曲。有效的能源税对环境友好型的增长非常关键。能源税应该反映其对环境污染的贡献。碳排放税应该与二氧化碳排放率成比例，地方的空气污染应该与煤炭使用相关，对于污染严重的公司采用信贷控制。汽油税应该反映所有车辆使用的副作用，包括二氧化碳排放，当地的空气污染，交通拥堵、交通事故和对道路的破坏。

确保高效使用国有资产。国有企业改革有助于发挥市场配置资源的决定性作用。提高国有企业和其他民营企业的竞争，有助于提高他们的利润水平，增加政府预算，降低政府补贴，强化公司治理和改善这些企业的商业定位。最后，改革措施必须包括允许国有企业破产和退出，以便与民营企业充分竞争。

再平衡经济。再平衡是中国经济转型的关键。最近公共部门投资的大幅增加导致了低效资本支出，阻碍了经济的发展，增加了债务水平。鼓励消费者由储蓄转向消费，结合更有效率的私人投资，将使经济增长更具可持续性。中国当前的社会医疗保障支出约占 GDP 的 10%，这是 OECD 国家对应比例的一半。中国在加大医疗保障支出方面还有很大的空间。强化社会保障体系建设，既有助于降低居民的谨慎性储蓄也有助于降低社会不平等。

在过去的 35 年，中国已经取得了显著的成绩，实现了经济的快速增长和贫困降低。其中财政政策发挥了重要作用。现在中国需要新一代的财政政策改革，以维护过去的成就和为未来的持续发展奠定基础。

本文原题名为"Preparing the Ground"。本文作者 David A. Lipton 为 IMF 第一副总裁。本文于 2016 年 3 月刊于 IMF 官网。

债务而非外汇储备,是约束中国企业海外并购的关键

ALICIA GARCÍA-HERRERO/文   朱子杰/编译

导读:近期以来,中国企业进行海外并购的密度空前增加,而中国的外汇储备同时也在快速减少。那么,外汇储备的下跌是否意味着对中国企业海外并购的限制?本文对此进行了分析,编译如下:

有些人或许会认为,中国政府已经开始重新反思中国企业的"走出去"战略,以节约国家积攒多年,来之不易的外汇储备。然而,现实情况是,2016年1季度中国企业跨境并购活动的规模有了空前的扩张。例如,今年中化集团就斥资超过430亿美元收购瑞士农业科技公司先正达。

根据世界最大的并购咨询公司Dealogic统计,在2016年1季度,中国总的并购规模超过了1000亿美元,相当于2015年全年的水平。这个数字比早前咨询公司Rhodium预测的600亿美元高出不少,而比中国商务部预测的400亿美元更是高出一倍有余。

各方对于中资企业加速海外并购的原因有诸多猜测。第一种说法认为,与中国GDP在世界所占的比重相比,中企参与海外并购的比重少得可怜。事实上,中国起码占全球GDP的14%,而其海外并购仅占全球总量的2%—6%。

此外,也有人认为海外并购的加速是周期性汇率的体现。随

着股市波动和日益走低的利率，中国企业对国内市场投资回报不抱希望，因而将目光投向海外。更低的利率意味着中资企业可以以更低的成本在国内市场融资，而广为流传的人民币贬值预测，也可能促使中国企业的CFO们考虑提前进行海外并购。

那么，中资企业都是如何为海外并购进行融资的呢？

如果要理解中企海外并购潮是否能够持续下去，这个问题就尤为关键。即使现实中这波并购潮业已开始，观察者们对于中企海外并购的融资方式还是一头雾水，尤其是考虑到最近一段时间中国官方加紧了对资本外流的控制，从而遏制外汇储备的快速消耗。

可能会有人认为，把低回报的外汇储备转换成实实在在的海外资产是明智之举，也是中国"走出去"战略的重要原因。然而，一个重要的问题是，近期中国的金融波动意味着外汇储备的消耗可能导致市场信心受到打击。那么，中国近期的海外并购热潮是否会被外汇储备所限制住呢？或者，更确切地讲，如果外汇储备继续高速减少，中企的海外并购是否会大大减速，甚至遭遇停滞？

然而，尽管这样的情景或许在理论上很有说服力，但现实情况是，海外并购与外汇储备下滑之间的关系是非常模糊的。其实，外汇储备的下滑量中仅有一小部分与海外并购相关。

根据官方数据，中国去年海外并购总规模是400亿美元，而中国去年外汇储备的总流失量是5130亿美元。另外，这些海外并购活动一部分是在境外进行融资的，而另一部分干脆是用人民币直接支付的。根据商务部统计，去年中企海外融资当中约63亿美元，占总量16%的规模是境外融资的。而根据人民银行统计，2014年的海外并购中同样有多达16%的规模是用人民币支付的。如果2015年的趋势也是类似的话，这意味着去年只有270亿美元（占境外并购总规模的68%）消耗了中国的外汇储备，这仅仅相当于2015年外汇储备消耗量的5%。就算我们使用咨询公司Dealogic估计的数据，这也仅相当于外汇储备消耗量的13%而已。

可见，尽管规模可观，中资企业的海外并购并不是中国外汇储备加速下滑的驱动因素，因而外汇储备也就不是限制中国企业走出去的关键因素。

事实上，限制中国企业海外并购的因素是其越来越高的债务比例。过去信贷紧缩的时候，中国企业曾一度以资金富裕著称。而自2008年以来，中国企业的债务比例已经翻了一番，而偿债能力也因此严重受损。现如今，中国企业的偿债能力仅仅是世界平均水平的一半左右。这不仅是因为中国企业的收入下降，也因为其利息成本不断上升。而中资企业的海外并购行为，无疑是起到了火上浇油的效果。

总之，与近期的外汇储备下降相比，限制中资企业海外并购的因素更可能是公司债务过高的杠杆率。

本文原题名为"Debt, not reserves, to constrain China's cross-border buying spree"。本文作者ALICIA GARCÍA-HERRERO为Bruegel研究院的高级研究员。本文于2016年4月刊于Bruegel研究院官网。

以债转股和资产证券化解决中国企业的债务问题

James Daniel, José Garrido, and Marina Moretti/文　　郭子睿/编译

导读：本文主要介绍了中国处理债务问题的两种方法：资产证券化和债转股。对比分析了两种方法成功使用的条件以及存在的问题。最后，作者认为在处理债务问题时应该采取综合性的策略。编译如下：

过去几年，中国的公司债规模不断扩大，目前占GDP160%，并且还在继续上升。中国主要采用两种方法处理：债转股和资产证券化。据报道，很多大型银行都在做资产证券化业务。

债转股问题

债转股有利于降低企业的高负债和银行的不良贷款。它将企业的债务转为股权，改变企业的所有权，从而实现公司重组。但这也会带来问题：第一，维持僵死企业经营。银行也许并没有动力进行公司重组，特别是当它们持有的公司股份份额较小，或者二者都为国有的时候。第二，一般来讲，银行并没有经营或重组公司的经验。如果银行继续为问题利益相关企业提供贷款，会造成企业负债越来越大，除去粉饰太平的动机，也易引起道德风险。第三，这需要修改相关的法律，因为商业银行法规定禁止银行持有企业股权。

债转股成功的条件

第一，公司要有偿付和生存能力。公司的股权具有流动性，银行在债转股时要确保企业有偿付和生存能力。除此以外，杠杆率较高的企业适合进行债转股。第二，良好的公司治理。企业应该有良好的公司治理结构，如果没有的话，银行作为新的股权持有者要有能力改善企业的治理结构，即使银行有可能是小股东。第三，银行持有股权应该有时间和规模的限制。银行持有大量股权并参与公司治理，会影响银行作为金融中介的功能。一旦银行持有股权的行业复苏，银行应该及时出售股权，否则，银行可能需要组建新的团队进行股权管理。第四，债转股需要合理估值并且意识到风险损失。银行进行债转股时需要进行合理估值。估值过高会增加银行的风险，并要求额外的资本投入。

资产证券化

和债转股一样，资产证券化也是处理债务重组的一个有用工具。二者的主要区别在于，资产证券化将不良债务转变为另一个主体持有的资产，而债转股将不良债务转为同样为银行持有的完全不同的资产与债转股相比，资产证券化具有下述优势：（1）将银行不良资产快速转移；（2）银行可以拥有更多的现金；（3）将债务转移到专业的管理机构，便于公司债务重组。但证券化也有一些劣势：（1）使债务更难重组。资产证券化只是将债务进行转移，并没有实质性的解决；（2）国内缺少有深度的机构投资者；（3）很难创造一个有活力的资产证券化市场，因为这需要完善的法律支持；（4）有可能将风险从受监管的金融部门转移到更难消化风险的金融实体。

资产证券化成功的条件

第一,将要证券化的不良贷款应该是多样化的。理想情况是投资组合有大量的债务者,较低的贷款集中度以及相似的期限。第二,增强信用有利于吸引投资者。资产证券化经过风险评级后,银行应该保持产品的曝光度,这有利于吸引投资者购买。第三,较好的消费者保护。首先,证券化的资产应该只出售给机构投资者或者高净值或有经验的投资者。其次,严格披露相关的信息,确保投资者有风险意识。银行在购买时,也应该严格按照监管要求。最后,证券化的贷款也需要进行监管。

采取综合的策略

化解债务的综合策略不仅仅包括债转股和资产证券化,还应该具备如下条件:(1)该策略应该能够提高合格企业的业绩,并帮助没有生存能力的企业退出。(2)监管机构应该要求银行能够识别并处理不良贷款。(3)一个能够明确分清银行,企业,机构投资者和政府责任的计划。(4)加强企业重组的相关法律和制度框架,包括破产法。

本文原题名为"Debt-Equity Conversions and NPLSecuritization in China—Some Initial Considerations"。本文作者 James Daniel 为 IMF 亚太部经济学家,José Garrido 为 IMF 法律部专家,Marina Moretti 为 IMF 货币和资本市场部经济学家。本文于 2016 年 4 月刊于 IMF 官网。

中国的资本账户开放：
行为逻辑与情景分析

张明/文

导读：面对目前中国经济所处的错综复杂的国内外形势，中国政府依然应该审慎渐进可控地开放资本账户，否则就可能遭遇系统性金融危机的爆发。因此，中国政府在未来的资本账户开放中仍应遵循恰当次序，加快建立宏观审慎监管框架，大力推进国内结构性改革以及建立危机预警、管理与应对机制。全文如下：

摘要：新兴市场国家是否应该保留适当的资本流动管理措施以应对日益增强的国际资本流动的波动性，这既是当前国际学术界的热点问题，也是过去几年内中国国内政策界与学术界讨论的焦点问题。最近几年以来，国际学术研究越来越强调新兴市场国家在特定情形下实施资本流动管理的必要性，IMF对资本账户管制的态度也发生了明显的变化。自2012年以来，国内学术界对是否应该加快资本账户开放争论不休，尚未达成共识。中国政府在资本账户开放方面最初遵循了一条渐进、审慎、可控的路径，但从2008年全球金融危机爆发后，中国政府开放资本账户的速度明显加快。资本账户开放速度的转变反映了中国政府行为逻辑的变迁，但这背后可能低估了潜在风险。考虑到目前中国经济所处的错综复杂的国内外形势，中国政府依然应该审慎渐进可控地开放资本账户，否则就可能遭遇系统性金融危机的爆发。因此，中国政府在未来的资本账户开放中仍应遵循恰当次序，加快建立宏观审慎监管框架，大力推进国内结构性改革以及建立危机预警、管理与应对机制。

关键词：中国；资本账户开放；学术争论；潜在风险；应对策略

一　序言

中国政府在 1996 年实现了国际收支经常账户的全面开放。1997—1998 年东南亚金融危机的爆发使得中国政府充分认识到资本账户开放可能引致的潜在金融风险，此后中国政府走上了一条渐进、审慎、可控的资本账户开放道路。截至 2011 年年底，根据国际货币基金组织（IMF）《汇兑安排与汇兑限制年报》，在中国资本账户的 40 个子项目中，实现基本可兑换的项目为 14 项，主要集中在直接投资及其清盘、信贷工具交易等方面；实现部分可兑换的项目为 22 项，主要集中在股票市场交易、债券市场交易、房地产市场交易与个人资本交易等方面；不可兑换项目为 4 项，主要包括非居民参与国内货币市场、基金信托市场以及衍生产品交易等。[①]

2012 年 2 月，中国人民银行调查统计司课题组公开发表了一篇名为《我国开放资本账户条件基本成熟》的研究报告。该报告指出，当前中国正处于资本账户开放的战略机遇期，并提出了在短期（1—3 年）、中期（3—5 年）与长期（5—10 年）内推进资本账户开放的具体建议。[②] 这一报告引起了国内外的广泛关注，并在中国引发了当前是否应该加快资本账户开放的学术辩论。

2013 年 11 月，中国共产党十八届三中全会报告指出，要

---

① 中国人民银行调查统计司课题组：《我国开放资本账户条件基本成熟》，载《中国证券报》2012 年 2 月 23 日。
② 同上。

"推动资本市场双向开放,有序提高跨境资本和金融交易可兑换程度,建立健全宏观审慎管理框架下的外债和资本流动管理体系,加快实现人民币资本项目可兑换"。[①] 2015 年 10 月,《中共中央关于制定国民经济和社会发展第十三个五年规划的建议》(简称"十三五"规划建议)指出,要"扩大金融业双向开放,有序实现人民币资本项目可兑换,推动人民币加入特别提款权,成为可兑换、可自由使用货币"。[②] 资本账户可兑换进入上述两个官方纲领性文件,意味着前者已经成为中国政府的中期政策目标。然而,正如党的十八届三中全会决定中"加快实现人民币资本项目可兑换"与"十三五"规划建议中"有序实现人民币资本项目可兑换"之间存在鲜明对比一样,关于下一阶段究竟应该如何继续开放资本账户,目前在国内的争论依然悬而未决。

本文试图在回顾国内外相关文献的基础上,厘清迄今为止中国资本账户开放的行为逻辑,展望未来中国资本账户开放的可能情景,并借鉴其他新兴市场国家的经验教训,对未来中国政府如何更好地开放资本账户提出政策建议。

二 文献综述

根据经典的宏观经济学理论,资本账户开放大致可以为一国经济带来如下好处:首先,资本账户开放有利于资源在全球范围内进行配置,这无疑可以纠正过去存在的市场扭曲,通过提高资源配置效率来增进国民福利。其次,资本账户开放打破了金融抑制的环境,有助于一国居民与企业在全球范围内开展投资,这有

---

① 中国共产党第十八届中央委员会第三次全体会议:《中共中央关于全面深化改革若干重大问题的决定》,2013 年 11 月 12 日,http://paper.people.com.cn/rmrb/html/2013-11/16/nw.D110000renmrb_20131116_2-01.htm。

② 中国共产党第十八届中央委员会第五次全体会议:《中共中央关于制定国民经济和社会发展第十三个五年规划的建议》,2015 年 10 月 29 日,http://politics.people.com.cn/n/2015/1103/c1001-27772701-2.html。

助于该国居民与企业提高投资收益率以及规避本国系统性风险。再次,资本账户开放可以通过引入外国投融资主体来增强国内金融市场上的竞争,从而促进金融深化,增强该国金融市场的深度、广度与流动性。[1] 最后,资本账户开放通常能够缓解一国中小企业面临的融资约束,降低其融资成本。[2]

然而,近年来尤其是自 2008 年国际金融危机爆发以来,很多开放了资本账户的新兴市场国家都遭遇了短期资本大进大出的冲击,部分国家甚至因此而爆发了金融危机,因此资本账户开放的上述好处遭到了越来越多的质疑,例如,在资本账户开放与资源配置优化以及相应的经济增长之间是否真的存在显著为正的相关性?资本账户开放是否会加剧新兴市场经济体的金融脆弱性,甚至引爆金融危机?究竟是资本账户自由化能够促进金融市场深化,还是深化后的金融市场才能较好地承受短期资本大进大出造成的冲击?

近期的文献除了质疑资本账户开放的好处之外,也越来越开始强调适当的资本账户管制或资本流动管理的必要性。例如,安东·科瑞涅克(Anton Korinek)的研究表明,对资本流入激增进行管制并非一种扭曲性政策,而可能是一种最优政策。这是因为,由于投资者并没有将其快速投资与撤资的行为可能给金融体系造成的风险内部化,这可能加剧金融体系的不稳定,因此,为纠正这种内在失灵,对资本流入征收反周期的庇古税就具有理论上的合理性。[3] 又如,奥利弗·珍妮(Olivier Jeanne)与科瑞涅克指出,新兴市场国家通常会面临短期资本大进大出的冲击,而

---

[1] Eswar Prasad, et al. , "Effects of Financial Globalization on Developing Countries: Some Empirical Evidence," IMF Occasional Paper, No. 220, 2003.

[2] Kristin J. Forbes, "One Cost of the Chilean Capital Controls: Increased Financial Constraints for Smaller Traded Firms," Journal of International Economics, Vol. 71, No. 2, 2007, pp. 294 – 323.

[3] Anton Korinek, "The New Economics of Prudential Capital Controls," IMF Economic Review, Vol. 59, No. 3, 2011, pp. 523 – 561.

实施审慎性资本流动控制可以缓解短期资本流动给新兴市场国家造成的冲击，这意味着新兴市场国家应该在经济繁荣时抑制资本流入，这样就可以降低经济衰退时资本流出的潜在规模。换言之，反周期的资本流动管理可以降低宏观经济的波动性以及增进国民福利。[1]

最近二三十年以来，国际经济学界有大量的经验研究分析新兴市场国家进行资本账户管制的有效性，这些研究至少形成了如下共识：第一，对资本流入的管制要比对资本流出的管制更加有效。[2] 第二，资本流入管制的有效期较短，通常不到一年。[3] 第三，对资本流入的管制未必能够降低资本流入的规模，但却能够显著改变资本流入的期限结构，即降低短期资本占资本流入的比重。[4] 第四，就资本账户管制的具体工具而言，数量型工具造成的经济扭曲要比价格型工具更大。[5]

在2008年国际金融危机爆发之后，就连过去支持资本账户自由化的IMF也不得不承认，对跨境资本流动进行某种程度管制的国家，通常是受到金融危机冲击程度较轻的国家。[6] IMF随即提出了资本流动管理的新思维：资本流动管理可以与宏观经济政策、宏观审慎监管一起，成为新兴市场与发展中经济体应对资本

---

[1] Olivier Jeanne and Anton Korinek, "Excessive Volatility in Capital Flows: A Pigouvian Taxation Approach," PIIE Working Paper Series, WP10-5, May 2010.

[2] Akira Ariyoshi, et al., "Capital Controls: Country Experiences with Their Use and Liberalization," IMF Occasional Paper, No. 190, 2000.

[3] Mahir Binici, et al., "Controlling Capital? Legal Restrictions and the Asset Composition of International Financial Flows," IMF Working Paper, WP/09/208, September 2009.

[4] Peter Montiel and Carmen M. Reinhart, "Do Capital Controls and Macroeconomic Policies Influence the Volume and Composition of Capital Flows? Evidences from the 1990s," Journal of International Money and Finance, Vol. 18, No. 4, 1999, pp. 619–635.

[5] 余永定、张明：《资本管制和资本项目自由化的国际新动向》，载《国际经济评论》2012年第5期，第68—74页。

[6] Jonathan Ostry, et al., "Capital Inflows: The Role of Controls," IMF Staff Position Note, No. 10/04, 2010.

流动波动性的工具之一。①

波士顿大学帕迪中心（Pardee Center Task Force）提出了一些适用于新兴市场国家资本流动管理的新准则：第一，资本账户管制应该被视为宏观政策工具箱中不可或缺的一部分，而非最后的救命稻草。第二，尽管价格型资本账户管制工具更加市场中性，但是数量型资本账户管制工具通常更为有效，尤其是在资本账户比较封闭、中央银行比较虚弱以及资本流入的动机很强之时。第三，资本账户管制并不应该仅仅针对资本流入，资本流出管制不仅能够有效地阻吓不合意的资本流入，而且还能发挥其他功用。第四，资本管制措施不应该被视为临时性措施，而应被视为一种熨平经济繁荣与萧条的反周期的永久性机制。第五，资本流动管理的重担不应全部由新兴市场与发展中国家来承担，国际资本的来源国也应该在其中发挥重要作用。②

2012年中国人民银行调查统计司课题组发布的一篇研究报告引发了中国国内关于是否应该加快资本账户开放的学术讨论。该报告认为，基于如下理由，2012年前后正是中国加快资本账户开放的战略机遇期：第一，国际金融危机降低了西方企业的估值水平，因此开放资本账户有助于促进中国企业对外投资。第二，开放资本账户有助于推动跨境人民币使用与人民币离岸中心建设。第三，开放资本账户可以通过促进低附加值产能转移和拓宽家庭海外投资渠道等方式来促进国内经济结构调整。第四，现有资本账户管制效率不断下降。第五，目前中国宏观经济稳定、金融体系稳健、外汇储备充足、金融风险可控，故而满足了资本账户开

---

① Jonathan Ostry, et al, "Managing Capital Inflows: What Tools to Use," IMF Staff Discussion Note, No. 11/06, April 2011.

② Kevin P. Gallagher, Stephany Griffith-Jones and Jose Antonio Ocampo, "Capital Account Regulations for Stability and Development: A New Approach," *Regulating Global Capital Flows for Long-Run Developments*, Pardee Center Task Force Report, March 2012.

放的基本条件。① 央行调统司在 2012 年发布的另一篇研究报告中声称，一方面，罗伯特·蒙代尔（Robert A. Mundell）的不可能三角理论与利率平价理论均存在一定的局限性；另一方面，对美、日、英、德等国家的经验分析表明，在利率改革、汇率改革与资本账户开放之间并不存在固定顺序。因此，人民币利率市场化改革、人民币汇率形成机制改革与资本账户自由化可以协调推进。②

余永定、张明与张斌针对上述央行研究报告提出了如下质疑：第一，考虑到中国经济潜在增速的下行与金融风险的显性化以及美联储即将步入新一轮加息周期，2012 年前后如果加快资本账户开放，中国很可能面临规模巨大的资本外流，因此 2012 年前后绝非加快资本账户开放的战略机遇期。第二，如果在人民币利率与汇率形成机制尚未充分市场化的前提下推进人民币国际化，会造成人民币离岸市场与在岸市场之间的跨境套汇与套利行为大行其道。第三，用开放资本账户来倒逼国内结构性改革的做法是巨大的冒险。第四，中国的资本账户管制依然大致有效，在人民币离岸与在岸市场之间存在的较大息差就是证据。第五，资本账户开放需要遵循适当的顺序。③ 林毅夫也提出了如下理由来反对过快开放中国的资本账户：第一，短期国际资本通常会进入流动性较强且有投机性质的股票市场与房地产市场，因此容易导致股市与房地产泡沫。第二，自 20 世纪 70 年代起，发展中国家加快资本账户开放的结果是经济波动更为频繁、金融危机爆发概率大增。第三，发展中经济体在金融结构上本身就是扭曲的，短

---

① 中国人民银行调查统计司课题组：《我国开放资本账户条件基本成熟》，载《中国证券报》，2012 年 2 月 23 日。

② 中国人民银行调查统计司课题组：《协调推进利率汇率改革和资本账户开放》，载《中国证券报》，2012 年 4 月 17 日。

③ 余永定、张明、张斌：《中国应慎对资本账户开放》，《金融时报》中文网，2013 年 6 月 4 日，http：//www.ftchinese.com/story/001050727？full = y，登录时间：2016 年 11 月 5 日。

期资本大进大出可能造成更大的波动。第四，在长期性停滞风险凸显、全球流动性泛滥的背景下，中国加快资本账户开放的结果很可能是资本大进大出。第五，一旦资本账户开放之后要重新收紧管制，那么国内外的既得利益者就会群起反对。泰国在2008年国际金融危机中的表现就是绝佳的例子。①

值得指出的是，目前中国国内关于资本账户是否应该加快开放的争论主要是围绕短期资本流动项目展开的。而关于长期直接投资项目的开放，正反双方都认为没有问题。事实上，无论是对外直接投资还是外商来华投资，只要符合相关产业政策与真实性审核，面临的管制已经基本上放开了，因此未来的资本账户开放进程将主要围绕短期资本流动而展开。

国内正反双方多轮激烈辩论的结果客观上对中国央行下一阶段的资本账户开放进程产生了显著影响。例如，尽管中国央行多次重申要实现在2015年年底基本开放资本账户的时间表，但央行也多次强调加强宏观审慎监管以及对短期资本流动的监测与管理的重要性。又如，在2015年4月IMF春季年会上，中国人民银行行长周小川表示，中国政府将从国际金融危机中吸取经验教训，实现有管理的资本账户可自由兑换，这是一种在吸取各种经验教训基础上、基于自身意志而进行的有序安排。② 事实上，自2015年8月11日汇改之后，由于面临短期资本持续流出以及人民币兑美元贬值压力，中国央行已经开始收紧对短期跨境资本流动的管理，例如加大对地下非法资本流动的打击、收紧了对居民的换汇限制与汇出限制以及开始限制离岸市场上的非居民通过银行渠道获得人民币等。尽管有央行官员将上述做法解释为加强宏观审慎监管，但宏观审慎监管侧

---

① 林毅夫：《我为什么不支持资本账户完全开放》，载陈元、钱颖一主编：《资本账户开放：战略、时机与路线图》，社会科学文献出版社2014年版，第60—65页。

② Xiaochuan Zhou, IMFC Statement on Behalf of China, 31st Meeting of the International Monetary and Financial Committee, April 18, 2015.

重于对金融机构的整体行为以及金融机构之间的相互影响进行监管，上述针对居民换汇、境外非居民获得人民币等行为的限制并不属于宏观审慎监管的范畴，而属于资本管制措施的加强。

三 中国资本账户开放的行为逻辑

（一）迄今为止的中国资本账户开放路径

受东南亚金融危机爆发的经验教训影响，从20世纪90年代晚期开始，中国政府在资本账户开放方面采取了一条渐进、审慎与可控的开放途径。这条途径可以总结为：一是先开放资本流入，再开放资本流出；二是先放开对中长期资本流动的管制，再放开对短期资本流动的管制；三是具体的资本账户开放措施一般采取试点推广的方法，即先在特定资本流动配额下实施开放，在观察开放的效果后决定是否进一步扩大配额，直至最终取消配额管理。

到2008年国际金融危机爆发之前，中国的资本账户已经实现了部分开放。首先，在跨境直接投资方面，只要是符合相关产业规定、经过真实性审核以及履行了相应审批程序的，无论是外商直接投资（FDI）还是对外直接投资都已经基本放开。其次，在跨境证券投资方面，中国政府实施了双向额度管理。外国来华证券投资受到合格境外机构投资者制度（Qualified Foreign Institutional Investor, QFII）的额度限制，而中国对外证券投资则受到合格境内机构投资者（Qualified Domestic Institutional Investor, QDII）的额度限制。这种额度管理体系实现了中国政府对跨境证券投资的可控开放。最后，在跨境其他投资（即跨境债权债务类资金流动）方面，中国政府采取了分类管理的做法：其一，对于跨境贸易融资，只要通过真实性审核，基本上可以自由流动。其二，对于外商投资企业，在投注差范围内，可以向境外母公司申请跨境贷款。① 其三，对短期外债、外国机构在国内申请贷款或发债等方面，依然存在较为严格的管制。

1999年至2011年，中国国际收支出现了连续13年的经常账户顺差与资本账户顺差并存的"双顺差"格局。持续双顺差的一个直接结果，是中国外汇储备规模直线飙升，最高时接近4万亿美元，以至于中国成为持有外汇储备最多的国家。由于大部分外汇储备投资于以美国国债为代表的美元资产，中国外汇储备的保值增值问题日益突出。

2008年美国次贷危机以及2010年欧洲主权债务危机的相继爆发深刻改变了全球主要大国在经济领域的力量格局。受到危机冲击，主要发达经济体资产价格下跌、经济增速放缓。相比之下，主要新兴市场经济体受到的危机冲击不大，且受到危机后发达国家集体实施的量化宽松政策所形成的全球过剩流动性的推动，出现了本币汇率升值、资产价格上涨与经济增速较快的局面。中国经济在此期间一举超越日本成为全球第二大经济体，同时成为全球最大的贸易国以及最大的外汇储备持有国。

受到上述相对格局变化的推动，在2008年国际金融危机爆发之后，中国政府在资本账户开放方面推出了两大新举措：一方面，大力推动中国企业"走出去"，抓住金融危机爆发后发达国家资产价格估值较低、发达国家企业亟须获得资本注入的机会，开展大规模对外直接投资。这样做不仅有助于增强中国企业的国际竞争力，而且有助于更加多元化地利用中国庞大的外汇储备，实现外汇储备的保值增值。另一方面，努力推动人民币国际化，扩大人民币在国际范围内的使用，以此来降低中国在对外贸易与投资中对美元的过度依赖，进而降低外汇储备的积累速度，降低中国企业面临的外汇风险与兑换成本，促进国内金融市场改革。

---

① 所谓投注差，是指外商直接投资在注册资本金与实际投资额之间的差距。一般而言，实际投资额低于注册资本金。在投注差范围内，外商投资企业可以向境外母公司申请贷款。

中国政府采取了一种三管齐下的方式来推动人民币国际化：一是扩大人民币在跨境贸易与投资中的计价与结算；二是发展香港、台北、伦敦等离岸人民币金融中心；三是由中国央行与其他国家或地区的中央银行签署双边本币互换，以此来向各国人民币离岸市场提供流动性。截至2015年6月底，人民币国际化在上述三个维度上已经取得显著进展。当前中国跨境贸易总额已经有大约1/4是由人民币来进行结算的，人民币当前已经在全球结算货币中排到第四或第五位。当前全球离岸市场人民币存款已经超过两万亿元，其中香港市场人民币存款约为1万亿元。迄今为止，中国央行已经与20多个央行签署了双边本币互换，互换总规模接近3万亿人民币。

人民币国际化与资本账户开放本质上是一枚硬币的两面。[①]事实上，自2009年中国政府推动人民币跨境贸易结算试点以来，中国央行基本上就是在通过推动人民币国际化来实现资本账户的进一步开放。这是因为，为了促进人民币的国际使用，中国政府必须通过特定途径对外输出人民币，也必须通过特定途径实现离岸人民币的回流。只有这样做，才能既满足境外主体获得人民币的需求，又能满足境外主体利用手中的人民币到中国在岸市场开展投资的需求。而人民币的输出与回流就意味着中国政府必须进一步开放资本账户。

在人民币国际化背景下的主要资本账户开放措施包括：第一，央行放松了对通过人民币结算的跨境贸易与投资的管理。当前，以外币计价的跨境贸易与投资依然由外管局在各地的分支机构实施管理，而以人民币计价的跨境贸易与投资则由央行货币政策二司（这是央行为推动人民币国际化而新设立的机构）在各地的分支机构（跨境办）负责管理。一般而言，跨境办对人民币跨境流动的管理要显著弱于外管局对外币跨境流动的管理。第二，

---

① Yongding Yu, "Revisiting the Internationalization of the Yuan," ADBI Working Paper, No. 366, 2012.

为了方便境外人民币资金回流内地，一方面，中国政府对境外央行、境外人民币清算行等机构开放了国内债券市场；另一方面，中国政府推出了人民币合格境外机构投资者（R-QFII）制度，允许境外机构投资者利用在境外获得的人民币资金，在特定额度内投资于中国境内的金融市场。第三，在跨境金融产品提供方面，中国政府鼓励各种类型的境内外机构在离岸人民币市场发行以人民币计价的债券（点心债券），逐渐放开境外机构在在岸人民币市场发行以人民币计价的债券（熊猫债券），并已经推出了沪港通，未来即将推出深港通等境内外资本市场的联通机制。第四，除了传统的QDII之外，中国政府还即将推出允许境内个人直接投资于境外金融市场的QDII2制度。在前海实验区内，中国政府还推出了不限制境外投资产品类别的QDLP制度。

然而，由于中国央行是在人民币利率与汇率形成机制尚未充分市场化的前提下推进人民币国际化以及资本账户开放的，这就造成境内外主体利用离岸与在岸两个人民币市场的利差与汇差进行跨境套利的行为大行其道。一方面，境内在岸人民币市场上，央行对利率与汇率均存在一定程度的干预；另一方面，在境外离岸市场上，人民币利率与汇率是由市场供求力量决定的。这种不同就导致了在很多时候离岸与在岸市场上的人民币价格（包括利率与汇率）存在显著的差距，这就为跨境套利行为提供了空间。其一，在2009—2013年期间，市场上存在显著的人民币升值预期，造成离岸市场上的人民币价格要显著高于在岸市场，这就使得很多关联公司以进口人民币结算为伪装，将人民币从在岸市场输送到离岸市场以赚取汇差收入。其二，2009年至今，在岸市场人民币利率水平远高于离岸市场人民币利率水平，这就使得很多关联公司以跨境人民币结算为伪装，通过内保外贷的方式从境外银行处借入人民币资金，再运回国内使用以赚取利差收入。[①] 在

---

① 张明、何帆：《人民币国际化进程中在岸离岸套利现象研究》，载《国际金融研究》2012年第10期，第47—54页。

过去几年内，跨境套利与套汇行为的规模非常庞大，这种跨境投机行为不仅降低了中国政府宏观调控的效果、损害了中国国民福利，而且导致官方的人民币国际化数据存在明显的"泡沫"。

（二）中国资本账户开放背后的行为逻辑及其转变

从上述中国资本账户开放路径来看，在 2008 年国际金融危机爆发之前，中国的资本账户开放进程总体上是渐进的，而在金融危机之后，中国的资本账户开放速度显著加快。

笔者认为，在 2008 年国际金融危机爆发之前，中国政府之所以选择渐进的资本账户开放路径，背后的行为逻辑可以归纳如下：

第一，秉持中国渐进式改革的总体策略。自 1978 年改革开放以来，中国政府就一直秉持着渐进式改革路径。与激进式改革路径相比，渐进式改革的好处在于可以通过"试错"+"推广"的模式来探索改革的最优模式、减少改革带来的震荡，并通过增量式改革来凝聚社会各阶层的共识。但渐进式改革路径的问题在于，这种路径倾向于将困难的改革推到后面，从而在改革后期不得不面临"惊险的一跃"。此外，在渐进式改革的过程中将会形成各种新的既得利益集团，而这些利益集团会设法从维持现状中获益，并会阻挠进一步的改革。对于资本账户开放这种不确定性较大、需要较多配套条件的改革而言，采取渐进式改革的策略无疑是利大于弊的占优策略。

第二，配合中国出口导向的发展策略。自改革开放以来，尤其是 1994 年外汇市场并轨以来，中国在借鉴亚洲四小龙发展模式的基础上，选择了出口导向的发展策略。出口导向发展策略具有几大核心要素：一是实现人民币汇率的相对低估，从而保持中国产品在价格方面的国际竞争力；二是压低土地、劳动力等生产要素价格；三是通过加入世界贸易组织（WTO）来降低国际关税与非关税贸易壁垒。此外，大力引入加工贸易型外商直接投资也是中国政府实施出口导向发展策略的重要举措。这就决定了在资本账户开放方面，中国政府优先开放了对 FDI 的限制。此外，中国地方政府在引入 FDI 方面给予了非常多的优惠政策，例如所得税减免、廉价土地与财政补贴等。

第三，积累外汇储备资产。截至 1996 年年底，中国的外汇储备仅为 1000 亿美元左右。1997 年至 1998 年爆发的东南亚金融危机深刻揭示了一旦新兴市场国家爆发金融危机，很难指望美国与 IMF 等发达国家或国际金融机构及时出手相救的事实，这就使得包括中国在内的东亚新兴市场经济体走上了通过积累外汇储备来保障自身金融安全的道路。在 1999 年至 2011 年间，中国持续实现了经常账户顺差与资本账户顺差的国际收支双顺差，这最终使得中国的外汇储备上升至近 4 万亿美元。而之所以中国能够出现持续的资本账户顺差，则是因为中国政府采取了先开放资本流入、再放开资本流出的次序。而随着近年来中国政府开始加速放开资本流出，中国的外汇储备已经由顶峰时期的近 4 万亿美元下降至 2016 年 1 月底的 3.22 万亿美元。

第四，吸取了其他新兴市场国家开放资本账户的经验教训。无论是 20 世纪 80 年代的拉丁美洲债务危机，还是 90 年代的东南亚金融危机，均生动地表明：其一，国际资本的大量流入将会使得东道国产生实施顺周期宏观经济政策以及放松资本账户管制与金融监管的诱惑。而当一国屈从于这些诱惑后，金融危机通常会尾随而至。其二，要避免资本流入导致的金融危机，关键在于避免资本流入可能导致的实际汇率升值与经常账户逆差。其三，在资本账户开放的进程中，保留一些能够对资本账户波动性进行直接管理的工具，这一点经验至关重要。[①] 中国政府之所以采取了渐进可控的资本账户开放路径，在很大程度上是充分吸取了其他

---

① 何塞·安东尼奥·奥坎波、比尔吉·尔顿：《拉丁美洲资本账户开放的经验》，载凯文·加拉格等主编，中国社会科学院世界经济与政治研究所译：《中国资本账户开放：一种平衡的方法》，中国金融出版社 2015 年版，第 49—65 页。

新兴市场国家的经验教训,尤其是在国内金融市场发展还不健全、金融脆弱性程度还比较高的前提下,应该审慎开放资本账户,特别是应该审慎放开波动性比较强的证券投资与债权类资金流动。此外,中国在资本账户开放的次序方面,事实上也充分借鉴了日本的成功经验。例如,荒卷健二(KenjiAramamaki)指出,日本的资本账户开放遵循了如下次序,即对内投资的自由化通常先于对外投资的自由化,直接投资的自由化通常先于其他投资的自由化,对跨境证券发行等高风险交易保持审慎态度等。① 不难看出,中国政府的资本账户开放也基本遵循了这一次序。

然而,自 2008 年国际金融危机爆发之后,中国的资本账户开放进程明显加快,其背后的行为逻辑自然也发生了重要变化。

第一,中国经济体量的扩张与全球排序的上升使得中国政府试图在全球范围内扮演更为重要的角色,而推进人民币国际化需要资本账户开放的配合。金融危机爆发之后,欧、美、日等发达国家和地区的经济增速显著下滑,而中国经济依然保持了较快的增长速度,这就使得中国经济的全球地位在危机后快速上升,超过日本成为全球第二大经济体。然而人民币的国际地位显著落后于中国经济的国际地位,因此,中国政府试图通过推进人民币国际化来缓解货币地位与经济地位的不匹配。而为了更快地推进人民币的跨国使用,中国政府就需要更快地推进资本账户开放。这一方面要求中国政府通过贸易、投资与金融渠道向境外输出更多的人民币,另一方面则要求中国政府通过开放国内债券、股票等金融市场,以吸引海外人民币的回流。

第二,中国的产业结构转型升级需要促进企业对外直接投资。中国经济体量的放大、国内要素价格的上升、人民币汇率的持续升值等因素决定了出口导向发展模式已经难以持续,中国企业需要从传统的低附加值的劳动密集型产业向更高附加值的资本

---

① 荒卷健二:《资本账户自由化——日本经验及其对中国的启示》,载凯文·加拉格等主编:《中国资本账户开放:一种平衡的方法》,第 34—48 页。

与技术密集型产业转型升级。而为了更好地向微笑曲线的两端攀升,通过海外兼并收购来学习外国先进技术与管理经验,再转而用于提高自身国内竞争力,就成为中国企业海外直接投资的重要诉求。[①] 然而,过去中国的资本账户管制对外商直接投资的开放程度较高,而对中国海外直接投资的开放程度较低。因此,放松对中国企业海外投资的各种限制、促进中国企业"走出去"就成为大势所趋。

第三,外汇储备规模已经积累到相当大规模,保值增值面临重大挑战。随着中国外汇储备规模的一路飙升,外汇储备的保值增值问题逐渐成为中国央行面临的一大挑战。迄今为止,中国的外汇储备主要投资于以美国国债为代表的发达国家政府债券。然而,自2008年国际金融危机爆发以来,美国、欧元区、英国与日本央行一方面将国内利率下调至接近零的水平,另一方面实施了以量化宽松为代表的非常规货币政策。这就使得中国外汇储备既面临投资收益率偏低的局面,还面临发达国家货币显著贬值可能产生的汇率风险。例如,温家宝总理就曾对奥巴马总统公开表示过对中国外汇储备投资于美国国债的安全问题的担忧。为了提高外汇储备的收益率,中国政府在国际危机爆发后就开始力推中国企业"走出去",即鼓励中国企业到海外开展绿地投资或兼并收购,通过增加对外直接投资的规模来提高中国外汇资产的收益率。此外,由于外汇储备规模已经超过了充分适度的水平,中国政府也改变了过去"宽进严出"的资本账户开放思路,显著放松了对各类资本流出的限制。

第四,中国政府试图通过资本账户开放来倒逼国内结构性改革。中国经济体制改革已经走过了30多年的渐进式改革之路,目前比较容易的改革已经大致上推进完毕,剩下的都是一些难啃

---

① Yiping Huang and BijunWang, "Investing Overseas Without Moving Factories Abroad: The Case of Chinese Outward Direct Investment," *Asian Development Review*, Vol. 30, No. 1, 2013, pp. 85 – 107.

的"硬骨头",例如如何降低政府税收与企业利润占国民收入的比重、如何打破国企垄断并向民间资本开放服务业、如何进一步实施国内各种要素价格的市场化等。这些改革之所以困难,是因为都涉及存量利益的重新分配,因此必然遭到强势既得利益集团的反对与阻挠。然而,上述改革对于中国经济增长模式的转型与中国经济的可持续增长而言,又是不可或缺的。在国内结构性改革知易行难的背景下,通过资本账户开放来引入外部竞争压力,倒逼国内结构性改革,就成为以中国央行为代表的中国政府做出的重要选择。①

自 2008 年全球金融危机爆发以来,中国央行加快资本账户开放的行为逻辑固然有可圈可点之处,但却在较大程度上忽视了加快资本账户开放的潜在风险,高估了中国政府管理持续大规模资本外流的能力。一旦资本大规模外流引爆金融危机,那么上述中国政府的战略诉求就可能难以实现。

例如,中国政府试图通过加快资本账户开放来推进人民币国际化。但由于人民币汇率、利率形成机制尚未充分市场化,导致在过去几年人民币国际化的成就背后存在大量跨境套汇套利交易造成的泡沫。而从 2015 年下半年起,随着人民币升值预期的逆转以及境内外利差的缩小,用离岸人民币存款规模来衡量的人民币国际化的进展已经显著放慢,甚至出现了逆转。如果未来的资本账户开放管理不善,进而引爆金融危机,那么人民币国际化不仅难以更进一步,反而可能停滞甚至逆转。正如 20 世纪 80 年代进展较快的日元国际化因为 90 年代初期的资产价格泡沫破灭而陷入停滞一样。

又如,中国政府试图通过加快资本账户开放来实现外汇储备

---

① 一个经常用来做类比的例子是,在 2001 年中国加入 WTO 之时,中国政府承诺要在 6 年时间内实现银行业的对外开放。当时很多人担心一旦对外开放后,中国银行业会爆发重大危机。然而在对外开放的压力下,中国政府成功地实现了国有商业银行的股份制改革与国内外上市,最终强化而非削弱了中国商业银行的国际竞争力。

的保值增值。但如果资本账户开放导致大规模的净资本流出，将会加剧人民币兑美元的贬值压力。如果人民币汇率形成机制依然缺乏弹性，那么中国央行将不得不通过出售外汇储备来维持人民币兑美元汇率的稳定。换言之，如果在汇率形成机制充分市场化之前过快开放资本账户，非但不能实现外汇储备的保值增值，而且可能造成外汇储备的大量流失。

再如，中国政府试图通过加快资本账户开放来倒逼国内结构性改革，其最终结果是高度不确定的、甚至是相当危险的。试想，如果加快资本账户后爆发了金融危机，那么危机爆发后，中国国内的结构性改革究竟是会加快，还是会放缓、停滞甚至逆转？笔者担心后一情形发生的概率更大，正如中国国内的结构性改革在2008年国际金融危机爆发后陷入停滞一样。换言之，通过一个本身后果高度不确定的进程来倒逼阻力很大的结构性改革，是过于理想化的举动。一旦中国政府在资本账户过快开放后遭遇危机，就很可能成为既得利益集团的口实，被后者用来阻挠国内的其他市场化改革。

四　未来中国资本账户开放的情景分析

如此所述，中国央行公布了将在2020年底实现资本账户全面开放的时间表。然而在未来5年内，无论全球经济还是中国经济都面临着较大的不确定性。这些不确定性主要体现在以下四个方面：第一，全球经济在2008年国际金融危机爆发之后一直复苏乏力，以至于可能陷入"长期性停滞"的局面。全球经济增速在未来5年内都很难回到危机爆发前5年4%—5%的增长速度。第二，无论是发达国家内部还是新兴市场国家内部，目前都存在复苏路径苦乐不均的分化现象。经济增速的分化将会导致货币政策的分化，而货币政策的分化又会对货币汇率与资本流动产生显著影响。第三，美联储即将在未来几年步入新一轮加息周期。而历史经验表明，每当美联储进入新一轮加息周期之时，就是全球新兴市场国家面临负面冲击甚至爆发金融危机之时。美联储加息的频率在未来几年内都将是全球金融市场面临的重要震荡之源。第四，在全球经济增速放缓、金融风险日益凸显的环境下，各国之间爆发汇率战与贸易战的概率将会显著上升。WTO等全球贸易规则正在遭遇诸如跨太平洋伙伴关系协定（TPP）、跨大西洋贸易与投资伙伴协议（TTIP）、国际服务贸易协定（TISA）等区域性贸易投资协定的挑战，全球经济的碎片化趋势正在增强。

在未来几年内，中国经济将至少面临如下外部不利冲击：首先，全球经济增长乏力，这意味着中国经济面临的外部需求将持续低迷，通过出口增长来拉动经济增长与就业的空间很小。其次，美联储步入新的加息周期，意味着中国可能持续面临短期资本外流的格局，人民币兑美元汇率也可能因此而面临持续的贬值压力。最后，全球需求疲弱与美元升值共同导致的全球大宗商品价格持续低迷，这固然有助于降低中国企业的进口成本，但同时也加大了中国经济当前面临的通货紧缩压力。

此外，中国经济目前还面临如下一些重要的内部问题：其一，随着人口老龄化的加剧、制造业产能过剩的凸显以及国内要素价格的上升，传统的依靠投资与出口来拉动经济增长的模式难以为继，而增长动力的换挡会带来不确定性以及潜在经济增速的下降。其二，在2008年国际金融危机爆发之后，中国政府实施了过度宽松的财政货币政策，出现了地方政府债务大幅上升、房地产市场出现大量库存、企业债务占国内生产总值（GDP）比率攀升等不利后果，而在未来几年内，企业部门的去杠杆、房地产市场的下行以及地方债务的攀升都可能造成中国商业银行体系不良贷款比率显著上升、金融脆弱性明显增强。如果处理不当，很可能酿成区域性乃至系统性金融危机。

在中国经济内部问题与矛盾上升、全球经济停滞与动荡格局并存的局面下，如何进一步开放资本账户是一件至关重要的事情。如果处理失当,资本账户全面开放之后可能引发的短期资本大进大出,很可能给中国的经济增长与金融稳定造成新的挑战,甚至导致中国爆发系统性金融危机,进而陷入中等收入陷阱的泥潭。笔者认为,从目前来看,中国的资本账户开放可能面临如下四种情景。

第一,快速开放,未出现危机。在这种情景下,中国央行按照之前给出的时间表,在未来5年内实现了资本账户的全面开放。而且幸运的是,在资本账户加速开放的过程中以及开放之后,中国并未出现较大规模的金融危机。然而如前所述,在复杂多变、不确定性凸显的国内外背景下,这种情景得以实现的概率非常低。

第二,快速开放,遭遇危机,重新管制。在这种情景下,中国央行按照之前给出的时间表,在未来5年内实现了资本账户的全面开放。然而,由于国内结构性改革的推进跟不上资本账户开放的步伐,造成结构性改革显著滞后于金融改革的局面。在中国经济增速放缓、金融风险浮出水面,且美联储连续加息增强了美国市场对资金的吸引力的背景下,资本账户加速开放导致中国面临持续大规模的资本净流出。例如,IMF的一项研究指出,中国的资本账户开放可能导致中国对外资产出现占 GDP 15%—25%的存量增长、中国对外负债出现占 GDP 2%—10%的存量增长,这意味着中国的海外净资产(相应的资本净流出)出现占 GDP 11%—18%的增长。[1]

资本净流出不但加剧了人民币兑美元贬值预期,从而导致了更大规模的资本流出,而且通过提升国内市场利率而加剧了企业部门去杠杆、房地产价格下行以及地方政府债务攀升,从而显著放大了国内金融脆弱性。在这一情景下,中国很可能爆发货币危

---

[1] Tamim Bayoumi and FranziskaOhnsorge, "Do Inflows or Outflows Dominate? Global Implications of Capital Account Liberalization in China," IMF Working Paper, WP/13/189, August 2013.

机、银行业危机,甚至主权债务危机。

资本净流出首先可能导致的危机是货币危机。2015年8月11日人民币汇率形成机制调整至今,中国央行大致采取了汇率维稳的做法,即通过央行在外汇市场上卖美元买人民币的方式来稳定汇率。这种做法已经导致中国的外汇储备由2015年1月底的3.81万亿美元降至2016年1月底的3.23万亿美元,一年之内缩水近6000亿美元。仅仅在2015年12月这一个月,外汇储备就缩水1079亿美元。[①] 如果这种外汇储备缩水的趋势持续下去,中国目前3.23万亿美元的外汇储备可能在两三年内就消耗殆尽,届时人民币兑美元汇率可能出现大幅贬值,即爆发货币危机。

紧随着货币危机的可能是银行业危机。一方面,人民币贬值预期的加强将会导致更大规模的资本净流出,如果央行没有能够及时对冲,国内银行间利率水平可能显著上升;另一方面,为了保卫本币汇率,中国央行可能被迫加息。国内利率水平的上升将会加快企业部门去杠杆的速度以及房地产市场的下行速度,同时也会加快地方政府债务水平的上升幅度。如果控制不好,房地产泡沫破灭、地方政府债务违约可能接踵而至,而这最终将会导致银行体系坏账规模显著增长,甚至引爆银行业危机。

银行业危机之后,可能爆发主权债务危机或者高通货膨胀。无论是房地产泡沫破灭、地方政府债务违约还是银行业危机爆发,最终都需要中国政府动用财政资金进行救援。但考虑到目前中国政府广义负债占GDP规模已经超过70%,如果中国政府再次动用财政资金大规模救市,中国政府负债占GDP规模超过90%的国际警戒线,这可能引发市场对于中国政府债务可持续性的担忧,甚至引发做空行为。而为了缓解债务负担,中国政府可能被迫通过制造通货膨胀的方式来稀释债务负担。

最悲观的情景是上述危机相继爆发,从而酿成系统性金融危

---

① 以上数据来自国家外汇管理局网站。

机。而一旦危机爆发，中国政府很可能通过重新收紧资本账户管制的方式来缓解危机冲击。这不仅意味着中国的资本账户开放进程走了回头路，而且会对中国经济与金融市场造成显著负面冲击。

第三，审慎开放，未出现危机。在这种情景下，考虑到内外经济面临的不确定性，中国央行在未来的资本账户开放方面依然采取了渐进、审慎与可控的方式。在逐渐取消数量型管理措施的同时，引入了大量新的反周期的宏观审慎监管政策，并保留了在特定情景下重新采用数量型管制措施的权利。虽然中国经济增速的放缓与金融风险的显性化给中国经济增长与金融稳定依然造成了一定的负面冲击，但由于没有出现短期资本大进大出的状况，中国政府依然有充裕的国内政策空间来应对上述负面冲击，因此最终并未出现大规模金融危机。中国经济实现了理想中的平稳过渡。

第四，审慎开放，遭遇危机，开放放缓。在这种情景下，尽管中国央行在未来的资本账户开放方面采取了渐进审慎的方式，但由于国内积累的金融风险太高，抑或是外部冲击过于持久与剧烈，最终中国依然爆发了一定程度的金融危机，不过危机程度显著低于第二种情景。在危机爆发后，为了应对危机造成的负面冲击，中国央行不得不收紧资本流动管理，资本账户开放进程也发生了一定程度的放缓。但与情景二相比，资本账户开放的逆转幅度较小，对中国经济与金融市场造成的负面冲击也相对较小。

通过比较上述4种情景，不难看出，未来潜在风险最大的是第二种情景，因此这应该是中国央行需要竭力防范与避免的。尽管第一种情景看似一种合意的结果，但能够实现的概率太低。因此，审慎开放资本账户就成为未来中国央行的一种理性选择。

五　结论

本文梳理了关于新兴市场国家资本账户开放的理论与实证文

献，回顾了近年来中国国内学术界与政策界关于当前是否应该加快资本账户开放的讨论，分析了迄今为止中国政府开放资本账户的行为逻辑，并展望了未来中国政府开放资本账户的潜在路径。

本文得到的主要结论如下：第一，自2008年国际金融危机爆发以来，越来越多的国际文献开始质疑资本账户开放与经济增长以及金融深化之间的关系，并开始强调资本自由流动可能加剧金融脆弱性，因此，新兴市场国家应该将资本流动管理作为抵御短期资本流动波动性的工具，已经成为国际学界的主流看法。第二，2012年之后中国国内针对是否应该加快资本账户开放展开了激烈讨论，尽管正反双方并未达成共识，但这一讨论事实上已经影响到央行进一步开放资本账户的行为。第三，在国际金融危机之前，中国政府在资本账户开放方面采取了渐进、审慎、可控的做法。国际金融危机之后，在大力推进人民币国际化的背景下，资本账户开放明显加快，但这造成了跨境套利交易大行其道等新问题。第四，在全球经济处于停滞、分化与动荡格局以及中国经济增速下行与金融风险凸显的背景下，为了避免金融危机的爆发以及资本账户开放的逆转，中国政府最好依然遵循渐进审慎的资本账户开放模式。

为了更加稳健、可持续地开放中国的资本账户，笔者在此提出如下政策建议：第一，未来的资本账户开放仍应遵循特定的次序。在人民币汇率形成机制市场化改革基本结束之前、在金融市场充分消化人民币利率市场化改革造成的冲击之前、在当前国内金融市场的脆弱性充分暴露并得到妥善解决之前，中国政府不宜过快开放资本账户。第二，尽管总体上中国资本账户开放应该审慎渐进，但中国政府应该进一步鼓励中国企业海外直接投资，尤其是应该简化民营企业海外直接投资的各种审批程序。第三，对于当前的资本流动管理，中国央行应该逐渐用一些价格型工具（例如托宾税等）来替代数量型工具，但也不要主要放弃在极端情形下重新使用数量型工具的权利。此外，中国央行应该加快构建宏观审慎监管体系,并逐渐用宏观审慎监管措施来逐渐替代资本流动管制措施。第四,中国政府应该突破利益集团阻力,大力推动包括国企改革、土地改革、服务业开放、国内要素价格市场化等在内的结构性改革,只有推动上述结构性改革,才能重塑中国经济的中长期增长动力,也才能在较快的经济增长中来消化过去积累的金融风险。第五,中国政府应该未雨绸缪,建立金融危机预警、管理与应对机制。毕竟,在过去所有的国家跨越中等收入陷阱成为发达国家的过程中,都无一例外地经历了金融危机的洗礼,中国恐怕也不能例外。金融危机爆发本身并不可怕,但在金融危机爆发后惊慌失措、束手无策,这才是最可怕的。

本文作者张明为中国社会科学院世界经济与政治研究所研究员,国际投资研究室主任。

经济放缓和竞争加剧背景下的中国银行业前景

ALICIA GARCÍA-HERRERO/文　　申劭婧/编译

导读：尽管经济目前处于下行趋势，中国银行体系继续着扩张步伐。随着坏账持续增长，对于银行机构能力的担忧已经出现。金融中介之间日趋激烈的竞争和低净利息收益率也是产生担忧的两大来源。编译如下：

中国银行业概况

中国的银行体系被普遍认为是一个庞大的统一体。作为中央银行的中国人民银行（PBoC）在80年代以前一直是进行交易的主要授权实体，后来，政府开始开放银行体系，允许四大国有银行（即中国工商银行，中国建设银行，中国银行和中国农业银行）接受存款、办理银行业务。随着经济在过去几十年内飞速增长，中国的金融体系也成指数型增长。在应对2008—2009年金融危机的大规模财政刺激计划的作用下，银行管理资产一度在一年内增长超过25%，此后也保持了迅猛增速。与此同时，信贷扩张也对资产质量造成影响。事实上，截至2015年年末，伴随经济增速放缓和公司债务不断激增，坏账总额已达127万亿，是自从全球金融危机以来的最高水平。银行业再次成为中国经济增长的阿喀琉斯之踵。中国各大传统银行在非银行金融机构和农村银行的兴起中受到尤其大的打击。实际上,图1显示,大型商业银行管理的资产在总资产中的比例已经从2003年的近60%下跌到2014年的约40%。然而,与非银行的金融机构和农村银行相比,大型商业银行仍然享有国家的支持,这能给它们带来巨额利润。

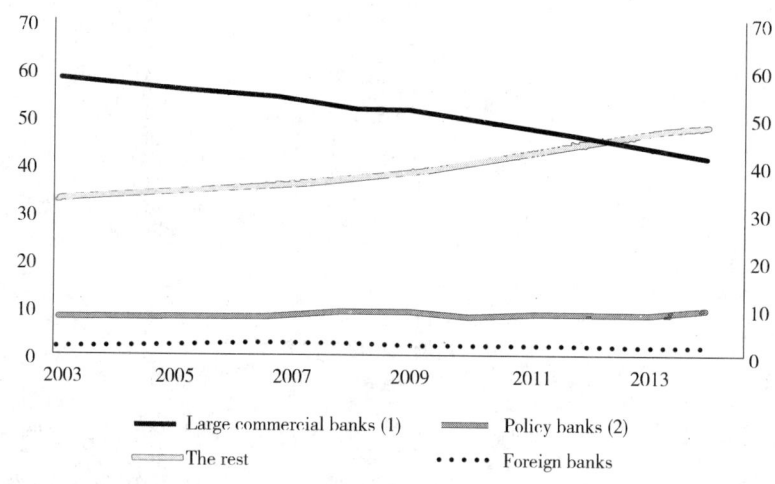

图1　各银行机构资产规模(%)

银行信贷将走向何处?

尽管中国经济增长放缓,银行信贷仍然继续快速增长。这不仅包括官方的银行信贷,还有影子银行。仅仅在2016年的前两个月,银行信贷的同比增速就达到28%,总规模达到了3.351万亿人民币。如果再加上公司债和影子银行,经济体中的总信贷扩张在1月和2月就达到4.2万亿人民币,与2015年同期相比增长了23%(见图2)。相比之下,2015年的名义GDP增速在6%以下。其中公司债务的净投资尤其增长迅猛(从2015年开始已经增长了117%),但其规模与银行融资相比仍然有限。这表明中国整个金融体系对信贷需求极大,而且企业正在经历着极大的杠杆。

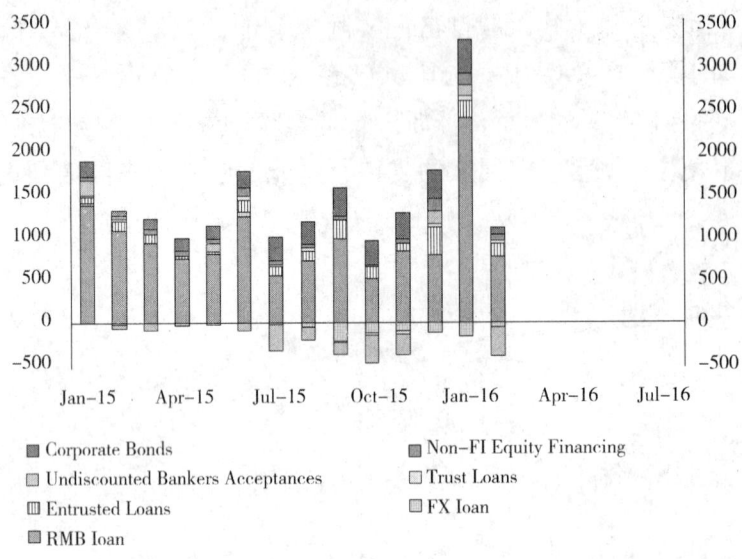

图 2　新增社会融资总额

宽松的货币政策当然是造成信贷如此迅速增长的一大原因。看起来，央行的宽松政策（通过逆回购实现的大规模的流动性注入）在促进银行贷款方面最为有效。问题是，如果避免杠杆继续堆积，尤其是在产能过剩而无法还债的部门。

总体来说，上月召开的全国人民代表大会明确了增长是第一要务，其他（包括降杠杆）都是从属问题。央行从 2016 年 3 月 1 日起将存款准备金率下调 50 个基点的惊人之举也证明了这一点。这反映了中央银行可能需要通过对商业银行进行更多的窗口指导，来确保额外流动性不会流向产能过剩的僵尸企业。银行借贷增长过快的另一个原因，是僵尸企业想赶在央行宣布银行不得再为他们未被批准的项目提供贷款之前挣得几笔贷款。

银行业被经济缓行拖累了多少？

1 月和 2 月，以银行业为首的金融部门信贷广泛扩张，说明了以下几点。第一，因为分母不断增长（见图 3），掩盖了不良贷款率也在不断增长的事实。第二，大规模的信贷额增长必然对应着激增的需求。而新的需求究竟是反映了经济的改善还是简单的融资需求的增加？如果是后者的话，那么这就反映了利用新资金来结清未偿贷款的需求。

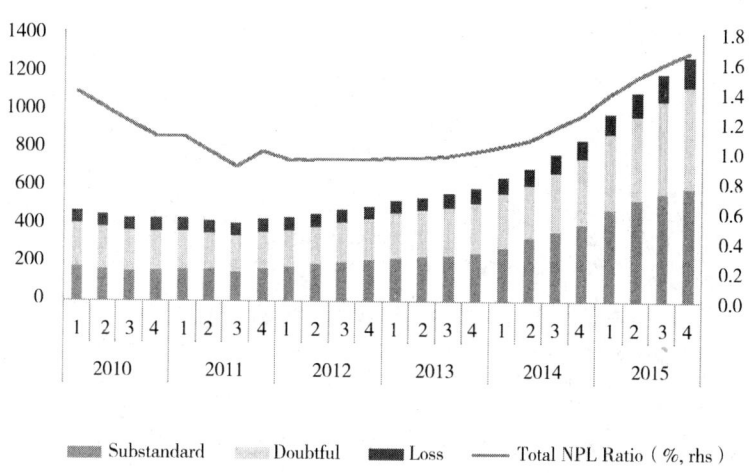

图3　中国商业银行按类型分的不良贷款

就像之前提到的，中国的坏账率已经达到150%，以国际标准来看是很高的。有传言说这一水平将被降到120%。不管怎样，信贷危机在中国经济放缓的背景下，金融环境的宽松使得公司在可以继续加杠杆的前提下增长迅速。因此，问题就是在当前条件下，中国银行业到底有多么脆弱。

不能认为所有银行都是一样的。对于银行业整体来说，拨备前利率和现金贷款损失准备金在平均偿债能力系数是235%的前提下足以冲销坏账。这意味着大型银行对于现阶段的经济低迷应该早有准备。然而，城市商业银行和农村商业银行可能遭受加速增长的信贷成本，当他们的贷款集中于产能过剩的行业时尤为如此（见图4）。至于通过流动性渠道可能造成的传染风险，央行已经灵活地转移到公开市场操作，而这可以降低流动性危机的风险。

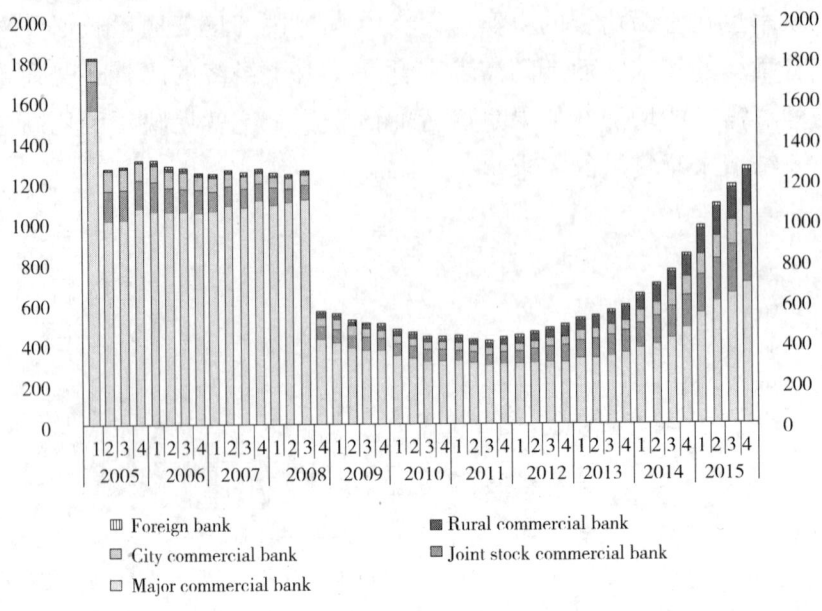

图4 中国商业银行不同类型的不良贷款总额

评估中国银行业未来盈利能力更为重要的一个因素是净息差（NIM）。现实是NIM已经在过去几年中下降很多。2014年NIM为2.70%，2015年底只有2.54%。然而，随着中央银行设法通过公开市场操作降低银行贷款成本，NIM在2016年可能并不会像人们想象的一样那么低。

除了银行的信贷质量和NIM带来的盈利，中国的银行业还有可能因为财富管理产品（WMPs）的失败而受损，而这与影子银行紧密相关。影子银行包括未贴现的银行承兑、信托产品、委托贷款、P2P借贷等等活动。不同的影子银行活动会造成不同程度的信用风险。因为许多影子银行产品被证券化，并且当成财富管理产品的一部分出售，问题变得尤其复杂。中国的投资者在财富管理产品违约时会要求银行来偿付投资。正如信用危机不断加剧，WMPs也出现了相同的问题。也正因为如此，银行在产品违约时偿付顾客出现问题的可能性也大大上升。

最近，由于美联储升息和美元强劲造成市场情绪波动，大陆公司准备以外国货币偿付他们的离岸贷款。这对一些有海外支行的大陆银行产生了影响，考虑到贷款的收缩，这对香港的大陆银行影响尤其大。然而，鉴于"一带一路"战略仍在实行，大陆银行将会充分利用"走出去"项目融资的优势。这对在海外有支行的银行尤其有利。

中国银行业的新威胁：新参与者的加入

大陆银行多年以来一直将业务重点放在公司上。2014年之前，发放给家庭的贷款都只限于房屋抵押贷款。给中小企业的贷款也很受限，因为大公司已经足够驱动快速的贷款增长。

一部分家庭和中小型企业的贷款需求被金融服务公司满足。利用大数据处理和宽松的规则，他们为年轻一代提供了灵活的个人金融产品。尽管它们只是银行服务的补充，它们与银行间的竞争也在不断加剧。作为回应，一些商业银行建立了自己的金融服务子公司。最有代表性的就是平安集团的P2P贷款平台Lu.com（之前叫Lufax）。它最近通过出售大概5%的股份融到了12亿美元，这使得它成为了全球最有价值的金融技术初创公司。鉴于该行业的迅速发展，监管者如何跟紧形式变化来制定规则框架将是一件有趣的事情。

总之，考虑到中国的巨额经济规模，中国的银行业仍然体量庞大。尽管如此，在未来几年它将会经历艰难。关键风险来自于公司借贷，以及一部分因为金融自由化和日趋激烈的竞争所导致的盈利能力下降。随着过去几年中国的银行与世界其他地区的联结越加紧密，中国银行业的发展状况在未来一段时间都会是全球关注的焦点。

本文原题名为"Chinese banks: the way forward"。本文作者为 Bruegel 的资深研究员,她也是 NATIXIS 亚太问题的首席经济学家。本文于 2016 年 4 月 19 日刊于 Bruegel 官网。

展望中国的市场经济地位

Gary Clyde Hufbauer 和 Cathleen Cimino-Isaacs/文　　李想/编译

导读：根据成员国协议，中国将在加入 WTO 15 年后，从 2016 年 12 月 11 日开始自动成为"市场经济国家"。但美国和欧盟目前都尚未承认中国的市场经济地位。本文作者认为，今年年底之前美国或欧盟很难对此达成政治共识。编译如下：

关于中国的市场经济地位，许多亚太地区的国家都予以承认，但几个超级贸易伙伴国却仍表示反对，尤其是美国和欧盟。市场经济地位的划分对中国来说非常重要，因为这影响着中国企业在受到反倾销控诉时面临的惩罚力度。中国仍然是美国、欧盟乃至世界范围内反倾销攻击的主要目标。

反倾销诉讼最初设立的目的是反对掠夺性定价，即以低于国内价格在国外出售商品，但现在法律上对于倾销的定义已经扩大到很多其他方面，比如外企以低于生产成本的价格将产品销往海外。由于以低于总生产成本进行销售在市场经济国家非常普遍，许多观察家将反倾销诉讼视为合法的保护措施。

中国要取得市场经济地位，要满足一定的贸易背景和其他国内条件，今年年底之前美国或欧盟很难对此达成政治共识。其他贸易伙伴国，比如加拿大、日本、印度和墨西哥能否承认中国的市场经济地位，则未有定论。

背　景

根据 2001 年中国加入 WTO 协议的第十五条，如果中国企业无法证明相关行业的市场经济地位，WTO 成员国可使用"非市场经济体"的方式来计算中国的倾销程度，这也决定了中国厂商受到的惩罚力度。将中国定义为非市场经济体的国家可以无视中国的价格和成本，而使用内部标准，一般是第三国的价格和成本，来计算倾销程度，这样的惯例通常会导致更高的惩罚。

第十五条协议也规定，关于非市场经济体的条例将于加入 WTO 15 年之后失效，也就是 2016 年 12 月 11 日。中国方面主张，过了今年 12 月，WTO 成员国便不能在反倾销诉讼中继续使用非市场经济体的方法。

关于条款失效即意味着市场经济地位自动成立，欧盟的律师可能同意，但许多美国的私人律师则不同意。他们坚持认为，中国必须首先满足 WTO 进口成员国内的法律规定，才可承认其市场经济地位。

美国和欧盟厂商

美国反倾销法将非市场经济体定义为"不遵循市场成本或定价规则，以致产品销售与其公允价值背离"。现行法律框架下，由商务部来决定一国是否享有市场经济地位，不需要国会通过。依据惯例，商务部所考量的不仅有该国政府放弃国家计划的程度，也包括经济体的市场力量的坚实程度。具体而言，商务部从以下六个方面来决定一国的市场经济地位：

1. 货币可兑换性；
2. 工资水平由工人和管理者自由谈判决定；
3. 允许合资经营或外国投资；

4. 政府对生产方式的所有或控制程度；

5. 政府对于资源配置、定价和产出决定的控制程度；

6. 其他适当的因素。

如图1所示，美国对中国进行了98起反倾销诉讼，占美国反倾销诉讼总量的37%。中国是最大的反倾销对象国，遥遥领先第二名中国台湾（21起）以及紧随其后的印度、韩国和日本（各15起）。

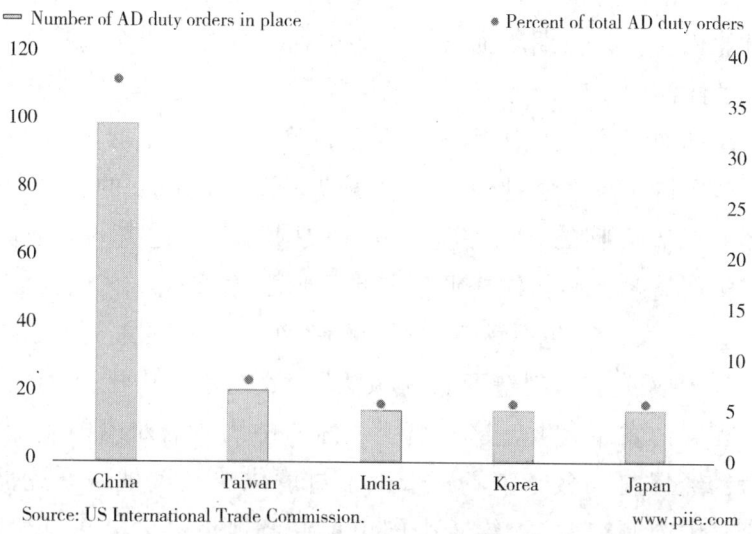

图1 美国反倾销诉讼的五大目标国家（截至2016年1月14日）

欧盟基于反倾销条例（No. 1225/2009）也采用类似的判断标准。要改变针对中国的政策，必须由欧洲委员会提出议案并在欧洲议会和欧洲理事会得到通过。欧盟有52起针对中国的反倾销诉讼，占欧盟从中国进口的1.4%，主要集中于钢铁、机械工程、医药和陶瓷领域。

在行政层面，美国和欧盟的决定有所分歧，因为欧洲委员会的法务部门已经决定欧盟将依据WTO的规则依法承认中国的市场经济地位。欧盟贸易委员塞西莉娅·马尔姆斯特伦近期的讲话强调，当前争论的本质是法律上的，即中国加入 WTO 协议的 15 年期限即将到期，而不是中国是否达到了市场经济的标准。当然，欧洲议会或欧洲理事会都可以提出异议。此外，马尔姆斯特伦也提到，不采取措施缓解对于相关产业的冲击（例如消除欧盟"从轻征税"的规则，或者推动反补贴措施）就贸然承认中国的市场经济地位，是政治不现实的。欧盟委员会的一项分析表明，承认中国的市场经济地位，平均的反倾销诉讼将减少 27 个百分点，从中国的进口也将上升，这将导致短期损失三万到七万七千个就业机会，在长期的损失则可能达到十八万八千个岗位。

大西洋两岸的产业界都直截了当地反对给予中国市场经济地位。2016 年 2 月，数千钢铁工人在布鲁塞尔抗议，要求欧盟委员会否认中国市场经济地位。产业联盟 AEGIS Europe 的发言人强调欧盟产业界面临的不公平竞争："中国为产能过剩的企业融资，导致生产过剩，销售价格低于常理，低于生产成本，没人能与此竞争。"在美国，包括钢铁、铝业和纺织业在内的制造商与 2016 年 3 月形成联盟"制造商贸易执法"，反对承认中国市场经济地位。在媒体发布会上，这一组织声称"中国政府对国内制造业的支持已经扭曲了全球市场，带来了过度供给和其他一系列问题，伤害了国内制造商"，给予中国市场经济地位只会"束缚美国制造商因为中国不公平贸易寻求补偿的能力，从而对就业造成威胁"。全球都因为中国钢铁的产能过剩大声疾呼，例如，墨西哥经济部长在美国、加拿大和欧盟之间进行协调，试图通过关税和其他措施对中国的过剩生产做出强烈回应。在这样的背景下，承认中国的市场经济地位，有很大的政治压力。

WTO 的挑战

2016 年 12 月 11 日逐渐临近，基于商务部对上面六条标准的解读，美国对中国的市场经济定位不太可能会改变。欧洲委员会倒可能提议对中国经济地位有所变动，但很难说服欧洲理事会或欧洲议会中对此持怀疑态度的成员。而且在任何情况下，欧洲议会和理事会都不可能在2017年6月之前对任何提案进行投票表决。

中国有挑战美国贸易救济体制的传统，而且没理由会停止挑战。如果一直不被承认市场经济地位，中国很可能会发起WTO诉讼。中国可能在12月到期日之前的一周内进行立案，声明美国不承认其市场经济地位是对WTO规则的违背。甚至有可能在面临新一起基于其非市场经济地位的反倾销诉讼之前就发起这一立案。

但如果中国真的发起这样的立案，最早也要到2019或2020年才能得到WTO上诉机构的最终决定。即使WTO上诉机构的规定支持中国，中国在最终裁定之前仍无法获得此前任何以非市场经济地位被诉反倾销的追溯赔偿金。然而，中国可以以其他方式对美国出口商和投资者进行报复。

WTO立案的威胁并不会使美国却步。但美国可能会采取"混合搭配"的策略，即具体问题具体分析，对某些行业承认市场经济地位。然而，美国不承认中国的完全市场经济地位，将会在中国引起强烈反响，尤其是当欧盟和其他大国都给予承认时。加拿大和日本都有自己的程序来变更对于一国市场经济地位的定义。日本反倾销指导方针包含一个到十二月到期日前都要遵守的修正案，但其指导方针在法律上不具有约束力。此外，因为日本不是反倾销救济措施的常用国，其决定的经济影响力更小。加拿大的反倾销法一度承认十二月到期的期限，但这一规定又在2013年被撤销。无论如何，贾斯汀·特鲁多总理都可以认为，承认中国的市场经济地位是为改善中加商业关系要付出的一个小代价。

不承认中国的市场经济地位，对于美国支持反倾销的一些行业来说可以获益，但代价是中美之间广泛的经贸关系受损。到最后，美国可能会得不偿失。

本文原题名为"The Outlook for Market Economy Status for China"。本文作者 Gary Clyde Hufbauer 为 PIIE 高级研究员，Cathleen Cimino-Isaacs 为 PIIE 助理研究员。本文于 2016 年 4 月 11 日刊于 PIIE 网站。

战略观察

第47届韩美安保协议会(SCM)的成果及意义

柳济昇/文　　胡霄汉/编译

导读：在2015年11月初举行的第47届韩美安保协议会上，韩美两国国防长就韩美同盟面临的安保问题和同盟的未来发展方向进行了深入讨论，批准了"以条件为基础的作战权转换"新战略文书和应对朝鲜核生化威胁的4D作战概念落实方针。这一届安保协议会进一步加强了韩美同盟。编译如下：

2015年11月2日，韩美两国在首尔举行了第47届韩美安保同盟会议（SCM）。韩国国防部长韩民求和美国国防部长阿什顿·卡特分别任两国代表团团长。

本次SCM讨论的问题包括2014年10月韩美首脑会谈时提出的应对朝鲜核威胁的合作、太空与网络、同盟的未来发展方向等问题。通过本次会议，韩美两国最终批准了促进"以条件为基础的战时作战控制权（简称'作战权'）转换"的新战略文书，同时还批准了应对朝鲜核生化威胁的4D作战概念落实方针，并深入讨论了扩大国防太空—网络方面的合作、加强防卫产业技术合作、应对非传统安保挑战的合作等各种安全问题与未来同盟发展课题。本次会议中达成的主要成果如下：

第一，韩美防长在本次SCM中最终签署了促进"以条件为基础的作战权转换"的新战略文书——《以条件为基础的作战权转换计划》，它包括了至 2020 年中期韩国确保核心军事能力的具体计划，基本内容由促进作战权转换的基本方向、作战权转换条件、满足条件的准备方向等构成，附录包含了军事准备方向及日程、新联合防御体系、能力及体系、安保环境评价、演习及审核、联合执行监督及作战权转换程序等。

第二，韩美防长对于渐增的朝鲜核及导弹威胁表示担忧，双方就威慑与应对这种威胁的方案进行了讨论。特别是两国防长同意将更加具体地发展有效威慑与应对朝鲜核生化及弹道导弹威胁的方法与程序，他们批准了对朝鲜弹道导弹威胁进行探测（Detect）、扰乱（Disrupt）、破坏（Destroy）和防御（Defend）的《同盟全面导弹应对作战概念及原则（4D 作战概念）》的执行方针。

第三，韩美防长再次确认了在韩美首脑会谈中两国首脑对于太空与网络合作表现出的坚定决心，为了谋求面向未来的太空与网络力量的发展，两国将不断加强在太空与网络领域的合作。

第四，作为 10 月在华盛顿召开的韩美防长会议的后续措施，韩美防长就形成加强两国防卫产业技术战略与合作的协商机制进行了讨论，一直同意建立由两国国防部和外交部部门参加的"防卫技术战略和合作组织（Defense Technology Strategy and Cooperation Group）"，并将继续讨论该组织的具体编制与运营方案。今后，韩美将利用这一组织密切讨论两国间防卫技术战略与合作议题。

第五，韩美防长决定加强非传统性安保挑战方面的合作，为了维持地区内的稳定与和平，共同参加各种地区内多边安保合作机制活动。

通过韩美生物防御演习（Able Response），不断提高共同应对朝鲜半岛可能发生的生物威胁的能力，美国通过本次的 SCM，评价了韩国在亚丁湾海域、黎巴嫩、南苏丹的维和行动，以及对塞拉利昂埃博拉的政府紧急救护活动等在国际社会中做出的贡献。

不仅如此，在本次 SCM 欢迎招待会上，还举办了第三届"白善烨韩美同盟奖"颁奖典礼。本届获奖者为已故陆军上将范佛里特。此外，韩美长官在 SCM 召开之前的 11 月 1 日（周日）访问了非军事区，再次确认了牢固的联合防御态势的重要性，决定为了能够发展成为更加有力的同盟而进行紧密合作。这两个举措，都成为让两国国民深感韩美同盟意义与重要性的契机。

总而言之，本次 SCM 成为进一步巩固韩美同盟的重要契机，韩美两国今后也将提高战备态势，通过紧密合作让韩美同盟作为亚太和平与稳定的核心，跨越朝鲜半岛发展成为可以为地区及世界和平做出贡献的有力而全面的战略同盟。

本文原题名为"The Achievements and Significance of the 47th SCM"。本文作者为韩国国防部国防政策室室长柳济昇。本文刊于 2015 年 11 月 29 日 KIDA 官网。

叙利亚人道主义危机：应该做些什么

Rebecca Hersman 和 J. Stephen Morrison/文   贺杨/编译

导读：叙利亚人道主义危机已经影响到了整个世界局势，面对危机，国际社会应该在安理会的支持下联合起来，建立以美俄合作为核心的人道主义行动机制，并通过联合国机构、国际组织和非政府组织的行动明确任务，制定具体的行动计划，共同促进危机的解决。编译如下：

2015年12月18日，联合国安理会通过了2254号决议，呼吁叙利亚内战双方实现停火，通过政治谈判解决危机。这一决议反映了即使存在像巴沙尔的去留和如何界定温和的逊尼派反对者等重大分歧，国际社会在解决叙利亚危机上也变得更加团结。但是这一决议的通过并不能在短期内改变叙利亚危机的现状，还需要其他的措施。叙利亚大规模的人道主义危机已经影响到了世界主要大国和国际组织。超越地缘政治的现实可能会提供一个基于美国领导权的国际联盟。这一联盟以美俄合作为核心，致力于将人道主义行动扩大到整个叙利亚全境。任何人道主义行动都可以从美俄合作拆除叙利亚化学武器的成功案例中获得经验。

自叙利亚危机开始以来，估计有超过30万人被杀害，400万以上的叙利亚人逃亡到土耳其、黎巴嫩和约旦，大量平民流离失所，安全、卫生和社会环境遭到摧毁，而且这种趋势并没有得到削减。究其原因在于伊拉克和阿富汗战争的疲劳、伊朗核危机和乌克兰危机吸引了世界的绝大部分注意力导致的国际社会的麻木。只要目前阿萨德政府不顾社会现状，在伊斯兰革命卫队的支持下，通过黎巴嫩真主党和俄罗斯的武装支持来打击反对派势力的行为没有得到制止，就不可能解决叙利亚危机。随着ISIS的崛起，叙利亚安全局势发生深刻变化，从而使这场人道主义危机逐渐扩大化。

对于解决这场危机我们看到有两种广泛而不互斥的选项。一是美国直接扩大在叙利亚和土耳其、黎巴嫩以及约旦的边境地区的人道主义援助。这一行动是通过联合国机构、其他的国际组织以及国际非政府机构来实施的，对于难民的救助应该照顾到危机的双方，以防止分歧的产生和提高救助效率。同时，美国可以和欧洲的伙伴在全球卫生安全议程的框架下进行合作，以创造更强的解决危机的能力和条件。另一个是美国可以和俄罗斯合作，重点在政府、叙利亚自由军和库尔德人这三方控制的区域开展人道主义合作，这可能需要建立一个安理会授权的国际救援委员会，加强各方的沟通。如果合作能够成功，将共同促进叙利亚人道主义危机的解决，激励内战双方进行政治谈判，并展示美俄合作的决心。

解决叙利亚人道主义危机并不是不可能的，我们可以从美俄合作解决叙利亚化学武器的成功案例中学习经验：（1）提高人道主义行动的优先性；（2）与俄罗斯建立共同利益，防止军事冲突；（3）明确任务的条件和解决方法，制定具体的目标和时间表；（4）避免不切实际的先决条件；（5）创新思维和解决问题的方法；（6）建立人道主义行动的合法性。

基于国际合作的人道主义行动的实施可能会消除国际社会的麻木，并且采取行动提高人道主义行动的准入条件，扩大覆盖范围。它会建立在美国领导下的任务明确、优先以及有具体措施和优先目标的人道主义使命的基础上，它会建立在以更好地指导美俄双方共同合作的政治框架上,它将依赖于一个多边合作的国际机制。总之,这些步骤都可以使不可能变得可能,值得一试。

本文原题名为"Syria's Humanitarian Crisis: What's to Be Done?"。本文作者为 Rebecca Hersman 和 J. Stephen Morrison。本文刊于 2015 年 12 月 21 日 CSIS 官网。

拥有特别提款权，人民币是正在形成的国际货币

Paola Subacchi/文　　张麟/编译

导读：2015年12月15日英著名智库皇家国际事务研究所网站发表文章《拥有特别提款权，人民币是正在形成的国际货币》对中国在国际货币基金组织中地位的提高，人民币国际化等问题进行了分析。现编译如下：

诺贝尔奖得主罗伯特·蒙代尔曾经说过"大国要有强势货币"。中国政府似乎把蒙代尔的建议牢记于心，多年来一直在国际货币基金组织中努力增加人民币在决定国际货币基金组织储备资产价值的货币篮子中的份额，特别提款权。而现在国际货币基金组织已决定这样做，这相当于对中国在国际金融领域发挥重要作用的能力投了一个巨大的信任票。

然而，许多市场参与者仍对这一决定保持怀疑。在国际货币系统中人民币真的是与美元、欧元、日元和英镑属于同一类的货币吗？毫无疑问，中国在一个相对短的时期内获得了显著的进步。从2009年起，中国贸易中以人民币结算的份额从不到1%增长到超过20%。而且人民币现在在用于国际支付的世界货币中排第四。

但是人民币在全球支付中3%的份额远远落后于美元的45%和欧元的27%。而且，在贸易结算中人民币使用的增长大部分集

中在亚太地区，确切地说就是在中国和其邻国的交易中。以人民币计价的资产需求仍然较低。人民币和其在特别提款权中的相应份额的反差是明显的。人民币离岸债券市场只相当于世界总量的0.5%，40%以美元发行，41%以欧元发行，10%以英镑发行，2%以日元发行。以人民币计价的贷款价值——1880亿人民币（292亿美元）是非常少的，尤其是当考虑到几乎50%的国际银行间债务是以美元计价的，接近30%以欧元计价，5%以英镑计价，3%以日元计价。并且人民币在世界各中央银行持有的外汇储备中只占0.6%—1%，而美元和欧元分别占到了62%和23%。

日益增长的作用

简而言之，不像特别提款权篮子里的其他货币，人民币是一个正在形成中的国际货币，恰如中国是一个正在形成中的经济和金融大国。实际上，像大部分发展中国家一样，中国仍然是一个"不成熟的债主"，主要贷入美元，如果它需要从国际市场上借钱，它需要以美元发行大部分债券，而不是人民币。很明显，中国在国际金融中的地位与其在国际贸易中的地位不相符。

尽管如此，但是人民币将要成为全球金融市场上的一个关键玩家是明白无误的事实。毕竟，中国不像其他的发展中国家——即使经济规模大得像巴西、印度和俄罗斯一样——中国的经济庞大到足以为其货币的成长提供关键的物质基础。

而且，中国领导人决心推进改革——尤其是在银行业和国有企业的改革，这将有助于引导货币的成长。中国领导人为下一个五年制定了清楚的关键目标：缩小人民币和世界"硬通货"之间的差距，并且促进人民币在亚太地区之外的使用。

然而，值得注意的是，中国领导人似乎并不谋求使人民币取代美元成为占支配地位的国际货币。他们的路径是更为务实的，他们认为一个更加多样化、流动性更强的国际货币体系有助于促进全球经济的平衡稳定。中国领导人预计到了以美元为基础的体系（美元主导）向多货币、多极体系的转变，他们正在为其国家和货币能与其他大国一样在世界金融权力顶端拥有一席之地而奠定基础。

这个目标似乎是可达到的。2015年早些时候，国际货币基金组织总裁克里斯蒂娜·拉加德对人民币加入特别提款权篮子的可能性作了评估"问题不是是否，而是何时"，这似乎适合了中国更广泛的金融崛起目的。而一些国家，尤其是美国和日本对此并不高兴，尽管很难否认这种不可避免的趋势（两国在特别提款权的决定通过时都没有正式反对）。而且，随着中国获得更多的金融影响力，其在国际经济治理中的作用无疑将会增加。

有鉴于所有这些，在2016年由中国担任轮值主席国主持的G20峰会上，人们不用对改革国际货币体系及其治理方式成为主要特点而感到吃惊。现在还不清楚中国将会如何组织该讨论。但是不争的事实是，磋商将在二十国集团组织中进行，而非长期主导的七国集团，这传递了一个清楚的信息，那就是国际经济和货币体系已经永远地改变了。

本文原题名为"With Special Drawing Rights, the RMB Is an International Currency in the Making"。本文作者为英国智库Chatham House国际经济专家Paola Subacchi。本文刊于2015年12月15日Chatham House官网。

解除石油出口禁令会导致什么？

Keith Crane 和 Nathaniel Lutovsky/文　　胡霄汉/编译

导读：文章作者探讨了美国解除其石油出口禁令对美国石油开采行业、炼油行业和国际石油市场所造成的影响，认为这一禁令的撤销将减轻美国石油开采商的负担、提高炼油行业的效率并对国际油价施加下行压力。编译如下：

除了为政府上个财年的剩余预算提供资金之外，美国国会最近通过的综合拨款导致了政府政策的众多改变。很少有什么政策改变会像取消长达 40 年的石油出口禁令那样引来如此多的关注。

在 1975 年阿拉伯石油危机爆发之后实施的这项禁令，其目的是让国内的精炼厂能获得足够的原油。当时人们认为美国需要禁止石油出口以确保国内有足够的原油供给。这项法令允许向加拿大出口石油，它有时也破例允许向其他情况特殊的国家出口石油。尽管原油出口被禁止了，精炼的石油制品还是可以向国外出口的。比如在 2014 年，美国每天出口超过 340 万桶的精炼石油制品——这超过了所有精炼厂总产量的六分之一。

最近关于这一政策好处的争论经常在石油开采商和炼油厂之间引发对立。北达科他州的开采商声称如果他们用输油管道或者驳船把他们开采出来的石油运到墨西哥海岸，而不是用铁路运到岸边的炼油厂，那他们就能节省运输成本。中西部和东海岸的炼油厂表明禁止石油出口的政策一旦改变就会抬高美国国内油价，使得他们不得不以更昂贵的价格来购买原油。

现在这个禁止石油出口的政策基本上已经是个过去时了，可能会发生些什么呢？

美国石油生产增长量的绝大部分都来自于德克萨斯州和北达科他州。一些产自于北达科他州的石油是在中西部被提炼的，但当地的炼油厂已经开始控制产能了。剩下的石油中有很大一部分被装上火车运到东部和西部的海岸。当通过铁路运输石油的时候，石油开采商不得不比用管道运输时每桶多付5—10美元。为了让他们的产品在进口石油面前保持竞争力，国内的石油开采商不得不削价出售石油以弥补运输成本。

当石油出口禁令被撤销之后，许多运往东部和西部海岸的石油就可以采用便宜的管道运输方式或者驳船运输方式，或者也可以通过短途的铁路运输运往墨西哥湾岸以出口到国外市场。石油开采商就可以用较低的折扣将他们的原油投放到市场当中，增加北达科他石油的收益率。这将增加石油产量，并施加压力迫使全球油价下行。

撤销石油出口禁令也可能增加炼油厂的效率。当前，销往墨西哥湾岸的德克萨斯轻质原油。德克萨斯的石油开采商打折销售他们的原油以吸引炼油厂购买。石油出口禁令撤销之后，石油开采商可以用原价向国外销售他们的产品，墨西哥湾岸的炼油厂就能专注于它们擅长提炼的重质原油了。总的来说，全球炼油产业都可能享受到效率加成。

撤销石油出口禁令是石油开采者的胜利，他们现在有了额外的动机来提高石油产量。尽管现在尚不清楚石油产量将新增多少，但有一件事情是可以确定的——全球石油市场将变得更有效率。

本文原题名为"What Will Happen After the Oil Export Ban Is Repealed？"。本文作者为 Keith Crane 和 Nathaniel Lutovsky。本文刊于 2015 年 12 月 22 日 RAND 官网。

金正恩政权的军事战略：目标和方法

Jung Sang-Don/文   刘宁/编译

导读：朝鲜现在摆脱了维持国家政权生存的局面。金正恩正通过一种具有攻击性的军事政策来实现其战略目标。朝鲜继续推行先军政治路线，将核武器作为核心战略手段。同时通过混合战略手段抵抗韩美联合军的对朝战略优势。编译如下：

一　金正恩的领导方式

20世纪90年代，朝鲜的基本目标是维持国家政权生存。随着东欧社会主义国家的解体，朝鲜的计划经济随之崩溃，朝鲜出现了大规模的饥荒，此时的朝鲜基本上没有精力去顾及朝鲜半岛的统一，朝鲜的主要精力放在如何不使朝鲜政权倒台上。朝鲜人民在经过艰苦努力的情况下，实现了不依靠国家便能"自力更生"的方法，朝鲜的经济情况也有了好转。金正恩上台以后，以此为基础，表现出了与金正日不同的领导方式。金正恩宣称要以世界水平建设平壤市，修建高楼大厦等。现在的朝鲜已经超越了过去那种维持政权生存的局面，金正恩正在尝试一种新的国家领导方式，通过大胆的、进攻性的军事战略政策，开启一个新的金正恩的时代。朝鲜通过武力解决南北问题的意愿大大地增加了。

二 军事战略目标

金正恩政权现在已经超越了维持政权生存的层面。在军事领域内，金正恩企图实现更具有攻击性的军事政策。金正恩主张实现其父没有实现的拥有核武器的夙愿，并且努力地开发核武器。同时，朝鲜一刻也没有放松将南北朝鲜统一作为中长期的军事战略目标。金正恩试图通过进攻性的军事政策实现南北朝鲜的统一。

据观测，朝鲜已经完成了核武器的开发，现在已经进入到了补充和生产阶段。金正恩如果错误地认为美国在朝鲜半岛的撤军会为其进攻韩国提供便利的话，那么金正恩会通过武力统一南北朝鲜。尤其是现在朝鲜内部不稳定，体制内矛盾深化的情况下，朝鲜有可能会将使用武力进攻韩国作为突破口，将局部战争扩大为全面战争。

三 军事战略的方法

第一，先军政治。尽管朝鲜提出了经济与核武器并行的路线，但是军事力量仍然优先于经济力量。在金正恩时代，朝鲜仍然强调这样的军事路线。

第二，不对称战略。由于朝鲜内部经济困难，在传统的军事斗争中，朝鲜并不能占有很大的优势。朝鲜试图通过开发核武器来弥补与韩国之间的差距。同时，朝鲜还建立了一些特殊的部队，专门针对美韩联合军的高端设备。朝鲜以核心战略部队为基础，实现了与韩美联合军之间的战略平衡。

第三，混合战略。朝鲜并不完全依赖军事打击和军事进攻。朝鲜会将利用速战速决的战争方式避免国际社会的介入。在战争开始时，朝鲜会通过对韩国的电子网络系统的攻击、对韩国进行大规模的恐怖袭击以及大规模的破袭战等手段，甚至以通过派遣特殊部队的方式破坏韩国的化工厂、核电站以及其他韩国重要设施，造成韩国社会局面的混乱，打击韩国的士气。尽管朝鲜处于经济困难时期，我们仍然不能低估朝鲜的军事战略目标和手段。

　　本文原题名为"The Kim Jong-un Regime's Military Strategy: Objectives and Methods"。本文作者 Jung Sang-Don 为韩国国防研究院研究委员。

西方应为普京的行为画下红线

William Courtney 和 Donald Jensen/文　　胡霄汉/编译

导读：文章抨击了西方国家当前采取的对俄政策，认为这些软弱的举措无助于阻止俄罗斯对乌克兰和叙利亚的干涉。文章作者试图引用历史经验证明，只有采取针锋相对的强硬举措才能阻止俄罗斯的冒险、和平解决乌克兰和叙利亚的危机。编译如下：

西方国家一直依靠对莫斯科实施经济制裁或承认其主动权的方法，来回应俄罗斯在乌克兰和叙利亚的干预行动。历史经验证明针对挑衅行为采取的强硬措施可能更为有效。

在乌克兰和叙利亚问题上，西方国家似乎不怎么清楚自己的目标，也没有尽全力去完成它们。与此形成鲜明对比的是，俄罗斯的行为表明它拥有更明确地目标、更关心自己收获的成果，它距离冲突地区更近并且很快做出了反应。

今天的形势与1979年苏联入侵阿富汗时的情况有异曲同工之妙。吉米卡特总统当时对此事的回应是抵制1980年在莫斯科举办的夏季奥运会，但只有一部分西方盟友响应了他的行动。卡特还暂停了美国对苏联的谷物出口，但美国农民对此非常不满，于是一年之后里根总统就取消了这个限制。

为了制裁苏联入侵阿富汗和它在1981年强加给波兰的戒严令，里根禁止美国公司和它们的海外子公司向苏联出售能源技术。然而还不到一年，欧洲的抗议就迫使他取消了这项制裁。

这是一个教训：经济制裁既不能持久又不能迫使莫斯科停止它的挑衅行为。

与这些间接措施形成鲜明对比的是，英国、中国、沙特和美国采取的、经巴基斯坦向穆斯林抵抗者提供大量援助的策略更具影响力。在20世纪80年代中期，美国通过向穆斯林游击队提供毒刺防空导弹的方法来对苏联施加压力，这个办法使得穆斯林游击队可以消除苏联毁灭性空袭带来的威胁。苏联总统米哈伊尔·戈尔巴乔夫对削减军费和为自己塑造受欢迎的国际形象的渴望也促使苏军从阿富汗撤退。于是在经历了十年阿富汗战争之后，苏联在1989年撤出了它的武装力量。

西方的强烈反应还曾挫败过苏联采取的其他行动。在20世纪70年代，苏联开始部署一种装备了核弹头的新式中程导弹，它们瞄准了西欧和日本。北约用它自己的导弹部署计划同苏联讨价还价，最终在1987年美国和苏联达成协议、销毁它们各自的中程导弹。

这些历史经验告诉西方如何才能更好地应对俄罗斯在乌克兰和叙利亚的军事扩张。在乌克兰，西方国家目前强调的是制裁与克里姆林宫有联系的势力、对乌克兰进行经济援助并在战区外训练乌克兰军队。但是北约和它的成员国有意回避向乌克兰提供致命的防御性武器的举动，也回避调动北约的军力以应对它的东部成员国受到的威胁，尽管一些军队已经被派遣到了这一区域。

当俄罗斯在叙利亚部署空军和地面部队、并在地中海沿岸部署装备了先进防空导弹的战舰的时候，西方的应对甚至更为软弱。西方国家表示了强烈关切，但却并没有采取行动来阻碍俄罗斯空袭那些美国支持的、正在与巴沙尔·阿萨德政权作战的反抗军。这个软弱的举措已经使当地的许多人相信俄罗斯比西方国家更能决定形势的走向。

俄美已经达成了一项关于叙利亚危机的技术性空中安全协

议，但这超过了贝拉克·奥巴马总统发出的克制信号："我们不打算将叙利亚拉入一场代理人战争。"华盛顿反对在叙利亚建立一个禁飞区以保护流离失所的难民，它也拒绝向它支持的反抗军提供单兵防空导弹、尽管它已经增加了反坦克导弹的供给。

克里姆林宫的领导人也许能从西方束手束脚的反应中推测出它并不想捍卫自己的利益，或者对这些利益等闲视之。西方应该考虑采取行动来遏制这些冒险，这意味着采取再平衡的手段来影响莫斯科的举止。

西方的制裁看上去不足以让俄罗斯从东乌克兰撤退、更不要说克里米亚，欧洲政治形势的变化也表明制裁不会持续很久。此外，虽然面临一些财政上的困难，俄罗斯社会依然能适应制裁和油价波动带来的影响。

尽管美欧坚持共同采取经济制裁，西方还是能优先采取强硬的、目标明确的措施。为了更有效地威慑未来可能出现的侵略行动，美国应该在波兰和波罗的海国家部署军队，并帮助乌克兰武装它的军队。在叙利亚，西方国家可以为流离失所的难民划定一块安全区，并由美国的空中力量和土耳其的地面部队加以保护。西方应当向东地中海和黑海派遣更多的战舰。

俄罗斯在乌克兰和叙利亚的行动是令人担忧的冒险。和平接管克里米亚明显鼓励了克里姆林宫，但随后俄罗斯就在东乌克兰陷入了僵局。在叙利亚，俄罗斯也未必能逆转阿萨德政权糟糕的表现。如果俄罗斯军队在叙利亚遭受伤亡、或者俄罗斯国内发生了严重的恐怖袭击事件，俄罗斯民众对干预叙利亚的支持率无疑就会下降。

出于这些原因，克里姆林宫现在看上去对关于东乌克兰的明斯克和平进程给予了更多的关注，并寻求以政治手段解决叙利亚危机。在这两个事件中俄罗斯都必须同西方合作才能取得成功。

但俄罗斯在乌克兰和叙利亚的军事优势可能会使它拒绝做出必要的妥协。通过更强硬的回应俄罗斯的干涉行动，西方可以削弱这种优势并使得谈判成功的前景更加明朗化。

本文原题名为"The West Needs to Take a Tougher Line with Putin"。本文作者为 William Courney 和 Donald Jensen。本文刊于 2015 年 11 月 1 日 RAND 官网。

巴基斯坦掌握着阿富汗和平的关键

Zalmay Khalilzad 和 James Dobbins/文　　胡霄汉/编译

导读：作者认为巴基斯坦对阿富汗境内的反政府武装具有极高的影响力，因此如要真正使阿富汗走向和平，就必须向巴基斯坦施加压力迫使其切断对反政府武装的支持、并通过更坚决的军事打击把反政府武装打回谈判桌前。编译如下：

在最近对喀布尔的访问期间，巴基斯坦陆军总参谋长拉希勒·谢里夫将军向阿富汗领导人保证，他将向那些以巴基斯坦为基地的塔利班领导人施压，迫使他们继续和平谈判，并采取行动对抗那些坚持恐怖主义和暴力手段的人。

2016年1月初阿富汗总统阿什拉夫·加尼对伊斯兰堡进行友好访问的背景下，谢里夫的宣告已经点亮了阿富汗和解进程，带来了采取相关步骤终结这个国家流血事件的希望。

阿富汗政府宣称，巴基斯坦、阿富汗、美国和中国的官员将在一月初于伊斯兰堡碰面，以拟定和解路径并减少冲突与暴力事件。这是个积极的进展。

但是，巴基斯坦在阿富汗问题上的历史表现表明我们仍当警醒，并保持压力。在三月末的下一个交战季到来前，和解是否有具体的进展将揭示巴基斯坦的意图。

在过去的几年中，巴基斯坦官员偏离了美国和阿富汗的要求，没有关闭阿富汗塔利班与哈卡尼组织在巴基斯坦的庇护所，也没有切断对那些由巴基斯坦三军情报局支持的叛乱的支援。这对和平谈判的进展毫无帮助。

巴基斯坦关于通过谈判解决阿富汗战争的意愿看似实际，但巴基斯坦军方从不打算采取积极的措施来推动这一进程，譬如说停止阿富汗塔利班与哈卡尼组织在阿富汗的活动以及逮捕这些组织中不愿与喀布尔政府和谈的领导人。

为什么巴基斯坦军方想要与阿富汗塔利班和哈卡尼组织保持合作关系呢？这种政策很可能源自机会主义和恐惧。巴军方将塔利班与哈卡尼视为能够保卫并增加巴基斯坦在阿富汗利益，同时还能与印度的影响力相竞争的代理人。

但巴基斯坦领导人还担心如果他们向阿富汗塔利班施加了太多压力，它就会同巴基斯坦塔利班联合，后者致力于推翻巴基斯坦政府并建立一个伊斯兰原教旨主义政权。

2010年以来，奥巴马政府追求通过谈判解决阿富汗冲突，并在此事上寻求巴基斯坦的帮助。自2014年底就职阿富汗总统以来，加尼已经在与巴基斯坦的关系方面耗费了大量的政治资本，并为这一成果寥寥的政治投资付出了过高的代价。

加尼选择了伊斯兰堡作为他当选后出访的首个外国首都。他试图在阿巴关系上翻开新的一页，继续采取一系列单边行动来证明他对阿巴新型关系的承诺。尤其是阿富汗安全部队逮捕了巴基斯坦塔利班领导人并把他们交给伊斯兰堡。

在多年断然否认庇护叛乱者之后，巴基斯坦承认同阿富汗塔利班与哈卡尼组织保持联系，并主动提出要在塔利班同美国、阿富汗政府之间充当中间人。

巴基斯坦还在阿富汗政府和塔利班之间召集了一次象征性的会议——这场会议有中美两国的观察员出席——但这并没能说服塔利班削减它用来对抗盟军和阿富汗安全部队的武装力量。

事实上，阿富汗政府与平民承受的军事压力逐步上升。在此之后，也没有后续的会议继续开展。

塔利班在阿富汗的南部、东部和北部地区取得了进展。阿富汗安全部队进行了勇敢的战斗，但他们的战线拉得太长了。"伊斯兰国"和基地组织也在这个国家彰显他们的存在感。由于对巴基斯坦的让步政策没有得到回报，加尼目前在政治上被削弱了。

在两年前塔利班创始人兼领导者穆拉·奥玛尔死亡的消息被揭露之后，巴基斯坦就策划了穆拉·阿赫塔尔·曼苏尔接任领导职位。哈卡尼组织的领袖作为巴基斯坦的长期代理人，出任曼苏尔的副手。

这也许加强了巴基斯坦对塔利班内主导派系的影响力，但当一批塔利班分子拒绝接受曼苏尔的领导时，极端组织内部的裂痕也随之扩大。巴基斯坦现在也许可以更有力的影响曼苏尔的支持者——这是塔利班内最大派系——但这可能无助于把整个塔利班带往和平进程。

塔利班高层内部的分裂使得真正的和平谈判更加艰难，塔利班最近在战场上的进展可能也会降低它同喀布尔政府谈判的兴趣。

这意味着华盛顿和喀布尔应当减少对促进谈判的关注，而更注重于说服巴基斯坦采取行动来对抗那些坚持恐怖主义和暴力活动的人。虽然开放性的和平谈判可以取得积极进展，它也只会在巴基斯坦领导人开始令阿富汗塔利班武装力量停止活动的情况下才取得成果。

没有巴基斯坦的主动行动，同塔利班的谈判是不可能成功的。也许在巴基斯坦的赞同和支持下塔利班会继续在地面上扩大他们的优势。要不然，根据实际情况，塔利班可能要求美国和阿富汗把东部和南部的省份让给他们。

领土要求对于华盛顿和喀布尔来说已经被证明是完全不可接受的，因为这样可能会创造一个新的恐怖主义避难所、并形成一个叛乱者用来分裂阿富汗并夺取喀布尔的温床。

要使巴基斯坦保持合作，减少暴力事件，美国需要对巴施以持续压力。由于伊斯兰堡没能采取有意义的行动来对抗哈卡尼组织，美国国会已经把 2015 年度对巴基斯坦的军事援助削减了将近三分之一。是否更大比例的削减援助取决于伊斯兰堡在接下来的一年里抑制哈卡尼组织和塔利班军事力量的情况。

还有一种办法可以令巴基斯坦采取更合作的态度，就是美国赶在下个交战季节中弥补阿富汗在情报、后勤和空中支援等领域的差距。华盛顿不应当排除部署更多军力的可能性放松针对塔利班和"伊斯兰国"的交战规定。

在此关头，持续增加对巴基斯坦的压力是推动阿富汗和解进程并使其不沦为恐怖主义和极端主义温床的唯一可行途径。

本文原题名为"Pakistan Holds the Key to Peace in Afghanistan"。本文作者为美国前驻阿富汗大使、美国常驻联合国代表 Zalmay Khalilzad 和资深外交官 James Dobbins。本文刊于 2016 年 1 月 11 日 RAND 官网。

美国下一步对缅政策

Phuong Nguyen/文 贺杨/编译

导读：昂山素季领导的缅甸全国民主联盟赢得了大选胜利，对于变化的缅甸环境，美国政策应该进行相应调整，以发挥新的、建设性的作用，实现美国利益。具体来说，美国应该加强与缅甸军方的接触，提高民盟的执政能力，重点解决罗兴亚问题。编译如下：

2015年11月8日缅甸大选结束，反对派领导人昂山素季所在政党全国民主联盟取得大胜。对于这次缅甸大选，美国已经预见到了最终结果，但这并不是目的本身，选举结果标志一个更具挑战性的过程的开始，缅甸也进入到一个完全未知的领域。

一位在选举后访问缅甸的美国官员警告说，虽然缅甸大选的过程和结果都是值得庆贺的，但是在接下来的一段时间没有什么是理所当然的。在昂山素季与总统吴登盛和总司令敏昂莱会面中，两人重申支持2016年将权利顺利转移给民盟。她也与前独裁者丹瑞进行了会谈，丹瑞表示认可她作为缅甸未来的领导人。

但是，如果有交易的话，只会出现在昂山素季与军方的会议中，而不是任何的承诺，这些会议将制定缅甸政治新阶段的规则。

美国支持了整个缅甸大选的过程，以及之前改革进程的开始，但是面对快速变化的环境，美国需要发挥一个新的，建设性的作用。好消息是美国与缅甸下任政府的利益是一致的。华盛顿希望看到缅甸能够在民盟的领导下继续民主改革和促进经济发展，而民盟下一步改革最终是为缅甸民众创造就业机会、促进经济发展和提高生活水平。

美国国际开发署已经开始与民盟的高级官员进行磋商，以更好地了解其政策的优先事项，并在包括经济与法律改革、公共医疗和民族和解等关键问题上提供可能的帮助。然而鉴于国内财政的限制以及外交政策优先性的竞争，华盛顿需要更加审慎、有效率地使用资源。民盟内部的能力建设的需求巨大，只有较少的一部分人有管理的经验，并且还要提供一项经济计划能够满足大部分选民的需求。

美国对缅政策和未来缅甸政府要取得成功需要与军方以及不愿改革的人接洽。缅甸传统精英阶层对于军方领导的巩发党在本次大选中的不佳表现感到震惊。虽然军方可能会与民盟达成转让权力的协议，但是这些精英仍然掌握着大量的行政、军事和财政资源。

美国政府内部开始逐渐支持与缅甸军方的接触，下一阶段双方应该在深刻理解缅甸军方的传统角色、利益和所涉及领域的指导下进行接触。同时，昂山素季也表示希望美国与缅甸的军事接触能够缓慢进行。

过去的两年双边防务合作主要集中在训练和人权与法制对话，偶尔穿插对美国的高层访问，预计这一趋势将会继续下去。与此同时，华盛顿可以而且应该与缅甸军方加强双边互访与交流。

一些美国国会议员长期以来支持昂山素季的民主运动，并在2012年双边军方接触加快的背景下呼吁军方恢复文官统治。缅甸大选的结果使国会与总统奥巴马之间达成一致，支持对缅政策的任何调整。从长期来看，调整妥当的话将获得巨大收益。

最后，如何面对人权状况不佳和受到歧视的穆斯林罗兴亚人，以及解决若开邦的贫困问题将是昂山素季政府面临的主要挑战，以及美国政策的优先事项。美国可以通过采取具体的行动支持流离失所的罗兴亚人返回家园，并帮助若开邦和罗兴亚人建立更好的生活，提高经济发展水平来发挥建设性的作用。华盛顿还应该领导国际社会就罗兴亚问题寻找新的解决办法，而不是与新政府进行对抗。

本文原题名为"What's Next for U. S. Policy toward Myanmar?"。本文作者 Phuong Nguyen 为华盛顿战略与国际问题研究中心东南亚研究部主席。本文刊于 2015 年 12 月 17 日 CSIS 官网。

伊朗的教训能为与朝鲜打交道时提供参考

Patricia Lewis 和 Beyza Unal/文　　张麟/编译

导读：2016年1月11日英著名智库皇家国际事务研究所网站发表文章《伊朗的教训能为与朝鲜打交道时提供参考》，作者就伊朗核谈判中的经验加以分析，并与朝核问题进行对比，希望找到新的解决思路。编译如下：

在十三年前，朝鲜宣布退出全球核不扩散条约。尽管国际社会对它的核项目实施了严厉的制裁并对其每次核试验都予以谴责，但一直到2015年末，朝鲜已经进行了三次地下核试验爆炸。

但是在上周，朝鲜发布了迄今为止最重要的声明——它试爆了一颗氢弹。不管那是否真的是一颗氢弹（对于它是什么有很多的怀疑），决策者却不能够掉以轻心，这周所发生的事仍有重要的长远影响。

在所有新的核武器拥有者之中，朝鲜第一个制造出了裂变式原子弹，这是以重核（如铀和钚）裂变释放出大量能量的过程为基础的。1945年落在广岛和长崎的炸弹发生作用的基本原理就是核裂变。

氢弹作为一种热核武器，其反应分为两个阶段：第一是引爆裂变式原子弹以产生足够大的能量，第二是当能量集中于轻原子核时会产生一个等离子使核聚变反应发生。因此氢弹能产生远超过原子弹的爆炸威力。

基于这一点，因为其爆炸当量大约是6千吨，与之前试验的装置类似或许更高，所以对于朝鲜在1月6日试验的装置是否真的是氢弹是值得怀疑的。但即使朝鲜还没有真正的造出氢弹，这个国家很可能已经制造出了它经常提的所谓"加强型"原子弹，或者是一种叫作单级裂变聚变炸弹的东西，这两种装置都能产生比传统的裂变武器更大的爆炸当量。

如果是这样的话，朝鲜的核试爆事件应当成为国际社会的严重关切之事。问题的关键不是朝鲜的技术能力是否先进到了能制造出两级热核炸弹的地步，而是朝鲜是否有能力制造出能被弹道导弹发射的核弹头。如果朝鲜已经制造出了加强型原子弹，这可能会加速其向更轻、更小的核武器发展的进程，目的是易于安装在远程导弹顶部同时仍然保持摧毁韩国、日本甚至于美国的主要城市的能力。

国际社会如何应对朝鲜核能力的发展？

到了寻找新的方法、采取强有力的措施的时候了。在通过六方会谈框架进行偶尔的谈判的同时实施严格制裁的这种并行处理的方式对朝鲜的核计划的影响微乎其微。但是这并不意味着失败是不可避免的。你只需要看看伊朗的例子。直到E3＋3进程之前，人们似乎看不到阻止伊朗核计划的希望，而有些东西已经在2015年的共同综合行动方案中达成一致。

尽管如此，如果没有一些关键特性，伊朗的核协议是不能达成的。第一，它要求有一些正式的所谓第二轨道程序，这包括学术界和国际非政府组织与伊朗的相关机构举行非正式会谈来讨论计划的可能内容。第二，欧洲联盟和联合国在为协议创造政治合法性上的持续作用是十分关键的。第三，这需要时间去建立信任措施——尤其是在和美国之间——并且注意力要放在技术层面而非政治分歧上，以减少进程中的紧张因素。第四，伊朗核协议要求俄罗斯和美国在前进的道路上承诺达成一致，即使它们不总是完全一致，并在其他国际危机出现时两国关系会出现紧张。

当然，伊朗和朝鲜之间有着巨大差别，尤其是伊朗只有潜在的核武器计划，而且还没有制造出核武器。但这仅仅强调了在朝鲜问题上寻找解决方法的紧迫性，那里的情况更为危险。

最后，当关键的国际行为体把其他分歧放在一边而把核不扩散和国际安全放在首位时，进展就能够实现，伊朗核协议是这方面的典型例子。在最近的声明中，日本、韩国和美国认为如果有必要他们将单方面采取行动，但是如果联合国安理会能够有一个一致的反应，并且中国和俄罗斯能起到重要作用的话那将更好。

伊朗核协议是一个重大突破。如果我们想阻止未来的核灾难，我们需要的正是能成功应对朝鲜核挑战的解决方案。

本文原题名为 "Iran Lessons Can Provide Guide to Dealing with North Korea"。本文作者为英国智库 Chatham House 核武器政策专家 Beyza Unal 和国际安全专家 Patricia Lewis。本文刊于 2016 年 1 月 11 日 Chatham House 官网。

俄罗斯如何诱导、操纵美国外交政策

Frederick W. Kagan 和 Kimberly Kagan/文　　张文豪/编译

导读：美国高度关注叙利亚局势，但其外交政策却未完全达到预期目的。作者认为，俄罗斯正在诱导甚至操纵美国的外交政策，以达到自己的战略目的。编译如下：

当前在叙利亚上演的戏码似曾相识。

俄罗斯已经懂得如何操纵美国同意其在地面展开针对美国伙伴的进攻性军事行动，并且一直宣称这是停火行为。而当前俄罗斯在叙利亚的说辞——"停止敌对行为"，恰恰是其过去一年多以来在东乌克兰地区所一直坚称的说法。

2015年2月，俄、乌、法、德四国在美国的调解下签署了《明斯克协定》。协定本应促使乌克兰境内的全面停火，然而，在俄罗斯的支持下，其在当地代理人依然在积极地对乌政府军发动袭击，同时高调指责对方违反停火协定。

至此，人道主义关切已经成为了西方的主要动机。西方曾一度认为实现停火可以阻止亲俄武装夺取处于围困当中的杰巴利采沃。然而，仅仅在停火三天之后，亲俄武装就夺取了杰巴利采沃。

在叙利亚，普京也会使用如出一辙的招数来达到相似的目的——削弱乃至摧毁美国支持的反对派势力。这件事事关重大，因为阿勒颇是反对派仅存为数不多的据点之一，而只有反对派坚持下来，未来叙利亚才不会面临被阿萨德残忍统治或者落入基地组织和伊斯兰国之手的悲惨处境。

当然了，俄罗斯一贯宣称，一切在叙利亚北部活动的武装分子都是基地组织、伊斯兰国或其盟友。这种说法是彻头彻尾的谎言。

在阿勒颇活动的反对派武装包括美国一直支持的团体。其中不少武装团体都在使用由美国提供的陶式导弹，这意味着他们已经通过了一系列严格的调查，以确保这些武器不会落入基地组织和伊斯兰国之手。俄罗斯虚假的指控无非是为了掩盖普京的真实意图——重建阿萨德的残忍统治以保障俄在地中海沿岸的海军和空军基地。

那么，接下来会发生什么？

一种最坏的假设是，叙利亚军队会在黎巴嫩真主党、伊拉克什叶派武装和伊朗部队的配合下，利用俄罗斯空袭的优势继续对阿勒颇的围攻，进一步孤立这一地区的反对派，并大大巩固阿萨德的政权。同时，他们会继续袭击这一区域内的平民目标，造成数以万计的难民并导致难民涌入土耳其。

当然，国务卿克里会继续向克里姆林宫表示强烈抗议，但奥巴马政府不会采取任何实质行动。最终，叙利亚政府将完成对阿勒颇的合围，并以美国人刚刚同意的名义，进一步完全摧毁一直由美国支持的武装组织。最终，美国可以合作的温和反对派将完全被摧毁，而基地组织、伊斯兰国及其盟友的势力则会加强。

一方面，俄罗斯的军事行动将一边倒地摧毁残存的反对派武装，同时不触及由基地组织和伊斯兰国控制的叙利亚地区。

另一方面，这将大为强化由基地组织和伊斯兰国散布的谣言——美国强力介入叙利亚局势的最终目的是协助阿萨德压迫逊尼派，而基地组织和伊斯兰国则是逊尼派的保护者。

如此一来，俄罗斯就能将其谎言变为现实。

过去一年以来，我们已经见识了俄罗斯是如何一步一步在乌克兰执行其计划的。事实上，俄罗斯甚至印发了用以解释应如何操纵西方政策以为己用的说明。操纵美国以达到俄罗斯的目标，是普京的首要动机和目的。

任何曾在过去一年中见识过俄罗斯在乌克兰行径的人，都绝对不会对其在叙利亚的行为抱有任何幻想。然而，美国白宫和国务院显然没有意识到这一点。

本文原题名为"How Russia controls American policy"。本文作者 Frederick W. Kagan 和 Kimberly Kagan 为美国企业研究所高级研究员。本文于 2016 年 2 月刊于 AEI 官网。

伊核协议正在执行,但存在挑战

Larry Hanauer/文　　胡霄汉/编译

导读：伊核问题已达成协议,但美国国会仍打算以各种理由制裁伊朗。本文作者认为此举可能导致协议无法执行、伊朗重启核计划,并令美国在此事上陷于尴尬之中。编译如下：

关于伊朗核问题达成的协议《联合全面行动计划》正在执行当中。但部分美国议员仍然反对这一协议,并推动一项法案以终止这一协议,向德黑兰施加新的制裁。如果国会继续执行这一方针,那么达成协议以及促进伊朗无核化的机会就会变得渺茫。

2016年1月16日,美国和它的盟国宣布,伊朗已经达到它所谓的"执行日"承诺,这将使伊朗免于被制裁、被冻结的伊朗资产也将解冻。在仅仅五个月的时间里——远远快于预期——伊朗在废弃核设施方面采取了关键性的步骤,拆除了13000部离心机。在12月,伊朗将大部分的浓缩铀储备——25000磅——装船运到俄罗斯。2016年1月初,伊朗移除了阿拉克重水反应堆的核心并用水泥将其封死。这意味着伊朗用钚制造核武器的道路已经被堵住了。

即便考虑到伊朗过去曾进行过的军用核试验,国际原子能机构仍然有能力确认伊朗已在2003年结束了所有有组织的核项目。其至2009年时只维持着有限的理论研究和电脑模拟,而此时核武器相关项目已经全部终止。这个结论与2007年的国家情报评估的结论高度一致，也充分证明伊朗的情报是基本透明的。尽管伊朗没有百分之百的提供国际原子能机构索要的信息，国际原子能机构总干事仍然确信核查人员拥有足够的数据来提交一份关于伊朗核活动的全面评估。

但是，虽然实施了《联合全面行动计划》，伊朗还是采取了挑衅行动，意在向国内民众证明它并非屈服于压力。举例来说，在2015年10月和11月，伊朗组织了一系列中程弹道导弹试验。这些试验违反了联合国安理会决议，但并没有违反核协议。

这些行动给美国国会内的核协议反对者足够的口实来要求取消协议。在12月，35个共和党参议员极力要求总统暂停解除制裁，他们声称伊朗的导弹试验象征它在核投放能力上取得了进步，而这将破坏《联合全面行动计划》。总统对这一挑衅的回应是对与伊朗导弹项目有关的11个公司与个人进行制裁，而不是采取将使核协议框架下允诺的解除制裁进程倒退的全面制裁的方式。

实际上，自从8月份签署了《联合全面行动计划》以来，国会已经采取了许多直接或间接的手段来削弱这个协议。众议院议员通过提出一项决议，要求美国停止向国际原子能机构提供包括该机构总预算42%的款项的资金，对《联合全面行动计划》发起了一次特别直接的打击。5天之后，众议院通过了一项决议，要求38个免签国的公民，凡是在2011年3月后前往伊朗的，进入美国时必须办理签证。这一措施影响了那些希望去美国的欧洲和亚洲商人，阻碍他们前往伊朗经商——顺便妨碍了伊朗利用《联合全面行动计划》改善经济的能力。

上周，众议院通过了一项法案，该法案将会阻碍制裁的解除，除非行政机关证明受制裁影响的个人或实体"不是恐怖主义的资助者、践踏人权者以及没有牵涉大规模杀伤性武器的扩散活动之中"。虽然这一内容仍旧旨在保持对一系列与政府相关联的机构的制裁，但《联合全面行动计划》并无意于解决恐怖主义、人权或大规模杀伤性武器扩散的问题。这些问题被包含在现存的制裁法律之中,而这些法律不受核协议的影响。

鉴于伊朗曾经阻碍核查人员进行调查并从事秘密核研究,《联合全面行动计划》明智地将解除制裁与伊朗初步已经着手的可验证的废除核计划的措施相联系起来。现在伊朗已经完成了这些任务,就轮到美国来履行协议所规定的包括解除制裁在内的义务了。

如果国会继续阻止暂停制裁或者以不相关的行动为由推动新制裁,伊朗和美国的盟国可能都会声称是华盛顿正在违反协议规定。在这种情况下,伊朗很可能重启其核计划,一些国家可能会急于同伊朗做交易而对美国的限制置之不理。这样将使伊朗有能力扩展其核计划,而抛弃美国及其盟国提出的建议。

美国国会可以通过举行听证会,要求执行部门经常报告,并广泛从盟国和合作伙伴处获取信息和观点,以继续积极参与监督这一协议的执行情况。如果伊朗未能履行其承诺,国会可以针对这一情况对伊朗进行处罚。然而,只要伊朗坚持取消其核计划的承诺,国会赞助商想要国会尝试使这一协议取消的预期效果就不明朗了。

本文原题名为"Iran Nuclear Deal Is Working, but Challenges Persist"。本文作者为 RAND 高级国际政策分析师 Larry Hanauer。本文刊于 2016 年 1 月 19 日 RAND 官网。

最佳敌人：叙利亚之外的俄—土对抗

Jeffrey Mankoff/文   贺杨/编译

导读：土耳其在叙—土边境击落了一架俄罗斯战机，使得双方之间的关系十分紧张。土耳其和俄罗斯因为领土和意识形态争端从中世纪以来就相互对抗，甚至发生战争。但是苏联解体之后，尤其是进入21世纪，俄—土在普京和埃尔多安的领导下两国关系逐渐转好，经济合作水平不断提高。但是两国之间的历史积怨和地缘政治考量使叙利亚危机成为两国关系的转折点，这一次的变化不仅引发了两国在多个地区和领域的对抗，也将影响两国的战略和经济发展。编译如下：

2015年12月17日俄罗斯总统普京在年度新闻发布会上强烈谴责土耳其击落俄罗斯战机的行为。但是俄罗斯战机被击落只是两个国家在叙利亚长期对抗的一个戏剧性小插曲。叙利亚危机阻止了两个充满敌意和不信任的重要国家之间历史性和解的进程。俄罗斯和土耳其从中世纪以来就相互敌对，已经在很多地方进行了大约12到20场战争。两个国家最近的一次战争就是第一次世界大战，这一次战争使得沙皇俄国和奥斯曼土耳其两个帝国相继解体和衰落。但是并没有解决两者长期以来在领土和意识形态上的争端。只有在21世纪，两个国家才进入了一个在包括能源安全、中东、高加索和中亚以及寻求替代自由民主和欧洲—大西洋框架等广泛议题上深化合作的阶段。但是现在双方之间的关系处于一个危险状态，和解停止的后果远远超过了俄罗斯战机在叙利亚边境被击落。

苏联解体使双方之间没有了共同边界，给双方建立了缓冲地带，进而减轻了造成双方成为历史性敌人的安全困境。此外，进入后帝国时代，多民族国家的主要任务是寻找自身在冷战后国际秩序中的地位。双方之间能够实现和解要得益于两国领导人普京和埃尔多安，两人都因为信奉民粹主义和呼吁传统价值观与西方争斗，尽管土耳其是北约成员国和欧盟的候选国家。继20世纪90年代短暂努力将自身打造成紧靠南高加索和中亚地区的独立突厥民族之后，安卡拉逐渐削减了对俄罗斯安全至关重要地区的野心。2002年双方同意削减对彼此反政府武装的支持。由此缓和的局面促进了经济合作的加深。到2008年俄罗斯已经成为土耳其能源经济中最重要的合作伙伴，其进口天然气的2/3来源于俄罗斯。尽管已经加入北约和申请加入欧盟，但是土耳其也在暗中支持俄罗斯努力建立一个非西方主导的国际体系，甚至埃尔多安延迟入盟申请而希望加入上海合作组织，并成为了上合组织的"对话伙伴"。2013年还提议与俄罗斯主导的欧亚联盟签订自贸协定，同时俄罗斯官员也鼓励土耳其成为欧亚联盟的正式会员国。土耳其的加入将使得欧亚联盟不仅仅是俄罗斯的势力范围，以上方面都显示了俄—土之间战略日益趋同。

但叙利亚冲突导致了双方之间和解关系的危险，由于战机被击落，俄罗斯开始制裁土耳其经济。但是恶劣的言辞和在叙利亚对抗升级都暗示了过去15年双方之间复杂的相互依存关系有所转变，并且产生显著的经济和战略后果。目前俄罗斯已经冻结土耳其资金，关闭了天然气管道，取消了人员往来，加大了在叙利亚的军事力度。双方在叙利亚以外的地区也开始对抗，比如像南高加索，土耳其加大与阿塞拜疆之间的合作，并对阿塞拜疆在与亚美尼亚的争端中提供重要外交支持。相反俄罗斯则加强在亚美尼亚的军事存在，并促进与阿塞拜疆之间的联系，削弱土耳其对阿塞拜疆的影响。另一个方面是库尔德问题，土耳其政府与库尔德工人党之间的冲突在 2015 年 7 月份重新加剧，土耳其正面临着一个在其东南领土以及跨越叙利亚边境的叛乱武装，同时俄罗斯在针对伊斯兰国的行动中加大对库尔德武装的支持，为其提供武器装备，这极大地限制了土耳其政府对库尔德问题的处理能力。

  21 世纪以来俄—土之间的良好关系逐渐发生变化，但是双方之间的紧密关系有利于两国贸易、投资和旅游业的发展，并且推动建立一个从高加索到中东和中亚的稳定区域环境。双方通过共同反对美国建立的国际秩序而加强联系，但双方的关系还是更多的建立在物质和战略纵深上。安卡拉和莫斯科发现他们的交往主要是关于空洞的上合组织合作，并且陷入了叙利亚斗争之中。这种缺乏深度的认识解释了为什么一起战机击落事件使得双方关系转变的如此之快。但是俄罗斯和土耳其之间历史上形成的斗争状态深刻地影响了双方之间的和解进程。

  本文原题名为 "Best of Enemies: The Russia-Turkey Confrontation beyond Syria"。本文作者为美国战略与国际问题研究中心俄罗斯和东欧项目组副主任、高级研究员 Jeffrey Mankoff。本文刊于 2016 年 1 月 6 日 CSIS 官网。

2016：动荡的南海

Gregory B. Poling/文　　贺杨/编译

导读：2016年对于南海主权申索国和相关利益方来说，有望成为具有里程碑意义的一年。中国在南海的军事实力显著增强，菲律宾就与中国的领土争端向国际仲裁法庭提交申请，这些都将增强南海紧张局势。同时，有关国家（美国、日本、澳大利亚和印度）一方面加大了自身在南海的军事存在，另一方面加强了与东南亚之间的军事合作。鉴于这些事态发展，这一年对于中国来说将会是最紧张的一年。编译如下：

对于南海主权申索国和相关利益方来说，2016有望成为具有里程碑意义的一年。经过几年的事态发展，尤其是中国在南海建岛行动和菲律宾提出的南海仲裁案，使得这一状况有可能会实现。但是这些状况的实现有赖于美国、日本、澳大利亚和印度等域外国家更大程度的参与。与此同时，中国显著增长的军力可能会导致与邻国之间日益频繁的摩擦。除了上述发展以外，该区域的一些国家面临着政府换届的任务。菲律宾五月将要进行总统选举，无论谁成为新总统，在南海问题上都会受到菲律宾国内民众对中国担忧的限制。虽然在2016年1月的越共十七大中，被认为亲华的阮富仲连任总书记，但是越南的南海政策并没有发生较大改变。

2015年11月菲律宾向海牙国际仲裁法庭就与中国南海主权

争端提起诉讼。随后五名法官要求菲律宾就相关问题进行书面答复，2016年5月下旬将有望进入审议和裁决阶段。尽管中国拒绝参加诉讼或承认法庭的管辖权，但这份最终的仲裁协定，对于双方都有法律效应。因为涉及15个国家，所以这一复杂的案件的最终决议不得而知。然而法官肯定中国关于南海主权的九段线不具有法律效应，中国的南海领土主权不能够超越领海，专属经济区和联合国海洋公约法的规定。但这并不会影响中国对南海争议领土的申索，只会让中国澄清其领土要求，而不是在地图划线。虽然中国不接受任何法律裁定，但2013年马尼拉提交仲裁案以来，中国也在试图说服菲律宾政府能够撤销该案。因为仲裁案会对中国的国际形象造成消极影响，使其他国家质疑中国做负责人崛起国的宣传，并促使南海相关国家与美国和日本发展关系。

这些潜在代价让中国能够接受政治妥协方案，使其根据联合国海洋公约法而不是历史权利来重新定义九段线，并就撤销仲裁案和经济共同发展与菲律宾开展谈判。为了达成这样的效果，菲律宾和美国需要发动一场争取相关利益国家和东南亚国家支持的持续运动。

2015年末，中国在南海永暑礁进行了第一次民用飞机的试航，标志着中国在南沙群岛的第一条飞机跑道完工。另外中国将在渚碧礁和美济礁建设飞机跑道，预计2016年上半年将进行军用飞机试航。与此同时，中国将继续修建港口、基础设施、雷达装备、武器设备来支持南沙群岛的海军、空军和海岸警卫部队。可以看到，2016年中国在南海的综合实力将大大提高。受到中国军力增长影响最大的是东南亚国家的海军、海岸警卫队和平民船队。简单的数字表明，2016年中国与东南亚国家之间的海上争端将会增多。

中国日益增长的军事实力，会促使东南亚国家更多的寻求外部力量参与。这一趋势会随着2016年中国在南海存在的加深而更加明显。澳大利亚已经加强了在相关海域的巡逻；美国军舰增加军事巡航的次数；日本在新防卫方针的指导下加强了与澳大利亚和菲律宾的防务合作；印度海军更多的作为武器供应商和安全合作伙伴而存在。

美国南海情报、监视、侦查、巡逻和快速反应能力的增长，将推动菲律宾与美国之间的军事合作协议的通过。未来的几个月，美国将促进菲律宾军事设施建设。鉴于这些动态，2016年将成为中国南海局势最为紧张的一年，但东南亚国家和相关利益国家为了抗衡中国而进行的多变合作，将支持东南亚国家追求自身利益，并推进用政治妥协的方法来管控分歧。

本文原题名为"A Tumultuous 2016 in the South China Sea"。本文作者为美国战略与国际问题研究中心东南亚部主任Gregory B. Poling。本文刊于2016年2月18日CSIS官网。

航行自由行动在南中国海的风险

Bill Hayton/文　张麟/编译

导读：2016年2月3日英国著名智库皇家国际事务研究所网站发表了文章《航行自由行动在南中国海的风险》，作者对美国海军在中国南海进行的航行自由行动所造成的安全风险进行了分析。编译如下：

1月30日美国海军在南海进行了四个月内的第二次航行自由行动。中国国防部称其为故意挑衅，是不负责任和极端危险的行为。但是美国是不可能被阻止的，并将会有更多的航行自由行动，因为美国认为它是在捍卫国际规则秩序以抵制中国和其他国家试图改写海洋法的行为。这项行动可能会进一步向中国的敏感地区推进，从而增加了对抗的风险。

一　无害通过权

根据美国国防部的一份声明中说，柯蒂斯·威尔伯号驱逐舰在中建岛12海里内的无害通过，即西沙群岛中的一个岛的领海内。西沙群岛被中国占据，同时越南也宣称拥有主权。但是美国已经明确表示不干预这起领土争端，反而声称将要维护联合国海洋法公约所规定的基本原则，即允许所有的船只有无害通过另一国领海的权利。联合国海洋法公约第19条把没有对和平、良好秩序和沿海国家的安全造成危害的航行通过认定为无害通过。联合国海洋法公约第 17 条没有对民用和军用舰船进行区别，但一些国家，包括中国，都认为这不适用于军舰。

中国 1992 年的领海方面的法律写道：外国军用船舶在进入中国领海之前需要得到中国政府的批准（第 6 条）。中国不是唯一一个在此方面进行规定的国家。包括巴西、印度、马来西亚和越南在内的至少 10 个国家都有国内立法要求外国海军舰船在通过他们的领海（离岸 12 海里）和专属经济区（离岸 200 海里）之前要通知当地政府以获得许可。

美国和其他大多数拥有远洋海军的国家刻意的忽视这些法律。从 1979 年以来美国一直实施的航行自由计划明确的反对、阻止这一规则成为普遍接受的国际法原则。中国外交部对柯蒂斯·威尔伯号驱逐舰的航行自由行动的回应是要求美国承认中国的航海法律，这一立场因不符合联合国海洋法公约而被美国拒绝。

然而当美国以联合国海洋法公约作为行动基准时就会产生一个政治问题。即美国参议院从未正式批准过联合国海洋法公约。在 2012 年 8 月，34 名共和党议员宣布反对签署该约，因为联合国海洋法公约创设了国际海底管理局来管理深海的经济活动，而没有明确授权国家有在海上的信息收集权利。美国政府每个相关机构都说这些障碍是假的，但这并不能说服议员们。基于他们自身单边主义者的同情和对联合国的蔑视，想尽快改变他们的想法是不可能的。美国海军说不管怎样，它都遵守公约的条款，因为它们已经成为国际法的惯例的一部分。但如果想让 67 名议员投票支持公约，需要使其道德立场更有力。

二　直基线

2015 年 11 月美国国防部预计将会在每个季度增加至少两次在南海的航行自由行动。2016 年 1 月，美国太平洋舰队司令哈里斯在华盛顿表示这项任务将在复杂程度、挑战的范围和领域上有所突破。美国海军很可能在日益敏感的问题上挑战中国。一个可能就是直基线的问题。在1996年5月15日，中国政府宣布了沿海和西沙群岛的直线基线。美国和许多其他国家认为此线不符合国际海洋法公约。公约说直线基线不能标识遥远的群岛，而西沙群岛离海岸超过260公里（130海里）。如何能使未来美国的航行自由行动有效挑战直线基线主张呢？一种方式可能是军舰以无害通过方式在西沙群岛的任意一个岛的12海里领海内航行，但在12海里以外、直线基线以内进行有害活动，如军事训练，打开目标雷达或发射直升机。在美国依据国际海洋法公约的主流解释有权利这样做的同时，可以肯定中国军队将视其为挑衅并用其军事和准军事武装阻止航行自由行动。值得注意的是中国关于无害通过的立场是模糊的。在2015年9月，五艘中国军舰在未取得美国批准的情况下驶入阿留申群岛中某个岛附近的12海里领海内。而中国在其自己的海岸则坚持否认他国军舰有此航行权利。

三　发展近况

目前两国海军的关系似乎很好。在航行自由行动几天前，两国海军的指挥官理查森上将和吴胜利上将举行了两个小时的视频会议讨论南海的形势。柯蒂斯·威尔伯号驱逐舰的巡逻通行没有发生任何意外。但美国的航行自由行动仍将继续，中国也将继续视其为挑衅。美国声称其行为符合国际法而中国认为美国侵犯其国内法。两国间需要明确有效的沟通以避免冲突的可能。

本文原题名为"Freedom of Navigation Ops Risk Trouble in South China Sea"。本文作者为英国智库Chatham House亚洲研究专家Bill Hayton。本文刊于2016年2月3日Chatham House官网。

土耳其真的从伊拉克和叙利亚伊斯兰国手中获取石油吗?

David Butter/文   张麟/编译

导读：2015年12月2日英国著名智库皇家国际事务研究所网站发表了文章《土耳其真的从伊拉克和叙利亚伊斯兰国手中获取石油吗?》，对土耳其击落俄军战机的原因进行分析，并指出走私石油的利益远不如与俄罗斯保持能源关系的利益重大。编译如下：

俄罗斯总统普京已经暗示一周前土耳其决定击落俄军用飞机是为了保护通往土耳其境内的石油供应线。普京在周一新闻发布会上的话表明土耳其政府不仅与伊拉克和叙利亚伊斯兰国在其控制的叙利亚产油区走私石油一事上存在同谋关系，而且还如此深的卷入到这种贸易中以至于为了保护这种贸易甘愿挑起一场国际危机。

普京是否真的相信他的指控值得怀疑。然而，通过提出土耳其政府机构和伊拉克和叙利亚伊斯兰国可能存在交易这一问题，普京在与土耳其总统埃尔多安的斗争中获得了宣传分，并且在某种程度上使最近俄罗斯对叙利亚部分地区的非伊拉克和叙利亚伊斯兰国的武装力量的打击更有说服力，这些势力是土耳其支持的。根据官方说法，这些攻击包括对由土耳其人道主义救援基金会建设的一个大型面包厂的摧毁。

一 黑暗的交易

叙利亚的冲突已经导致了大量的战争经济，黑暗交易在各方之间达成，甚至包括在战场上互相作战的组织。从叙利亚往土耳其走私石油和石油制品已经进行了几十年，许多贸易商和安全官员靠叙利亚高额补贴所造成的价格差获取利益。

随着叙利亚局势的恶化并转为内战，这种贸易也发生了变化。2014年伊拉克和叙利亚伊斯兰国控制了幼发拉底河河谷沿线大部分的原油开采和炼油的生意，这占了叙利亚在冲突之前石油生产能力的三分之一，而剩下的大部分都在库尔德人的控制之下。

在伊拉克和叙利亚伊斯兰国控制区生产的石油到达其最终使用者之前还有很多环节。土耳其的商人、海关官员和情报机构都很有可能与这种贸易有关，但相对于土耳其自己的能源经济（俄罗斯在其中占据主导地位）来说，整个的走私贸易的规模是微乎其微的，而且大部分的参与者都在叙利亚。

二 利润消失

根据各方的报告估计认为，在2015年中期，伊拉克和叙利亚伊斯兰国控制的油田每天能够生产出3万—4万桶原油。这个供应链需要伊拉克和叙利亚伊斯兰国先把原油卖给贸易商，然后由贸易商把这些原油运输到在伊拉克和叙利亚伊斯兰国控制区域内设立的小型炼油厂。在这些炼油厂生产的汽油和柴油然后通过叙利亚和伊拉克卖出去，剩下的一些就通过边界走私到周边国家，主要是土耳其。

这些油品的质量并不好，而且还要付一大笔远高于国际价格的保险费，但是许多买家，尤其是那些在反对派控制区的买家别无选择。伊拉克和叙利亚伊斯兰国从这种源头销售和对供应链征税获取利益。

2014年10月的世界油价大跌使叙利亚的非法石油贸易的盈利能力遭到严重打击。在2014年中期，石油在油井的初始价格是20—25美元/每桶，当到了土耳其时就被以低于世界市场价格，超过100美元/每桶的价格卖出，这其中产生的巨大利润使贸易链中的每个人都获得收益。对一个商人来说，现在要想在土耳其销售劣质的叙利亚油品而获益只能是源头销售价格变得更低，而这不一定会对伊拉克和叙利亚伊斯兰国产生商业影响。

从2015年10月中旬开始，随着美国和法国的战机开始对其油井设施和油罐卡车发动袭击，伊拉克和叙利亚伊斯兰国的石油生意第一次遭到了重创，而且库尔德人和当地阿拉伯抵抗武装已经占领了伊拉克和叙利亚伊斯兰国在南部哈萨亚省的油田。

三　经济依赖

土耳其每天72万桶的石油消耗量几乎完全依赖于进口。其进口的很大部分来自于俄罗斯。在2014年俄罗斯还向土耳其提供了270亿立方米的天然气，占其总消耗量的56%。俄罗斯是土耳其最大的进口来源国，货物供应价值达253亿美元，超过土耳其进口总量的10%。

在这种环境下，如果土耳其当局在决定击落俄军战机时是因为考虑到了石油，那么它们会有很好的理由停火。

本文原题名为"Does Turkey Really Get Its Oil from ISIS?"。本文作者为英国智库Chatham House中东和北非研究专家David Butter。本文刊于2015年12月2日Chatham House官网。

重返亚洲战略：2.0版

Michael J. Green，Victor Cha，Bonnie S. Glaser，Matthew P. Goodman，Murray Hiebert，Christopher K. Johnson，Scott Miller，Richard M. Rossow/文　　郭楚/编译

导读：根据舆论统计，多数美国人认为亚太地区对美国的未来具有重大的战略意义，但是不少人同样也对美决策者如何继续保持和推进亚太再平衡战略充满疑惑。CSIS东南亚问题专家组就这个问题认为，在未来的两年内，美政府与国会需要携手努力，在奥巴马总统的任期内继续为此增势，打造2.0版亚太再平衡战略。编译如下：

2014年美国会中期选举后，总统在政治势力上受到了削弱。与此同时，美财政预算限制和乌克兰、伊朗、伊拉克困局等也在牵扯着政府当局的战略精力，于是，人们产生了对亚太再平衡战略能够得到持续有效推进的疑惑。从移民问题到对古巴政策，奥巴马政府与共和党控制下的国会似乎面临着对抗。但亚洲政策仍是得到两党共识的，或许也是具有最强烈共识的议题。因此，在奥巴马总统的剩余任期内——也就是下一个两年的时间，政府与国会如何协作进一步有效推进亚太再平衡战略成为了一个重大的战略问题。对此提出六个政策建议：

一 尽快争取获得贸易促进权(TPA),完成 TPP 谈判

推进跨太平洋伙伴关系（TPP）是本届美国政府亚太再平衡战略在经济层面的重点。高水平的 TPP 将打造出有美国参加的世界上最大的自由贸易区，涵盖美国商品贸易的 40%，并有将这个贸易区拓展到其他地区的潜力。TPP 将在亚太地区打造一种现代的国际贸易规则，而美国在这一地区有着越来越多的利益所在。TPP 也强化了作为亚太国家的美国在亚太地区的存在和地位。若缺少 TPP，地区各国将对美国的再平衡战略表示疑虑，尤其是会误解美国只重视加强在亚太的军事部署。因此，为早日完成 TPP 谈判和推进贸易区建设，美国政府当局应立即开展在总统层面的攻势，争取获得公众和国会对 TPP 的坚强支持，并在 2015 年夏天之前获得国会的贸易促进权（TPA）。

二 尽快建立美中互信,同时对中国设定行为期望

落实美中战略互信措施，在地区机制建设问题上向合作共赢方向努力（如在亚洲基础设施建设银行的问题上），与此同时向中国明确一点，即在地区内采取任何胁迫和破坏规则的行为都要付出代价。

顺利地推进亚太再平衡战略的关键在于，美中之间形成这样的一种共识：两国都不能在排除对方的情况下塑造未来的东亚秩序。两国决策层都声称他们遵守了这个默契，但在行动上却按照另一套行事。无论是奥巴马政府对亚投行笨拙的反对态度，抑或是习近平主席暗示的"亚洲是亚洲人的亚洲"口号，双方都貌似不愿意真的希望避免零和竞争。为遏制这些趋势，美当局必须切

实采取措施，为美中双边传统关系注入新能量，同时正视由中国权力和影响力的扩张所带来的影响，应对这些棘手的问题。

三 制定东亚战略报告，澄清亚太再平衡战略的目标；为亚太军事部署划拨必要的军费，增加战略资源

尽管美国的亚太再平衡战略有坚强的支持，但是在战略目标和可用资源的问题上，不少人对此还存在疑问。美不同职能部门分头行事、扩大在亚洲存在的同时，始终缺少一个统一的服务于国家目标的战略规划。尽管白宫声称奥巴马总统和其他政府高层的讲话已经阐述了这个战略规划，但这些讲话却不断地反映出再平衡战略内涵的前后不一致性。领导层的每一次讲话中都会列出再平衡战略中3—4个主要战略目标，但这些目标却不尽相同。这个问题在奥巴马的第二任期上尤为突出。一个最重大的不一致问题是，关于美国对如何应对中国崛起的定义的变化，如，在2009年美声称要尊重中国的"核心利益"，在2012年的国防战略规划中美却将中国和伊朗列为主要的安全威胁，以及对中国提出的"新型大国关系"的概念进行模糊处理等。

四 加强美韩联合协作能力，有效威慑和防范朝鲜弹道导弹和网络攻击的威胁；推动日韩关系和解；加强关注朝鲜的人权问题

首先，朝鲜极有可能进行新一轮的核武器和弹道导弹试验，这表明朝鲜将逐步克服核弹头小型化的技术障碍，进行更精确的导弹测试，或者核聚变实验。美韩将以联合军演来威慑朝鲜的挑衅。其次，美政府必须推动日韩关系和解。2015年是日韩关系正

常化50周年，白宫必须从情报共享机制、军事协作机制和集体安全声明三个方面着手强化三国同盟关系，尤其是弥合日韩之间的分歧。要警告日韩将战略重点放在合作应对东亚地区的共同威胁上，而非两国纠缠不清的历史、民族情感问题。最后，除了要加强对朝鲜的传统安全防范、威慑，解决朝鲜的去核化问题外，还要加强对其人权问题的关注。

五　为美印关系注入新活力

确保美印新的防务合作框架协议能为未来双边防务关系注入新的前景和实质内容。国会也必须加强对印度事务、美印关系的关注；一旦印度放松其修正法案，立即着手重启双边投资协定谈判；尽快通过阿什顿·卡特被任命为国防部长的投票，为双边防务关系增势。加强美印在亚洲事务中的协调，尤其是在阿富汗问题上。

六　继续介入东南亚事务

在2015年缅甸大选之前，大力推进缅甸民主进程，加大对其民主运动的支持；进一步推动美国—印度尼西亚全面伙伴关系的机制化；安排美总统正式访问越南；为菲律宾就南海九段线问题提交的国际仲裁争取更多的国际和地区支持。

本文原题名为"Pivot 2.0"。本文作者为美国智库CSIS学者Michael J. Green, Victor Cha, Bonnie S. Glaser, Matthew P. Goodman, Murray Hiebert, Christopher K. Johnson, Scott Miller, Richard M. Rossow。本文刊于2015年1月5日CSIS官网。

美国的老挝新机遇：
领导层变化与奥巴马访问

Murray Hiebert/文　　贺杨/编译

导读：老挝与近期完成了领导层的换任，并将出任2016年东盟轮值主席国。美国总统奥巴马决定在九月对老挝进行国事访问。加之中国日益增长的实力和紧张的区域形势，都将推动美老关系在今年有新的发展。编译如下：

最近老挝执政党人民革命党在其代表大会上公布了新一任的领导人名单。同时，美国总统奥巴马将于今年九月对老挝进行国事访问，这是美国在任总统第一次访问老挝。这两件事给美国提供了一个与位于中国南边，人口不足700万的内陆小国加强联系的新机遇。

老挝是2016年东盟轮值主席国。美国与老挝今年第一次高层接触将于2月15—16日在加利福尼亚幻象山庄举行，届时，美国总统奥巴马将和老挝总理通辛将联合主持美国—东盟元首峰会。

近期老挝人民革命党召开了新一届代表大会，选举出了新一任领导集体，确定了未来五年政治、经济发展目标的五年计划。美国国务卿克里在本次大会结束后的几天对老挝进行了访问，与老挝方面敲定了美国—东盟元首峰会的形式和议程。今后的岁月里，我们可以看到老挝外交政策领域的显著变化。

1975年，越南共产党帮助老挝夺取政权，并长期保持对老挝的影响力。但近年来，老挝开始靠近中国以获得中国的援助和投资。本次老挝执政党代表大会决定由现任副总统本扬代替现任党主席朱马杨成为新一任党主席，此举被普遍解读为老挝的外交政策将重新在中国和越南之间寻求平衡，而不是一味地向中国靠拢。新人党主席本扬曾经在越南的军事和政党学校接受训练。

老挝政治局排名第八的副总理宋沙瓦·凌沙瓦，被认为过去十年对中国企业给予大量的经济让步而下台。党员对于老挝经济增长日益依赖于中国的状况表达了焦虑。目前中国企业尤其是国有企业，已经占据了老挝北部。

目前，中国企业在老挝首都万象修建了至少一半的大型购物中心和商场，还在老挝北部拥有许多采矿和农业项目。去年十二月，两国就中国南部至曼谷铁路项目过境事宜达成协议。财政紧张的老挝政府用于铁路建设的资金却大部分来源于中国的贷款。

现任老挝副总理通伦即将在三月份议会选举后成为新一任的老挝总理，这将帮助老挝加大推进区域一体化的努力。通伦从2006年开始一直担任老挝外交部部长，他被视为一名国际主义者，不仅希望加强与越南等东盟国家的联系，同时也增强与美国、日本等国家的联系。他的外交政策并不是反华，只是希望老挝能在更广泛的区域和国际发挥作用。

通伦认识到作为今年的东盟轮值主席国，老挝需要代表东南亚国家的利益。其中像菲律宾和越南两国与中国在南海地区存有争执。为了应对东盟和美国的担忧，老挝官员近期表示他们不会像柬埔寨2012年作为东盟主席国那样阻止发表一份东盟国家南海声明。

克里告诉跟随他访问老挝的记者：目前的总理通辛明确表示老挝需要一个团结的东盟，保护海洋权益。但也希望避免军事化和冲突。老挝一名官员补充道："他们会受到北方和东方的压力"，意指中国和越南会试图影响老挝的决策。老挝希望在东盟中心地位的原则和共识下运作。

美老关系的迅速升温,是美国今年来推行亚太战略再平衡的重要组成部分。1975年越南战争之后,美老之间相互猜疑。克里表示,美国正在发起一项营养项目和智能基础设施建设,但也关注美国重视的人权问题。在美国大选之前的接近一年时间里,美老关系的发展还有很多事要做。奥巴马可能会在其访问老挝的时候宣布一项清除剩余未爆炸药的计划。

老挝经济最近几年发展迅速,是亚洲地区增长第二快的国家。但是其增长主要是依靠开采自然资源、向泰国出口水电以及旅游带动。美国和老挝之间的经贸往来仍然较少。尽管美国和中国与越南的军事关系在过去十年有较大发展,而与老挝之间的军事往来仍然缺乏。老挝军方表示士兵会接受英语培训,但不会派要员去美国参谋学院。

老挝面临着缺乏技术知识专家和熟练工人阻碍经济发展的问题,希望延长和扩大美国在老挝的教育项目。美国可以像在越南那样,开展促进中层官员提升的富布莱特经济培训项目。除了卫生部长和副总理通辛,老挝很少有高级官员去美国访问。一旦新政府就职,美国政府应该邀请更多的缅甸高级官员访问华盛顿,以加强两国之间的信任。

本文原题名为"Leadership Changes and Upcoming Obama Visit Give U. S. New Opportunities in Laos"。本文作者为美国战略与国际问题研究中心东南亚部副主任,高级研究员 Murray Hiebert。本文刊于2016年2月4日CSIS官网。

美国的现状

Richard N. Haass/文　　张麟/编译

导读：2016年3月24日美著名智库对外关系委员会网站发表文章《美国的现状》，作者对美国当前在社会、经济、政治等各方面的情况进行了分析，尤其突出对民众情绪的关注，十分宜于了解美国现时的民情社情。编译如下：

离美国总统大选还有大半年，现在还不可能明确地知道谁将被提名代表各主要政党，更不用说知道谁将是白宫的第四十五个主人。但此时对美国超过3.2亿居民的心情进行评估并没有操之过急，那些对于最终将会获胜的人有意义的东西，对于世界上大多数人来说就是一部无休止的政治肥皂剧。

如今在美国的主导情绪是一种过度焦虑，如果不是彻底愤怒的话。华盛顿邮报最近发表了一篇包含四个部分的系列文章，揭示出了对华尔街、穆斯林、贸易协议、华盛顿、警察枪击案、总统奥巴马、共和党人、移民和其他目标的普遍的愤怒。

如今对一个人最差的评价就是称其为"职业政客"。享受这种精神状态的人都是反政府的候选人，他们支持那些反对自由贸易、移民改革的政策，要求彻底改革当前的税收和开支政策。他们所拥护的细节可能不同，但他们的政纲都要求彻底脱离现状。

这种情绪的根源几乎是不言自明的。与六年前——2007—2008年的经济危机之后——相比，国家在经济上逐步好转。自那时以来，已经创造了超过九百万个工作岗位，低利率，油价的下跌相当于给每个美国家庭减少了700美元的税。此外，股票市场从7年前的低迷中恢复，到如今已经上涨了200%，数百万没有医疗保险的人如今都被纳入保障范围。

但是经济上的好消息在很多情况下被家庭收入增长乏力所抵消，家庭收入增长在15年里实际上是停滞的。美国人全职工作的比例还没有达到七年前的水平。很多人因为外国人的竞争，新技术或业务外包担心失去工作。

大部分美国人的寿命都更长，但易焦虑，因为他们难以存下能保障他们在退休之后过得舒服的存款。一些被用来支付医疗保险金，这部分钱以前是不用交的。

还有就是不平等的问题。这引起了真正的愤怒，但是这个问题与其说是不平等，还不如说是机会的减少。美国梦正在给阶级意识让位——对于一个信奉"任何人努力工作都可以改善自己的生活"的理念的国家来说，这是一场深刻的变革。

但是焦虑和愤怒的原因超越了经济现实和经济忧虑的层面。这是否由于犯罪率高或担心恐怖主义产生了实际上的不安全感呢？在很多社区，还体现出对文化和社会向何处发展的关心。

现代媒体往往会使事情变得更糟。我们的时代是一个"窄播"的时代，而非广播的时代。人们不断通过收看有线电视或上网来巩固他们的观点和意识形态。

几乎没有什么让人放心的事了。民族情绪超越了竞选大战，这将会给新的总统和国会提出切实的挑战。民主党和共和党内部和彼此之间的分裂将会使对于统治国家非常重要的妥协和组建联盟变得不可能。

人们对于养老保险和医疗保险负担能力的关注将会使改革福利制度变得更加困难，即使财政扩张将会使国家负债情况达到创纪录的程度。自由贸易被认为是造成失业的罪魁祸首并且正在失去支持，即使自由贸易也同时是新增就业和更多消费选择的来源——不仅如此，还巩固了美国在世界范围内的战略地位。移民，长期以来被认为是国家的传统和宝贵的人才来源，在改革前景黯淡的情况下也成为一个有争议的话题。

在美国社会中存在的这种主流情绪可能也会使官员们加强对国内的关注。在伊拉克和阿富汗进行的干涉行动被证明是付出远大于所得的，因此许多美国人对美国在海外所获得的利益表示怀疑，这之后的对外干预都已被叫停。他们对看上去没有公平分担共同义务的盟友感到很失望，而且他们越来越相信政府需要减少对外部世界的关注，把重心放到解决美国内部出现的问题上。

国外有些人无疑将对美国的现状非常满意；但是，总体来看，这对全球的大多数人是一个坏消息。一个混乱的、分裂的美国将更不可能有意愿和能力去带头促进在中东、欧洲或亚洲实现稳定，或应对全球挑战。并且，如果没有美国的领导，这些威胁很可能无法解决，进而转化成问题，或者更糟，变成危机。

本文原题名为"The State of the United States"。本文作者为美国智库 CFR 主席 Richard N. Haass。本文刊于 2016 年 3 月 24 日 CFR 官网。

让中国赢，对美国有好处

Joshua Kurlantzick/文　　张麟/编译

导读：2016年1月15日美著名智库对外关系委员会网站发表文章《让中国赢，对美国有好处》，作者对美国在亚投行成立后的对外政策进行了分析与批评，呼吁白宫冷静对待中国的崛起，分清主次缓急。编译如下：

当中国官员在2013年宣布他们将建立一个亚洲基础设施投资银行，主要为太平洋周边地区的大型建设项目提供资金，他们发动了一场使华盛顿陷入错觉的慢动作外交。在中国人去全世界邀请各国政府加入的时候，奥巴马政府的官员们给他们在亚洲、欧洲和其他地方的盟友施压，使其不加入。亚洲基础设施投资银行的总部在北京将会使中国的影响力扩大到整个亚洲，白宫很焦躁。"我们对于那种不断迁就中国的倾向十分警觉"奥巴马的一个助手在英国加入并签署协议后向金融时报抱怨道。这是少见的一次对美国盟友的公开批评。

抵制中国的亚投行的运动并非个案。自从奥巴马政府执政以来，他的亚洲战略就是害怕、反对中国的几乎每一个举动，北京通过与他国的援助拨款、贸易协议、能源勘探，新外交倡议和军事关系来施展拳脚。这个反华战略可能是总统和共和党人之间达成共识的唯一之处。例如，唐纳德·特朗普说他不会放过每个打击中国的机会并且许诺对中国进口产品征收45%的关税。

在某些地方，例如在南海，中国的扩张权力构成了现实威胁。但是美国对中国的谨慎政策已经变为一个混乱的，偏执的，愚蠢的政策。这个政策认为中国人的任何新的行动都应停止，任何新的盟友都要被争取过来，任何新的野心都应被遏制。奥巴马政府的注意力集中在反制北京上以至于没有意识到他正在打击的一些中国人的行动并没有危及美国的利益。与此同时，这些无用的斗争不仅疏远了盟国，还把美国的外交官、金钱和武器送到了与美国真正关切相距甚远的地方。在某些地区，美国要尽可能让中国赢。

亚洲基础设施投资银行——一个相对温和的机构，启动资本为约1000亿美元，其中的大部分由中国提供——是一个美国应该靠边站的地方。在要求其他国家不要加入当创始成员国时，美国的官员有时说这个机构会复制老亚洲开发银行的模式。其他时候，他们说这个新银行会破坏援助项目的国际金融和环保标准。

据亚洲开发银行估计，如果到2020年亚洲较贫穷的国家想要保持全球竞争力需要大约8万亿美元升级基础设施。亚洲基础设施投资银行的创意非常受这些国家和欧洲一些援助国的欢迎，而且并未威胁到美国的战略利益。

奥巴马政府对那些所谓的威胁反应过度了，投入了过多的资源去改善与大陆上东南亚国家的关系，其中几个还是由非常不民主的政府所统治的。如果华盛顿在这一地区的影响力下降，战略失衡的后果是什么？像柬埔寨和缅甸这样的国家仍然与美国的投资人和战略利益没有多少关系。美国在5年前开始增进与缅甸的交往，但据官方统计自2011年来美国的投资者只对其投资了200万美元，主要是因为商业环境的恶劣。柬埔寨的情况也好不到哪去。

在亚投行问题上的失败仅是使美国看上去虚弱无力，但其在东南亚非重要地区的争夺会造成实际的影响。华盛顿需要中国人的帮助去制止伊朗的核计划，气候变化和保护国际互联网安全。

在关于南海的重要问题上与中国对峙是值得的,但在像柬埔寨这样的地方引起争端是不符合国家利益的。类似的不必要的与中国的竞争还发生在非洲和一些太平洋岛国中。这些地方对于美国公司和军事战略来说并非核心利益。中国人势力在这些地区的上升主要依靠多元的商业利益带动,并非预示着地缘政治竞争的新阶段的到来。

但奥巴马政府仍然把这视为一场争霸斗争。白宫的战略必然会分散美国在世界上其他地区稀缺的外交资源,却使那些岛国感到被迫在与中国建立更紧密的关系还是与美国建立更紧密的关系中做出选择。而结果可能会使华盛顿尴尬:许多国家将因中国慷慨的援助和可能的投资选择中国。

尽管中国的国际影响力在不断增长,但其形象在许多地区,包括亚洲,仍然不牢靠。在过去的十年里,中国与很多邻国的关系都恶化了,主要因为其在沿海水域争端问题上的激进主张。根据调查发现在印度、菲律宾、日本和越南,有74%的人对中国评价为负面。相比之下,美国的受欢迎程度已经从布什政府时期的低谷中走了出来,尤其是在太平洋地区。根据2014年的测试,11个亚太国家民众中近80%的受访者支持一个在经济和安全上更强大的美国在亚洲的存在。

正确的策略要求我们精准的把握美国在什么地方应当对抗崛起的中国,在什么地方需要撤回一些权力。例如,在东南亚就意味着美国要帮助那些在南海敢于自卫的国家而减少对陆地国家的关注。

精细的战略操作也要求一个能让领导人讨论让予中国一些国际影响力的政治环境。这将很难实现:任何使美国的国际领导力下降的政治家将会成为政敌的靶子。但是承认以下两点不应成为政治上的烫手山芋,即中国正变得日益强大与更理性的外交政策是明智审慎的运用美国的资源。我们应当把我们的资源用到真正对我们形成威胁的挑战上去。

本文原题名为"Let China win. It's good for America"。本文作者为美国智库CFR东南亚问题专家Joshua Kurlantzick。本文刊于2016年1月15日CFR官网。

安倍主义的东南亚舞曲

Phuong Nguyen/文　　贺杨/编译

导读：安倍主义作为日本对东南亚地区的战略规划，已经成为日本在东南亚地区的行动指南。历史上，日本就将注意力投向东南亚地区。随着亚太地区的日益重要和中国实力的崛起，日本再一次加大了对东南亚地区的投入，包括军事经济援助、推行安全政策合作、联合军事演习和基础设施建设。编译如下：

在东南亚，日本可以说享受无与伦比的声望。根据美国皮尤中心2015全球声望调查显示，四个东南亚国家有超过80%的受访者表示对日本有好感。相对于中国在有争议的南海地区极具扩张的军事足迹，日本近些年对东南亚地区的影响力越来越坚实。

自从2012年安倍晋三当选日本首相以来，日本政府一直积极推行与东南亚国家建立紧密安全合作的政策，尤其是同与中国存在领土争议的菲律宾和越南建立合作，当然也包括老挝和东帝汶这样较小的国家。在更广大的背景下，安倍希望日本建立在东南亚地区的地缘政治身份和扩大在该地区的经济存在。

对于日本来说，未来几十年亚太地区秩序将是一个关键问题。它是否建立在冷战期间美日同盟的基础上，或者美国新旧伙伴关系继续发展？日本是否都将是这个系统的核心，很大程度上取决于未来美国政府能不能够对亚洲保持持续关注，以及美国经济能不能在亚太地区维持领先地位。或者它将是一个以中国为中心的地区秩序，鉴于中日之间在领土和历史问题上的分歧和中日之间在地区问题上的不同利益，日本有理由对这一秩序保持谨慎态度。或者将以东盟为中心的松散的组织秩序，但东盟要发挥核心力量需要东盟国家保持经济繁荣，并能够发挥各自的战略作用。因此在同一时间，日本加强了与美国的安全合作。日本曾经在东南亚经济发展的过程中扮演了重要角色，近年来，日本面对东南亚的振兴议程通过与东南亚国家建立合作伙伴和遏制中国军事力量增长而实施，日本对该地区的兴趣不仅扩大了对越南和菲律宾的援助，还扩大了对整个地区的援助。

中国最近提出的"一带一路"计划吸引了各国的注意力，但是很少有人看到，日本从20世纪90年代开始，已经制定了通过投资实现基础设施联通的愿景。这一构想包括三个方面的举措，其中有两个方面是路上即东西经济走廊，实现老挝、泰国、越南和缅甸的连接。第三项倡议是海上—东盟经济走廊，将巩固港口发展、海洋经济发展和文莱、印度尼西亚、马来西亚、菲律宾和新加坡的信息、通信和技术网络连接。日本基础设施建设已经成为东盟经济共同体的重要助力。这些工作的一大块是东西经济走廊的基础设施组件的完成，其中进军地方政府计划，能够吸引能源、旅游和农业投资。这一举措被日本私有部门形容为"连接太平洋和印度洋的土地"，东南亚地区是日本的头号投资目的地。

最新的紧迫任务是加强同区域国家的海上安全联合演习。在很短的时间内，日本曾在东南亚有限的防御态势已经演变成正规化的空中巡逻任务和港口建设。日本和菲律宾去年进行了首次联合军事演习，今年早些时候签署了一项协议，将允许日本把防卫装备和技术转移给菲律宾，使其拥有现代化的海军，空军，和海上执法能力，从而能够抵御中国在海事领域的扩张。今年早些时候，日本和越南进行了第一次联合海上演习，两国在防务政策合作上保持了正常的协商渠道。东南亚国家都认为日本的兴趣和注意力，有利于盘活区域。同样重要的是，日本对该地区的经济前景和未来的强劲投资,有助于培养东南亚合作伙伴的信心。东京有一个机会的窗口,以形成新的区域秩序。

本文原题名为"Southeast Asia Dances to the Tune of Japan's Abe Doctrine"。本文作者为美国战略与国际问题研究中心东南亚项目组主任 Phuong Nguyen。本文刊于 2016 年 3 月 17 日 CSIS 官网。

"伊斯兰国"的威胁有多真实?

Brian Michael Jenkins/文　　胡霄汉/编译

导读:"伊斯兰国"的迅速崛起引发了又一股恐怖活动的热潮,许多国家都出现了它的分支组织。然而"伊斯兰国"的威胁真有表面上看起来那么强大么?本文对"伊斯兰国"与其分支组织之间的关系进行了分析。编译如下:

伊斯兰国的崛起以及它在非洲和中东的扩张看起来简直就像小说一样,但这并非史无前例。在1881年,一名伊斯兰阿訇在被后世称为苏丹的地区自称马赫迪(救世主)——先知穆罕默德的继承人和全球圣战的领导者,要求全人类都向他效忠,违者杀无赦。马赫迪国在20世纪的开端就灭亡了,它在世界范围内的野心永远都没有实现。

今天的伊斯兰国建立还不到两年。它的黑旗已经在叙利亚和伊拉克以外的12个国家升起。作为一个自封的哈里发,阿布·巴克尔·巴格达迪要求全世界的穆斯林都服从他。伊斯兰国声称它在利比亚、埃及、沙特阿拉伯、也门、阿尔及利亚、阿富汗、巴基斯坦、尼日利亚、突尼斯、北高加索和其他地方都有分支组织。恐怖分子以伊斯兰国的名义在包括美国在内的西方世界发动恐怖袭击。那么伊斯兰国的宣称可信度如何?他们在世界范围内的圣战又造成何等程度的威胁?

伊斯兰国声称它吞并的省份或直辖领地都是它的领土,并否认一切现存的国境线。它实际控制了叙利亚和伊拉克的那些领地，其他那些远方领土还只存在于雄心壮志中。一些图表将出现了伊斯兰国分支组织的国家整个都划入伊斯兰国的范围内，但这实际上是极具误导性的。那些分支组织是与伊斯兰国志同道合的狂热者组成的前哨——他们只在某些地区有先遣队、并没有正规军。

边远地区的组织公开效忠于伊斯兰国能使两者各取所需。他们承认巴格达迪的权威，表面上增加了他的力量，创造了一种能吸引更多支持的攀比效应，并为未来的扩张打下了基础。通过依附伊斯兰国，地方组织使它们的威望凌驾于本地其他竞争者之上，成为全球网络的一部分，吸引新成员并寻求技术和物质支持。加入伊斯兰国也会带来风险。它将把本地组织同远方的暴行联系在一起，而这可能吓退一些当地支持者并使自己成为一些更强大的敌人的目标。可能丧失自主权也是个长期危险。

但要将这种精神上的坚定合作信念锤炼为实实在在的战斗默契并不容易，这需要强有力的协调与中枢指令。这个军事同盟只有在它的成员不必实际服从命令时才有效。

维系联盟要求伊斯兰国承认地方组织的自治。很难想象博科圣地组织——它的领导人宣布效忠于伊斯兰国——在尼日利亚的战士从叙利亚的伊斯兰国总部接受命令。如果伊斯兰国的使者施加太大压力，他们很容易引发当地人的怨恨，尤其是在他们不能给自己的分支组织提供大量物质支持的时候。

狂热分子不会轻易遵守纪律。伊斯兰国也没有免于折磨着所有革命组织的山头主义。每隔一段时间都有未遂政变、对不同政见者和逃兵的处决的消息传出。从叙利亚泄露出的这些故事有虚假宣传的可能，但也不乏可信之处。

尽管可能不大，但伊斯兰国迟早有一天会打造一支真正完善的国际性力量，通过忠诚的骨干如臂使指的操纵它的分支，并利用他们的资源来支持全球性活动。

在它的全盛时期，基地组织曾设想重建从印度到西班牙的穆斯林哈里发帝国。此后，基地组织被赶出了苏丹、阿富汗和沙特阿拉伯。它的核心指挥层目前藏匿于巴基斯坦的某处，同时它的分支组织在也门、索马里和北非苟延残喘。

持续的轰炸和伊拉克、叙利亚、库尔德武装取得的缓慢进展正在削弱伊斯兰国。从军事上打败伊斯兰国看来是有可能的（尽管这也许需要很长时间）——在意识形态领域击败它将是更困难的任务。顽固不化的信徒将会剃掉胡须并继续从事地下武装斗争。其余的人将会寻求新的战线。现在，尽管一些伊斯兰国战士已经在阿富汗建立了一条战线，但利比亚提供了最好的机会。成千服役于伊斯兰国队伍之中的车臣人则想要重启在俄罗斯高加索地区的战斗。

到目前为止，伊斯兰国在叙利亚和伊拉克之外发动的恐怖主义战争都是分散的，象征意义大于实际意义。这取决于地方组织的积极性。理论上来说，如果伊斯兰国的领袖们决定发动一次全球战争，一个国际性网络就能使他们得以调用重要资源。当然他们这么做也是有风险的。

本文原题名为"How Real Is the ISIS Threat?"。本文作者为兰德公司董事长高级顾问 Brian Michael Jenkins。本文刊于 2016 年 3 月 18 日兰德公司官网。

在利比亚打击"伊斯兰国"所面临的三个挑战

Christopher S. Chivvis/文　　胡霄汉/编译

导读：西方国家准备打击正在利比亚不断扩张势力的"伊斯兰国"。本文作者指出了"伊斯兰国"扩张所带来的越来越大的威胁，同时点明了西方国家对利比亚采取干涉行动面临的困难。编译如下：

在一月底同他的法国同行进行会晤之后，美国参谋长联席会议主席、海军陆战队上将约瑟夫·邓福德号召采取"坚决行动"来对抗"伊斯兰国"（ISIS）在利比亚日益增长的威胁。他的声明继数周关于如何处理"伊斯兰国"控制利比亚地中海沿岸大片地区的闭门会议之后发出，且西方军事干涉的传闻仍然没有被确定。

利比亚在五年前"阿拉伯之春"早期爆发的内战中分崩离析，北约迅速干涉，支持一个由民兵组织构成的联盟推翻了穆阿迈尔·卡扎菲。但在这个胜利之后，利比亚的安全进程却踯躅不前、无经验的国家正在摸索通往稳定的关键步骤。

利比亚陷入了内战，为"伊斯兰国"和其他圣战组织——例如伊斯兰马格里布基地组织和"伊斯兰教法虔信者"组织，这个组织应当为2012年9月美国驻班加西领事馆遭袭一案负责——打开了大门。

"伊斯兰国"在利比亚扎根已经超过一年。不像其他在伊拉克和叙利亚之外的成员，利比亚的"伊斯兰国"成员数以千计并与该组织在叙利亚的领导层保持着明确的联系。"伊斯兰国"的领导层很可能将利比亚视为其全球战役的一个有价值的第二战场。利比亚的无政府状态极大加剧了欧洲难民危机、并威胁了这一区域的稳定——尤其是突尼斯，这个"阿拉伯之春"起义的肇始地。

就如同全世界很晚才意识到"伊斯兰国"控制伊拉克和叙利亚部分地区带来的危险一样，"伊斯兰国"在利比亚形成的威胁也很晚才被意识到。它在苏尔特——卡扎菲的故乡——控制了长达几百公里的桥头堡，在这个国家的其他地区也有势力。在十月份访问突尼斯期间，我听到的谣言说"伊斯兰国"已经在的黎波里郊外建立了军火工厂、为即将到来的反干涉斗争储备反坦克武器。

"伊斯兰国"在利比亚的扩张威胁了利比亚人民、整个地区乃至于欧洲的安全。因此，那些最直接受到"伊斯兰国"扎根于利比亚的威胁的欧洲盟国——意大利和法国——引领了关于武力干涉选项的讨论。

但如果威胁是严重的，现在就要在许诺采取武力选项这个问题上慎重行事。因为美国和欧洲的决策者们至少要努力解决三个隐约可见的重大问题：

第一，谁将领导这次行动并提供大部分兵力？

在叙利亚、伊拉克和东欧的新行动中，在世界其他地方，北约的力量被分散了。意大利在正视"伊斯兰国"在利比亚造成的威胁这个问题上调门最高，并限制了它对其他行动的残余以便专注于利比亚。但单凭意大利自己不能为规模与如今利比亚局势相符的行动提供充足的军力。法国要更能干一些，但它的力量被分散在长达几千公里的萨赫勒地区的武装反恐行动上，并且还要集中部队执行国内反恐行动，因此也很难充当行动的主力。英国也许可以做出一些贡献，尤其是在特种部队方面，但它能采用的手段与行动的意愿都是有限的。同时，美国公众对另一场干涉行动没什么兴趣。

第二，是要集中力量打败"伊斯兰国"还是要在的黎波里建立一个联合政府？

由于干涉行动兵力有限，必须做出艰难的抉择。干涉行动首先要在"保卫利比亚不稳定的联合政府"与"打击'伊斯兰国'"这两个目标中做出选择。将目标锁定于打击恐怖集团将在短期内获得一些好消息，但这无助于将利比亚重建为一个正常国家，它还是会在第一时间向"伊斯兰国"打开大门。

第三，这一行动与美国及其盟友对抗"伊斯兰国"的战略有多大关联？

"伊斯兰国"的目标显然不仅局限于伊拉克和叙利亚。利比亚是"伊斯兰国"庞大全球战役的一个部分，可能是这场战役中突出的一部分。要超出伊拉克和叙利亚、在全球作战，美国和它的盟友将需要一个清晰的战略和资源。没有这些，在利比亚打败"伊斯兰国"只不过是令它迁移到这一区域的另外什么地方——或者世界的其他地方。

欧美合作反击利比亚"伊斯兰国"是必要的，而利比亚没有外来军事力量的支持也不可能恢复和平。但抑制"伊斯兰国"在利比亚的扩张不是件容易的事情。国家领袖们应当准备好支付不可避免的代价并做出艰难的抉择。

本文原题名为"The Three Challenges of Countering ISIS in Libya"。本文作者国际安全与国防政策中心副主任、高级政治研究员 Christopher S. Chivvis。本文刊于 2016 年 2 月 5 日兰德公司官网。

ISIS 与基地组织，两位圣战巨头是否合作？

Brian Michael Jenkins/文　　胡霄汉/编译

导读：基地组织曾实施包括"911"事件在内的一系列大规模恐怖袭击，而 ISIS 则在近两年快速扩张势力范围。在全球恐怖活动猖獗的大背景下，均属于伊斯兰极端势力的这两个恐怖集团是否会携手发动"圣战"？本文对两者联手的可能性进行了分析。编译如下：

基地组织与伊拉克和黎凡特伊斯兰国（ISIL）二者之间既有相似，也有差异。二者均为热衷于圣战的嗜血恐怖组织，尤其誓与西方异教徒及美国为仇敌。二者是否会有团结于一个国际极端圣战者旗下，并且进而演变为严重的区域与国际威胁的一天？这并非不可能。

虽然眼下这两大极端圣战组织的领袖并无结盟的意向。但局势多变，因此二者日后合二为一并不是耸人听闻。

自 20 世纪 90 年代现身、宣布为 2001 年的"911"恐怖事件负责，基地组织作为头号恐怖组织曾有多次转变。而 ISIL 或 ISIS 一直蛰伏，直至 2013 年才宣称自己是基地组织的国际竞争者。自此，ISIS 不断对基地组织的中央领导权发出挑衅，在叙利亚挑起与基地组织的下属机构的冲突，在叙利亚与伊拉克扩展其影响。而其宣称自己为伊斯兰国更受到广泛的极端圣战者的效忠，甚至包括基地组织在非洲与中东的下属。

尽管二者互相竞争，他们之间仍有诸多相似。二者皆为中央集权式的领导模式，并且各有一系列的下属机构向其效忠。这些下属机构各有自己的利害盘算、能力以及行事方式。组织成员也拥有各自的谋划，他们随时准备在二者中择优而事。此外，这两大组织的成员大多为激进分子，希望通过恐怖行动的方式于包括美国在内的其他地区树立其组织的影响。

根据二者的世界观与理念来看，这两个组织有着紧密的联系。他们均视伊斯兰文明受西方敌视力量威胁，他们均以萨拉菲派信仰为基，且认为圣战即武力斗争而非精神层面的考验，参与圣战是每一个穆斯林的责任。基地组织与ISIS均认为自己是国际运动的领袖并且有着国际范围内的目标。他们拒绝现今国际秩序的条款，认定数世纪前穆斯林与十字军的斗争直至审判日才会结束。

尽管如此，二者仍然有一些在教义上的分歧。基地组织的领袖（以及大多数穆斯林学者）拒绝承认ISIS自称哈里发的宣言。ISIS对什叶派采取严酷政策，将什叶派清真寺列为与其他目标相等的打击对象。而基地组织采取的是联合其他教派的措施，其质疑穆斯林互相攻伐，认为信仰那些过于离经叛道的教派会致使信众背离与异教徒斗争的初衷。

基地组织领袖有自己在领土方面的诉求，诸如将西方人驱逐出沙特阿拉伯、打击巴勒斯坦圣战者及犹太复国主义者，该组织对庇护所的需求并不大，也不求掌握和控制领土。

ISIS领袖则反其道而行，他们自视为伊斯兰国的首脑，正如其组织名字一般，有着确实的领土诉求。ISIS征服、控制、管理土地，甚至经营着自己的经济体系。这是基地组织未曾尝试过的。

二者之间的争霸实质上是一场在支持率的较量——他们在那些与自己有共同思维的人群中寻求盟友以及忠实的斗士。这在其使用网络工具时体现的尤为明显。ISIS 的种种暴行同样有着部分征募功效，但这种征募仍有其弱点。一些好赶时髦的年轻人一时兴起加入，而后又很快放弃为其效力。

基地组织自"911"之后未能大量募集新血。地理优越性以及便捷的入境使 ISIS 能够征募约 3 万外籍战士，其中有五千人来自西方国家。但基地组织不愿放弃其国际恐怖活动，仍旧从事鼓动新的恐怖活动，训练及援助那些计划从事恐怖袭击的外籍志愿者。

为了维持自身与追随者之间的联盟，基地组织与 ISIS 都必须保持其暴力行径与活跃性。那些在自己祖国从事恐怖袭击的外籍恐怖分子已向两大组织各自效忠。

于 11 月袭击巴黎夜店的恐怖分子是一群为 ISIS 效力的外籍斗士。2015 年一月的查理周刊出版社遇袭则是由一对向基地组织效忠的兄弟所为。而同一时间，ISIS 则宣布对一家犹太洁食超市袭击负责。

12 月圣贝纳迪诺袭击案的元凶萨伊德·法洛可于 2011 年开始谋划此次行动，甚至早于 ISIS 的现身，但他参与凶案的妻子塔什芬·马利克却于日后宣布忠于 ISIS。

尽管基地组织与 ISIS 有诸多相似，但是二者成立之初却有诸般相异。二者的协作需要领导权变动、甚至是一些在任务与战略上的妥协，但二者融合为一个可怖的极端圣战组织仍有令人不安的高可能性。

本文原题名为 "Could ISIS and Al Qaeda, Two Giants of Jihad, Unite?"。本文作者为兰德公司董事长高级顾问、Brian Michael Jenkins。本文刊于 2016 年 3 月 14 日兰德公司官网。

沙特的外交政策在不断变化

Jane Kinninmont/文　　张麟/编译

导读：2016年2月17日英著名智库皇家国际事务研究所网站发表文章《沙特的外交政策在不断变化》，作者对近期中东乱局中的沙特因素进行了分析，指出了沙特外交政策的变化。编译如下：

一年前萨勒曼国王即位并决定主导对也门的军事干预标志着沙特外交政策的一个新阶段。这不是说出现了一个新外交政策或战略。相反，领导外交政策的新生代是在寻求新的途径以应对高度不确定的环境。这表明沙特出现新的使用武力的意愿，但也有使用限制。在也门战争结果仍不明朗时，萨勒曼国王领导下的沙特外交的方向和手段仍待检验。

几十年来，沙特都被认为是一个保守国家，谋求保持中东现状：坚持主权国家体系和美国在此地区的存在，并在过去三十年中公开支持解决巴以冲突的两国方案。相比之下伊朗在革命后成为一个修正主义国家，支持革命性的非政府运动，同时消除美国在这一地区的势力和以色列的存在。但是地区体系正在变化着。

在沙特的周边，叙利亚、伊拉克、也门和利比亚的政权在崩溃。这些战争不只是为了控制政权，更将决定这些国家能否继续以其20世纪时的边界保持生存。美国从这一地区撤出明显地鼓励了俄罗斯增加其在此的军事作用。而且伊朗核协议可能预示着与美国建立更广泛的友好关系，消除超过 30 年的敌对和遏制。现在在叙利亚和伊拉克，而不是黎巴嫩或也门，伊朗推行政治保守路线，即使一些非国家行为体进一步削弱了这些国家的主权，伊朗仍站在四面楚歌的政府一方。同时，伊朗的外交官正日益倾向于把他们的国家当作西方的反恐盟友。曾经被视为输出革命的伊朗，现在在努力把自己打扮为秩序的守卫者。对沙特来说，并不是要完全支持压制革命的一方，而是要根据特性和机遇来应对起义：直接支持在叙利亚和利比亚的政权变更；在君主制受威胁时派坦克进驻巴林；勉强参与埃及的穆兄会，然后支持反对它的军事政变，以使之回归到旧的制度上。沙特对也门的政策与对埃及的正相反：首先，沙特支持他们所希望的从阿里·阿卜杜拉·萨利赫统治下的可控的过渡。其次，当旧政权和修正主义势力联合进行政变时，沙特发动国际军事干预以扭转局面。不同的政策反映了沙特担心伊朗势力在也门发挥作用。

在国际上，沙特的决策者及时地强调他们在也门的目标是恢复国际所承认的也门总统的权力，从而维护国际规则秩序；在国内和周边，他们的重点在于赶走伊朗在阿拉伯半岛上的势力，从而保持一个传统的阿拉伯世界。不但在也门发动的战争不能使原状得到恢复，反而引进了教派政治这个新的危险因素，这加剧了其国内已有的离心趋势，并可能导致国家的崩溃。以前所认为的沙特靠军备威慑，而外交政策以外交和财政影响力为基础的看法不再适用了。

到目前为止，沙特改变的主要是手段和目标，而非外交政策的总方向。正如沙特外交官和学者所说的，沙特当局主要想保持内部稳定，周边有友好政权与之做生意并接受西方在此地的影响力，防止一些获得授权解决跨国议程的组织动摇绍德家族在其他国家的统治基础。因此，与伊朗的竞争与其说是种族和宗派问题还不如说是反对伊朗在该地区的权势和影响力，就像伊朗将纳赛尔的泛阿拉伯主义当作敌人一样。由于沙特反对伊朗在叙利亚、伊拉克和也门的势力，并担心美国在遏制伊朗扩张影响力上的不力，而在与伊朗的紧张关系中保持高调。

然而，沙特也在培植着非国家行为体，并深度干预着他国内政。沙特外交官认为他们只是在应对伊朗扶持非国家行为体和地区代理人。但这都促进了边界冲突，并大大损害了这些国家的主权。

认为沙特政府想要瓦哈比化这一地区的看法是过于简化了：他们在"海湾"最亲近的朋友是相对世俗化的阿联酋和巴林统治家族，不是卡塔尔人，尽管后者在宗教取向上更与之接近。在黎巴嫩，沙特支持的未来阵线主要由世俗的逊尼派组成，而在巴勒斯坦地区沙特对世俗的法塔赫的支持要超过对穆兄会系统的哈马斯或其他小的萨拉菲教派组织。在也门，20世纪60年代沙特支持什叶派以反对纳赛尔，然后与阿里·阿卜杜拉·萨利赫合作多年，将他视为打击基地组织的盟友。

然而在叙利亚和也门他们主要支持逊尼派伊斯兰武装分子。在这些特定的冲突环境中，对伊朗的敌意超过了已知的其他关切，例如某些组织可能也威胁沙特的利益。当种族和教派身份政治不是主要关注点时，这样的判断确实能发挥区分"我们"和"他们"的作用。

在国内，保持绍德家族的统治同样意味着改变。年轻一代的统治者们继承国防和外交部门之时也导致了集权，即更果断但缺少共识基础的政策。持续低油价加重了沙特的经济困难，这也意味着财政和经济的重大变革。在国防和援助开支与医疗和教育争夺更稀缺的财政资源的当口，这种情况将使外交政策决策更具争议性。

本文原题名为"Saudi Foreign Policy Is in a State of Flux"。本文作者为英国智库Chatham House中东北非研究专家Jane Kinninmont。本文刊于2016年2月17日Chatham House官网。

智库介绍

布鲁塞尔欧洲与全球经济实验室
Brussels European and Global Economic Laboratory (Bruegel)

简介：布鲁塞尔欧洲与全球经济实验室成立于2005年，是主要研究国际经济的独立、非理论（Non-doctrinal）的智库。致力于通过开放、基于事实并且与政策有关的研究、分析和讨论，对欧洲及全球经济政策制定作出贡献。Bruegel的成员包括欧盟各国政府以及一些领先的国际公司。在《2011年全球智库报告》（*The Global Go To Think Tanks* 2011）中，Bruegel在全球（含美国）30大智库中列第16名，全球30大国内经济政策智库中列第9名，全球30大国际经济政策智库中列第3名。

网址：http://www.bruegel.org/

加图研究所
Cato Institute

简介：加图研究所位于华盛顿特区，成立于1977年，是美国最具影响力的大型智库之一。加图研究所以古典自由主义传统为思想根基，致力于"扩展公共政策辩论维度"，通过独立、超越党派的公共政策研究和讨论，旨在"恢复小政府、个人自由、自由市场以及和平的美国传统"。加图研究所的政策分析曾经影响过里根政府和布什政府的政策。在《2011 年全球智库报告》(*The Global Go To Think Tanks* 2011) 中，加图研究所在全球（含美国）30 大智库中列第 14 名，全球 30 大国内经济政策智库中列第 3 名，全球 30 大国际经济政策智库第 8 名。

网址：http://www.cato.org/

战略与国际研究中心
Center for Strategic and International Studies (CSIS)

简介：战略与国际研究中心 1964 年由美国海军上将阿利·伯克和大使大卫·阿希尔成立，是一个位于华盛顿特区的跨党派的外交政策智囊团。CSIS 主要就经济和安全问题，进行政策研究和政治战略分析，其重点放在技术、公共政策、国际贸易和金融、能源等。在《2011 年全球智库报告》(*The Global Go To Think Tanks* 2011) 中，CSIS 在全球（含美国）30 大智库中列第 5 名，全球 30 大国际经济政策智库第 11 名。

网址：http://csis.org/

经济政策研究中心
The Center for Economic Policy Research (CEPR)

简介：经济政策研究中心成立于 1983 年。它包括 700 多位研究人员，分布于 28 个国家的 237 家机构中（主要是欧洲高校）。其特点是提供政策相关的学术研究、并关注欧洲。受众为政府部门的经济学家、国际组织等。它的文章多为与政策相关的工作论文初稿，比财经报纸专栏更为深入，同时比专业学术文章更加易懂。

网址：http://www.voxeu.org/

国际治理创新中心
The Center for International Governance Innovation (CIGI)

简介：国际治理创新中心是关注全球治理的独立智库，由 Jim Balsillie 成立于 2001 年。它的主要活动包括资助研究、创造交流网络、促进政策讨论、提高多边治理能力。具体而言，它的研究集中于以下四个方面：全球经济、环境与能源、全球发展、全球安全。它致力于将学术应用于政治，通过优秀的研究与分析来影响政治决策。

网址：http://www.cigionline.org/

英国皇家国际事务研究所
The Royal Institute of International Affairs Chatham House (Chatham House)

简介：英国皇家国际事务研究所成立于 1920 年，位于伦敦圣詹姆斯广场著名的查塔姆大厦内，是目前英国规模最大、世界最著名的国际问题研究中心之一。其宗旨是"推动个人和组织对日益复杂多变的世界进行全面研究，并提供政策参考"。英国皇家国际事务研究所与英国政府、企业、媒体和学术界均有着广泛的联系，对政府的外交政策有一定的影响。在《2011 年全球智库报告》(*The Global Go To Think Tanks* 2011) 中，Chatham House 在全球（含美国）30 大智库中列第 2 名，全球 30 大国内经济政策智库中列第 6 名，全球 30 大国际经济政策智库中列第 4 名。

网址：http://www.chathamhouse.org/

彼得森国际经济研究所
Peter G. Peterson Institute for International Economics (PIIE)

简介：彼得森国际经济研究所由伯格斯坦（C. Fred Bergsten）成立于1981年，是非牟利、无党派的美国智库。2006年，为了纪念其共同创始人彼得·乔治·彼得森（Peter G. Peterson），更名为"彼得·乔治·彼得森国际经济研究所"。在《2011年全球智库报告》（*The Global Go To Think Tanks* 2011）中，PIIE在全球（含美国）30大智库中列第10名，全球30大国内经济政策智库中列第4名，全球30大国际经济政策智库第1名。

网址：http://www.iie.com/

美国企业研究所
American Enterprise Institute for Public Policy Research (AEI)

简介：美国企业研究所成立于1943年，是一家私人的、非党派、非盈利机构，从事政府、政治、经济及社会福利等问题的研究和教育。其目的是通过从事与当前最重要之问题的研究与教育，为领导人和公众服务。美国企业研究所下设七个研究部门：经济、外交和国防政策、政治与公共舆论、教育、健康、能源与环境以及社会与文化。在《2011年全球智库报告》（*The Global Go To Think Tanks* 2011）中，美国企业研究所在全球（含美国）30大智库中列第17名，全球30大国内经济政策智库中列第10名，全球30大国际经济政策智库第9名。

网址：http://www.aei.org/

韩国对外经济政策研究院
The Korea Institute for International Economic Policy (KIEP)

简介：韩国对外经济政策研究院成立于1990年，是韩国政府资助的研究国际经济及其与韩国关系的部级研究机构。其职能与中国国务院发展研究中心类似，负责向韩国政府提供重要的国际经济政策咨询与建议，是韩国对外经济政策的智库。此外，还有接受其他机构和组织的委托，对韩国和国际经济的所有领域进行研究的职责。KIEP 在韩国具有极高的地位，在韩国经济领域，特别是对外经济领域，具有很高的影响力。在《2011年全球智库报告》(*The Global Go To Think Tanks* 2011) 中，KIEP 在全球30大国际经济政策智库中列第18名。

网址：http://www.kiep.go.kr/

国际货币基金组织
International Monetary Fund (IMF)

简介：国际货币基金组织于1945年12月27日成立，为世界两大金融机构之一，职责是监察货币汇率和各国贸易情况、提供技术和资金协助，确保全球金融制度运作正常，其总部设在华盛顿。IMF 主要通过监督、贷款以及技术援助和培训三大职能来促成国际金融体系的稳定。IMF 的工作论文及其他出版物在全球宏观经济政策研究方面拥有巨大影响。

网址：http://www.imf.org/

兰德公司 RAND Corporation（RAND）

简介：兰德公司成立于1948年，是美国最重要的以军事为主的综合性战略研究机构。在其成立之初主要为美国军方提供调研和情报分析服务。其后，逐步扩展，并为其他政府以及盈利性团体提供服务。在《2011年全球智库报告》（*The Global Go To Think Tanks* 2011）中，RAND在全球（含美国）30大智库中列第6名，全球30大国内经济政策智库中列第8名，全球30大国际经济政策智库第13名。

网址：http：//www.rand.org/

Brussels European and Global Economic Laboratory（Bruegel）布鲁塞尔欧洲与全球经济实验室

简介：布鲁塞尔欧洲与全球经济实验室成立于2005年，是主要研究国际经济的独立、非理论（non-doctrinal）的智库。致力于通过开放、基于事实并且与政策有关的研究、分析和讨论，对欧洲及全球经济政策制定作出贡献。bruegel的成员包括欧盟各国政府以及一些领先的国际公司。在《2011年全球智库报告》（*The Global Go To Think Tanks* 2011）中，bruegel在全球（含美国）30大智库中列第16名，全球30大国内经济政策智库中列第9名，全球30大国际经济政策智库中列第3名。

网址：http：//www.bruegel.org/

The Royal Institute of International Affairs Chatham House (Chatham House) 英国皇家国际事务研究所

简介：英国皇家国际事务研究所成立于1920年，位于伦敦圣詹姆斯广场著名的查塔姆大厦内。是目前英国规模最大、世界最著名的国际问题研究中心之一。其宗旨是"推动个人和组织对日益复杂多变的世界进行全面研究，并提供政策参考。"英国皇家国际事务研究所与英国政府、企业、媒体和学术界均有着广泛的联系，对政府的外交政策有一定的影响。在《2011年全球智库报告》(*The Global Go To Think Tanks* 2011) 中，Chatham House 在全球（含美国）30大智库中列第2名，全球30大国内经济政策智库中列第6名，全球30大国际经济政策智库中列第4名。

网址：www.chathamhouse.org/

Cato Institute 加图研究所

简介：加图研究所位于华盛顿特区，成立于1977年，是美国最具影响力的大型智库之一。加图研究所以古典自由主义传统为思想根基，致力于"扩展公共政策辩论维度"，通过独立、超越党派的公共政策研究和讨论，旨在"恢复小政府、个人自由、自由市场以及和平的美国传统"。加图研究所的政策分析曾经影响过里根政府和布什政府的政策。在《2011年全球智库报告》(*The Global Go To Think Tanks* 2011) 中，加图研究所在全球（含美国）30大智库中列第14名，全球30大国内经济政策智库中列第3名，全球30大国际经济政策智库第8名。

网址：http://www.cato.org/

RAND Corporation（RAND）兰德公司

简介：兰德公司成立于1948年，是美国最重要的以军事为主的综合性战略研究机构。在其成立之初主要为美国军方提供调研和情报分析服务。其后，RAND逐步扩展，并为其他政府以及盈利性团体提供服务。在《2011年全球智库报告》(*The Global Go To Think Tanks* 2011) 中，RAND在全球（含美国）30大智库中列第6名，全球30大国内经济政策智库中列第8名，全球30大国际经济政策智库第13名。

网址：http://www.rand.org/

Center for Strategic and International Studies（CSIS）战略与国际研究中心

简介：1964年由美国海军上将阿利·伯克和大使大卫·阿希尔成立。是一个位于华盛顿特区的跨党派的外交政策智囊团。CSIS主要就经济和安全问题，进行政策研究和政治战略分析，其重点放在技术、公共政策、国际贸易和金融、能源等。在《2011年全球智库报告》(*The Global Go To Think Tanks* 2011) 中，CSIS在全球（含美国）30大智库中列第5名，全球30大国际经济政策智库第11名。

网址：http://csis.org/

The Center for Economic Policy Research（CEPR）经济政策研究中心

简介：经济政策研究中心成立于1983年。它包括七百多位研究人员，分布于28个国家的237家机构中（主要是欧洲高校）。其特点是提供政策相关的学术研究、并关注欧洲。Vox-eu. org 是 CEPR 的门户网站，受众为政府部门的经济学家、国际组织等。它的文章多为与政策相关的工作论文初稿，比财经报纸专栏更为深入，同时比专业学术文章更加易懂。

网址：http://www.voxeu.org/

The Center for International Governance Innovation (CIGI) 国际治理创新中心

简介：CIGI 是关注全球治理的独立智库，由 Jim Balsillie 成立于 2001 年。它的主要活动包括资助研究、创造交流网络、促进政策讨论、提高多边治理能力。具体而言，它的研究集中于以下四个方面：全球经济、环境与能源、全球发展、全球安全。它致力于将学术应用于政治，通过优秀的研究与分析来影响政治决策。

网址：http://www.cigionline.org/

Council on Foreign Relations (CFR) 外交关系协会

简介：成立于 1921 年，是美国非政府性的研究机构，致力于对国际事务和美国外交政策的研究。CFR 是一个由精英学者组成的组织，成立伊始就成为 20 世纪美国最有影响力的智囊机构，曾为威尔逊总统在第一次世界大战中出谋划策。该协会主办的《外交事务》杂志曾刊登过乔治·凯南、基辛格和斯坦利·霍夫曼等美国知名外交家、国际政治学者的论文。在《2011 年全球智库报告》(*The Global Go To Think Tanks* 2011) 中，CFR 在全球（含美国）30 大智库中列第 4 名，全球 30 大国际经济政策智库第 6 名。

网址：http://www.cfr.org/

Adam Smith Institution (ASI) 亚当·斯密研究所

简介：ASI 是英国的市场经济和社会政策自由化的改革领导者。它以《国富论》的作者亚当·斯密命名，方针是经济自由主义。从 20 世纪 70 年代建立以来，它在积极实践把选择和竞争引进到公共服务上来，在巩固个人主义、减税、消减落后法规和杜绝政府浪费扮演着重要的角色。此协会通过他们的研究、报告、学术会议、政治家和期刊的简报、网站和博客、报纸、广播和电视来推广和散播他们的理念。

网址：http://www.adamsmith.org/

Peter G. Peterson Institute for International Economics (PIIE) 彼得森国际经济研究所

简介：由伯格斯坦（C. Fred Bergsten）成立于 1981 年，是非牟利、无党派的美国智库。2006 年，为了纪念其共同创始人彼得·乔治·彼得森（Peter G. Peterson），更名为"彼得·乔治·彼得森国际经济研究所"。在《2011 年全球智库报告》（*The Global Go To Think Tanks* 2011）中，PIIE 在全球（含美国）30 大智库中列第 10 名，全球 30 大国内经济政策智库中列第 4 名，全球 30 大国际经济政策智库第 1 名。

网址：http://www.iie.com/

International Monetary Fund (IMF) 国际货币基金组织

简介：IMF 于 1945 年 12 月 27 日成立，为世界两大金融机构之一，职责是监察货币汇率和各国贸易情况、提供技术和资金协助，确保全球金融制度运作正常，其总部设在华盛顿。IMF 主要通过监督、贷款以及技术援助和培训三大职能来促成国际金融体系的稳定。IMF 的工作论文及其他出版物在全球宏观经济政策研究方面拥有巨大影响。

网址：http://www.imf.org/